基金项目：
本书获得2016年度泉州市优秀人才培养专项经费资助出版

气候变化与清新福建

张 燕 著

厦门大学出版社 国家一级出版社
XIAMEN UNIVERSITY PRESS 全国百佳图书出版单位

图书在版编目(CIP)数据

气候变化与清新福建/张燕著. —厦门:厦门大学出版社,2016.11
ISBN 978-7-5615-6339-7

Ⅰ.①气… Ⅱ.①张… Ⅲ.①气候变化-影响-经济地理-研究-福建
Ⅳ.①F129.957

中国版本图书馆 CIP 数据核字(2016)第 310907 号

出版人	蒋东明
责任编辑	薛鹏志　章木良
封面设计	蒋卓群
责任印制	朱　楷

出版发行	厦门大学出版社
社　　址	厦门市软件园二期望海路 39 号
邮政编码	361008
总编办	0592-2182177　0592-2181406(传真)
营销中心	0592-2184458　0592-2181365
网　　址	http://www.xmupress.com
邮　　箱	xmupress@126.com
印　　刷	泉州刺桐印务有限公司

开本	787mm×1092mm　1/16
印张	12.5
插页	2
字数	250 千字
印数	1～1 000 册
版次	2016 年 11 月第 1 版
印次	2016 年 11 月第 1 次印刷
定价	45.00 元

本书如有印装质量问题请直接寄承印厂调换

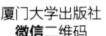

厦门大学出版社
微信二维码

厦门大学出版社
微博二维码

前 言

世界权威科学机构已证实世界各地都在发生气候变化。人类活动是自20世纪中期以来观测到的气候变暖的主要原因,而且这种影响在不断增强。自工业化以来,人为温室气体排放上升,导致大气中二氧化碳、甲烷、氧化亚氮等温室气体浓度达到了过去80万年以来的最高水平。人类活动主要通过温室气体影响气候。

福建具有相对独立的地理单元和优越的自然气候条件,位于中国东南沿海,属中、南亚热带海洋性季风气候。光照充足,雨水充沛,年平均气温17℃~21℃,年平均降水量1091~2034毫米,是全国雨量最丰富的省份之一,但降水量时空分布不均,主要汛期为每年5—9月,此期间易出现洪涝灾害。受风暴潮等极端气候影响明显,平均每年有1~2个热带气旋登陆福建,5~6个热带气旋影响福建。

在全球气候变暖的大背景下,福建省气候变化明显。一是年平均气温升高,冬季变暖趋势渐显。根据气象部门预测,未来福建气候将继续变暖。二是年降水量略增,降水日数减少,暴雨日数有所增加,雨季尤为明显。三是年平均日照时数略减。四是极端天气气候事件频发,强度增强。

气候变暖不仅带来暖冬、夏季高温热浪,也会导致极端天气事件频发,几种重要媒介传播疾病增加,营养不良,臭氧层破坏等,严重威胁人体健康。人体对高温的生理反应是很敏感的。气候变暖使钉螺和血吸虫生长发育季节延长,生长发育速度加快。根据预测,2100年热带地区疟疾病人数将增加2倍,温带地区将超过10倍。21世纪后半叶,世界上将有45亿~60亿的人口生活在潜在的疟疾传播区内。气温是登革热传播的决定性因素,登革热的传播主要受媒介蚊虫密度影响,登革病毒在蚊虫体内繁殖复制的适宜温度在20℃以上,低于16℃就不繁殖。气候变暖可使登革热非地方性流行转变为地区性流行。气候变化危害人类健康的现象将主要发生在东南亚和非洲地区,而引起当地人们死亡的重要原因是营养不良和疟疾。全球气温如果继续升高,将导致非洲粮食大幅减产,当地营养不良的人口也将随之大幅度增加。臭氧层耗减产生的直接结果就是使太阳光中的紫外线UV-B达到地面的数量增加。长期反复照射过量紫外线将引起细胞内DNA改变,细胞的自身修复能力减弱,免疫机能减退,皮肤发生弹性组织变性、角质化以致皮肤癌变,诱发眼球晶体发生白内障等。

全球气候变暖造成海水增温膨胀、陆源冰川和极地冰盖融化等会引起海平面上升。海平面上升可影响海洋环境的各个方面,其中,首先最显著的是使潮汐特征发生变化,其次,可导致岸边的拍岸浪波高增大很多。未来边界海平面上升0.90米以后,中国近海潮差较小海域平均潮差有减小趋势,潮差较大的波腹区潮差则有所增加;渤海和黄海除无潮点附近以外海域和长江口至台湾海峡以及南海大部海域相位均前移,渤、黄海无潮点附近、长江口至济州岛、台湾岛东海岸、汕头至吕宋海峡海域相位后移;中国沿海部分站位平均高潮位随边界海平面上升而上升,平均高水位的变化与潮差变化相对一致。

受气候变暖影响,福建沿海海平面呈明显上升趋势。2001—2010年的平均海平面比1991—2000年的高约33毫米,比1981—1990年的高约50毫米,自2000年以来,福建沿海海平面总体处于历史高位。2015年,福建沿海海平面比常年高60毫米,预计未来30年,福建沿海海平面还将继续上升,比2015年升高65~140毫米。福建省各级政府应将海平面上升影响危险度区划指标作为沿海新兴开发区规划的重要内容加以考虑。每年的9—11月为福建沿海台风风暴潮高发期,也是福建沿海季节性高海平面期,易发生风暴增水、季节性高海平面和天文大潮三者叠加的情况,形成灾害性高潮位,相关部门应特别关注。海平面上升不但会淹没福建滨海低地,破坏海岸带生态系统,而且会不同程度地加剧风暴潮、海岸侵蚀、洪涝、咸潮、海水入侵与土壤盐渍化等灾害,威胁沿海基础设施安全,给福建沿海地区经济社会发展带来多方面的不利影响。福建省应加强保护和恢复湿地,大力营造沿海红树林;加强海洋环境的监测和预警能力;开展海平面变化影响评价和脆弱性区划;采取防护、后退和顺应等应对气候变暖策略。

旅游业是严重依赖自然环境和天气条件的产业,受到气候变化的负面影响仅次于农业。"山海一体、闽台同根、民俗奇异、宗教多元"是福建旅游的鲜明特色。气候变暖使福建省海平面上升,滨海旅游资源受损。福建省海域辽阔、海岸类型多样、优良港湾众多、礁岛星罗棋布,构成丰富多彩的滨海旅游景观,为滨海旅游的发展提供了重要的物质基础。气候变暖使福建省物质文化遗产受损变质加快,寿命缩短。福建省拥有泉州(第一批)、福州(第二批)、漳州(第二批)、长汀(第三批)4座国家级历史文化名城;上杭县古田镇等42个中国历史文化名镇(村)。福建省已有全国重点文物保护单位137处291个点,省级重点文物保护单位674处。许多病原性媒介疾病属于温度敏感型疾病,气候变暖会助长福建省某些媒介传染病的传播,如血吸虫病和疟疾。传染病的流行对旅游业的危害是巨大的,甚至是毁灭性的打击。福建省属于典型的亚热带气候,作为旅游目的地其吸引力会因气候变暖而下降等。

农业是受气候变化影响最直接的产业。气候变暖可使大部分病虫害的发育历期缩短、危害期延长,害虫被冻死的概率减小,害虫种群增长力增加、繁殖世代增加,发生界限北移、海拔界限高度增加,危害地理范围扩大,危害程度呈明显加重趋势。研究表明,年均气温升高1.0℃,福建褐稻虱将增加0.8代;水稻三化螟也将会随之呈平面延伸和垂直发展。农业气象灾害对福建农业生产的影响呈增加趋势,这种变化势必造成福建省农业生产的风险加大。气候变暖,土壤微生物对有机质的分解将加快,造成地力下降。气候变暖使福建甘蔗减产,最主要因子是甘蔗产量形成的关键期(8—10月)内光温积减少。福建可采取温室育苗移栽、地膜覆盖、提早播种,使甘蔗产量形成的关键期从8—10月提早为7—9月,充分利用一年中温光条件最好的时段(7—9月)的气候资源,弥补气候变化的不利影响。气候变暖使福建省牧草气候生产潜力呈波动下降趋势。根据牧草生产力气候预测模型的预测:未来温度每升高1℃,福建牧草气候生产潜力减少318.3 kg/hm^{2}a;降水减少1毫米,福建牧草气候生产潜力减少22.7 kg/hm^{2}a。CO_2含量提高有利于水稻光合作用,促进光合产物向籽粒输送,有利于水稻增产。温度升高,水稻营养生长期、灌浆籽粒充实期缩短,呼吸消耗增大,不利于福建水稻生产。紫外线辐射增强对水稻产品及品质造成不利。

在福建省选择19个样点,利用GCM Transient Run的输出值生成了2030年及2050年的气候渐变情景,再结合气候学上的蒸散比(β)、经济学中的产量波动系数(F)等指标,定量评价了未来气候渐变过程对福建省水稻生产的影响:早稻、单季稻的生育期均随着未来增温幅度的加大而逐渐减少,后季稻生育期缩短得少,甚至延长。因为水稻发育的上限温度为34℃,一旦超出34℃就会对水稻发育起抑制作用。早稻在灌溉条件下的产量变化与雨育条件下相似,主要原因是早稻生长季内(3—6月)雨水较丰沛。后季稻、单季稻在灌溉条件下产量均比雨育条件下增加,单季稻由于地势较高、生长季温度较低,增温后加上CO_2的增益效应,故增产幅度最大。高温将导致水稻稳产性进一步变差。福建省可通过改革品种布局和种植制度,改善灌溉条件,引进和培育耐热、抗病虫害新品种来适应气候变暖。

林业在应对气候变化中具有特殊功能和作用,已成为国际社会的广泛共识。林业是当前和未来30年甚至更长时期内,技术和经济可行、成本较低的减缓气候变化重要措施,可以和适应形成协同效应,在发挥减缓气候变暖作用的同时,带来增加就业和收入、保护水资源和生物多样性、促进减贫等多种效益。福建省气候条件优越,十分适合林木生长,将全面落实六大任务,重点实施十大工程,进一步发展碳汇林业。在增强森林生态系统整体固碳能力,降低大气中的二氧化碳浓度,减缓全球气候变暖趋势的同时,提升林业现代化水平,为建设生态文明先行示范区,全面建成小康社会,努力建设机制活、产业优、百姓富、生态美的新福建做出新的贡献。

生态资源是福建最宝贵的资源,生态优势是福建最具竞争力的优势。森林旅游以其良好的综合效益和可持续发展特性,已成为具有活力和希望的"朝阳产业"。福建要用好这一优势,发展森林生态旅游,推进旅游富民,加快建设全国首个生态文明先行示范区,积极投身十八大提出的"生态文明"建设。竹林的固碳能力超过树林,1公顷毛竹的年固碳量为5.09吨,是杉木的1.46倍、热带雨林的1.33倍,竹子对减缓气候变暖的作用超过林木。中华竹文化积淀深厚,人们借竹寓意,以竹抒情,将"梅松竹"喻为"岁寒三友",将"梅兰菊竹"寓意"四君子"。福建竹资源赋存丰富,竹产业发达,福建可通过开发竹文化旅游商品,如,竹工艺品、笋竹加工高端产品、竹文化佳肴,莆田留青竹刻等;提高竹文化生态旅游活动的体验性;建一个竹子博物馆;建立一批大毛竹天然氧库等大力发展竹文化生态旅游。

福建省要加强气候变化全民教育,坚持把培育生态文化作为重要支撑,充分发挥人民群众的积极性、主动性、创造性,倡导勤俭节约、绿色低碳、文明健康的生活方式和消费方式。

目 录

第一章 气候变化 ... 1

第一节 大气 ... 1
一、大气的组成 ... 1
二、大气的垂直分层 ... 3
三、大气的热状况 ... 5

第二节 气候变化的原因 ... 8
一、气候变化的自然原因 ... 9
二、气候变化的人为原因 ... 10
三、20世纪中期以来气候变暖的主要原因 ... 11

第三节 温室气体 ... 11
一、水汽(H_2O)和臭氧(O_3) ... 12
二、《京都议定书》管制的6种温室气体 ... 12
三、三氟化氮(NF_3) ... 13

第四节 IPCC第五次气候变化评估报告要点 ... 14
一、IPCC第五次评估报告第一工作组报告要点 ... 14
二、IPCC第五次评估报告第二工作组报告要点 ... 16
三、IPCC第五次评估报告第三工作组报告要点 ... 17
四、IPCC第五次评估报告《综合报告》要点 ... 17

第五节 臭氧层破坏与恢复 ... 18
一、臭氧层的作用 ... 18
二、臭氧层消耗的原因 ... 19
三、臭氧层消耗的影响 ... 20
四、臭氧层有望在几十年后恢复 ... 22

第二章 清新福建 ... 24

第一节 地理与自然概况 ... 25
一、地理 ... 25
二、气候 ... 26

三、环境 26

四、水系 26

五、资源 26

第二节　建制沿革与行政区划

一、建制沿革 29

二、行政区划 33

第三节　人口、华人和台胞

一、人口 36

二、华人 37

三、台胞 37

第四节　民族、宗教和语言

一、民族 38

二、宗教 38

三、语言 39

第五节　经济社会发展

一、概况 40

二、农业 41

三、工业和建筑业 41

四、固定资产投资 42

五、国内贸易 42

六、对外经济 43

七、交通、邮电和旅游 43

八、财政金融 44

九、人民生活 45

十、社会事业 45

第三章　福建省气候的变化 47

第一节　福建省气温的变化 47

一、福建省气温特征 47

二、1961—2014年福建省年平均气温呈明显的增暖趋势 50

三、1961—2003年福建省气温变化特征 51

第二节　福建省降水量的变化 53

一、福建省降水量特征 53

二、1961—2014年福建省年降水量呈较弱的正趋势 55

三、1961—2003年福建省降水的变化 ································· 56

　第三节　福建省日照时数的变化 ······································· 58
　　一、福建省日照时数特征 ··· 58
　　二、1961—2014年福建省年平均日照时数表现为减少趋势 ············· 59
　　三、1961—2008年福建省日照时数的变化特征及影响因素 ············· 60

第四章　气候变化的影响及建议 ··· 65

　第一节　气候变化对人类健康的影响及建议 ····························· 65
　　一、高温热浪引起的伤亡 ··· 65
　　二、极端天气事件引起的伤亡 ······································· 66
　　三、以昆虫为传播媒介的传染病增加 ································· 67
　　四、营养不良 ··· 69
　　五、建议 ··· 69

　第二节　气候变化引起海平面上升及建议 ······························· 70
　　一、海平面上升与气候变化状况 ····································· 70
　　二、中国沿海海平面变化 ··· 70
　　三、福建沿海海平面变化 ··· 72
　　四、建议 ··· 75

　第三节　海平面上升后中国近海潮汐的变化及建议 ······················· 76
　　一、引潮力 ··· 76
　　二、太阴潮是海洋潮汐的主体 ······································· 77
　　三、海洋潮汐的周期性 ··· 77
　　四、海平面上升后中国近海潮汐的变化 ······························· 80
　　五、建议 ··· 82

　第四节　海平面上升对福建沿海的影响及建议 ··························· 82
　　一、海平面上升对福建沿海的影响 ··································· 82
　　二、建议 ··· 86

　第五节　气候变化对福建旅游业的影响及建议 ··························· 88
　　一、福建旅游的基本情况 ··· 88
　　二、气候变化对福建旅游业的影响 ··································· 89
　　三、建议 ··· 93

　第六节　气候变化对福建农业的影响及建议 ····························· 94
　　一、气候变化对福建省农业的间接影响 ······························· 94
　　二、气候变化对福建甘蔗生产的影响 ································· 95

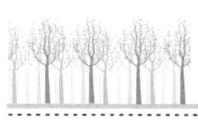

|三、气候变化对福建牧草生产力的影响 ·· 97
第七节　气候变化对福建水稻生产的影响及建议 ···························· 99
|一、气候变化对福建水稻生产的影响 ·· 99
|二、未来气候变化对福建水稻生产的影响 ··································· 100
|三、建议 ··· 104

第五章　大力发展碳汇林业 ··· 105

第一节　森林碳汇、林业碳汇与碳汇林业 ······································ 105
|一、森林碳汇、林业碳汇 ··· 105
|二、碳汇林业 ··· 106
第二节　林业在应对气候变化中的重大作用 ··································· 107
|一、森林是陆地生态系统中最大的储碳库 ··································· 107
|二、森林碳汇潜力巨大 ·· 107
|三、森林是减缓气候变化最经济、最现实、最有效的重要途径 ········ 108
|四、森林固碳持久而稳定，还可获得巨大的生态效益 ···················· 108
|五、森林是适应气候变化的重要领域 ··· 109
第三节　林业应对气候变化的国际进程 ··· 109
|一、IPCC评估报告肯定林业的重要作用 ···································· 110
|二、从《气候公约》到《议定书》突出林业增汇减排的作用 ·········· 110
|三、《巴厘路线图》进一步重视林业碳汇的作用 ·························· 111
|四、《哥本哈根协议》对林业的表述 ··· 111
|五、森林及相关内容作为单独条款纳入《巴黎协定》 ···················· 111
第四节　福建省林业建设的主要成就 ·· 112
|一、林业资源培育有新成效 ·· 112
|二、林业生态保护有新提升 ·· 114
|三、林业改革有新突破 ·· 115
|四、特色林业产业有新进展 ·· 115
|五、林业发展基础有新支撑 ·· 116
第五节　福建省林业发展的挑战和生态空间布局 ···························· 116
|一、福建省林业发展面临的挑战 ··· 116
|二、福建省林业发展规划的生态空间布局 ·································· 118
第六节　福建省林业发展规划工程 ··· 118
|一、天然林保护工程 ··· 119
|二、造林绿化和森林经营工程 ··· 119

三、生物多样性保护工程 120
四、自然湿地保护与恢复工程 120
五、重点生态区位商品林赎买等改革试点工程 121
六、战略性林木资源储备工程 121
七、林下经济等富民工程 121
八、林业产业转型升级工程 122
九、生态产品共享工程 122
十、基础设施保障工程 123

第六章 支持发展生态旅游 125
第一节 生态旅游 125
一、生态旅游的定义和内涵 125
二、生态旅游资源 126
三、生态旅游市场 126
四、生态旅游的作用 127
五、生态旅游管理与政策 127

第二节 福建省的生态旅游示范区 128
一、国家生态旅游示范区的发展 128
二、福建省创建了6家国家生态旅游示范区 129
三、福建省评定了20家省级生态旅游示范区 130

第三节 福建发展森林生态旅游的优势及建议 132
一、福建发展森林生态旅游的优势 132
二、福建森林生态旅游的发展战略布局 134
三、建议 135

第四节 福建发展竹文化生态旅游的优势及建议 138
一、福建发展竹文化生态旅游的优势 138
二、福建竹文化生态旅游的现状 140
三、建议 141

第七章 推进生态文化建设 144
第一节 加强气候变化全民教育 144
一、气候变化的性质 144
二、气候变化教育至关重要 144
三、气候变化教育的现状不能够令人满意 145

　　四、气候变化教育的措施 …………………………………………… 145
　　五、联合国教科文组织呼吁各国切实推进气候变化教育 ………… 147
　第二节　夯实福建省森林生态文化载体建设 ……………………………… 147
　　一、加强自然保护区建设管理 ……………………………………… 147
　　二、加强森林公园建设管理 ………………………………………… 149
　　三、加强生态文明教育基地创建管理 ……………………………… 150
　　四、加强生态文化村、生态文化企业创建管理 …………………… 151
　　五、继续开展森林城市创建管理 …………………………………… 151
　　六、推进森林生态文化馆建设 ……………………………………… 152
　　七、积极推进"福建树王"评选活动 ……………………………… 153
　第三节　加强福建省森林生态文化建设 …………………………………… 155
　　一、加强森林生态文化宣传 ………………………………………… 155
　　二、加强森林生态文化资源保护挖掘 ……………………………… 156
　　三、完善森林生态文化保障机制 …………………………………… 157
　第四节　生活方式低碳绿色化 ……………………………………………… 157
　　一、全民节能减排 …………………………………………………… 158
　　二、推广低碳生活 …………………………………………………… 159
　　三、减少肉类消费,多吃水果、蔬菜等素食 ……………………… 163
　　四、倡导绿色殡葬 …………………………………………………… 163

附录一　美国轰动性的营养报告:吃肉无异于吃毒 ………………………… 165
附录二　全民节能减排手册 …………………………………………………… 171
参考文献 ………………………………………………………………………… 181

第一章

气候变化

第一节 大 气

一、大气的组成

低层大气主要由干洁空气、水汽和杂质三部分组成。在低层大气中,除水汽和杂质外的整个混合气体,称为干洁空气。水汽和杂质的含量因时因地而异,水汽主要聚集在大气的低层,杂质也多集中于大气的低层。近年来,人类活动造成的大气污染,已导致大气成分和含量的变化。

1. 干洁空气

干洁空气中的氮、氧、氩和二氧化碳这四种气体占空气总容积的 99.98%,氖、氦、氪、氢、氙、臭氧等稀有气体占空气总容积不足 0.02%(表1-1)。干洁空气各成分间的百分比数从地面直到 85 千米高度间,基本上稳定不变。这是由于这层大气中对流、湍流运动盛行,使得不同高度、不同地区间气体得到充分交换和混合的结果。而到 85 千米以上的高层大气中,对流、湍流运动受到抑制,分子的扩散作用超过湍流扩散作用,大气的组成受地球重力分离作用,氢、氦等较轻成分的百分比数相对增多,气体间的混合比趋于不稳定。

表1-1 干洁空气中的成分(85千米以下)

气体成分	在干洁空气中含量		分子量	临界温度(℃)
	体积分数	质量分数		
氮 N_2	78.09	75.52	28.02	−147.2
氧 O_2	20.95	23.15	30.00	−118.9

续表

气体成分	在干洁空气中含量		分子量	临界温度(℃)
	体积分数	质量分数		
氩 Ar	0.93	1.28	39.88	-122.0
二氧化碳 CO_2	0.03	0.05	44.00	31.0
氖 Ne	1.8×10^{-3}	—	20.18	-228.0
氦 He	5.24×10^{-4}	—	4.00	-257.9
氪 Hr	1.0×10^{-4}	—	83.75	-63.0
氢 H_2	5.0×10^{-5}	—	2.02	-240.0
氙 Xe	8.0×10^{-6}	—	131.10	16.6
臭氧 O_3	1.0×10^{-6}	—	48.00	-5.0
氡 Rn	6.0×10^{-18}	—	222.00	
甲烷(沼气)CH_4		—	16.04	—
干洁空气	100	100	28.97	

2. 与人类关系密切的大气成分

干洁空气中的氮、氧、二氧化碳和臭氧,还有水汽、杂质与人类关系密切(表1-2)。

表1-2 与人类密切相关的大气成分

大气成分		与人类的关系
干洁空气	氮 N_2	化学性质不活泼。自然条件下,只有在豆科植物根瘤菌的作用下才能变为被植物体吸收的化合物。氮是地球上生命体的重要成分,是工业、农业化肥的原料。
	氧 O_2	化学性质活泼。大多数以氧化物形式存在于自然界中。氧是一切生物体进行生命过程所必需的成分。
	二氧化碳 CO_2	它是通过海洋和陆地中有机物的生命活动、土壤中有机体的腐化、分解以及化石燃料的燃烧而进入大气的。植物进行光合作用的原料。对太阳短波辐射的吸收性能较差,而对地面长波辐射却能强烈吸收,同时它本身也向外放射长波辐射,因而对大气中的温度变化具有一定的影响。
	臭氧 O_3	大气中臭氧含量很少,主要集中在15~35千米间的气层中,尤以20~30千米处浓度最大,称臭氧层。臭氧能大量吸收太阳辐射中的紫外波段,保护地面的生命免受过多紫外线辐射伤害,被誉为"地球上的保护伞",而穿透大气到达地面的少量紫外线,又起到杀菌治病的作用。

续表

大气成分	与人类的关系
水汽	它是大气中含量变化最大的气体。主要来自地表海洋和江河湖等水体表面蒸发和植物体的蒸腾,并通过大气垂直运动输送到大气高层。大气中水汽含量自地面向高空逐渐减少;通常,海洋上空多于陆地,低纬多于高纬,湿润、植物茂密的地表多于干旱、植物稀疏的地表。
杂质	它是悬浮在大气中的固态、液态的微粒。主要来源于有机物燃烧的烟粒、风吹扬起的尘土、火山灰尘、宇宙尘埃、海水浪花飞溅起的盐粒、植物花粉、细菌微生物以及工业排放物等。大多集中在大气底层。随地区、时间和天气条件而变。一般是陆上比海上多,城市比乡村多,早晨和夜间比午后多,冬季比夏季多。大气杂质对太阳辐射和地面辐射具有一定吸收和散射作用,影响着大气温度变化。杂质大部分是吸湿性的,往往成为水汽凝结核。

3.人类活动导致大气成分的变化

人类活动造成的大气污染,已导致大气成分和含量的变化。例如,近百年来,由于工业迅猛发展,大量埋藏在岩石层中的化石燃料被开发出来进行燃烧,使大气中二氧化碳的含量不断增加,进而影响大气中温度的变化。又如,制冷工业发展前,大气中没有氟氯烃化合物,随着电冰箱、冰柜等的广泛使用,释放出大量的氟氯烃化合物,使大气中氟氯烃的含量增加。氟氯烃能破坏大气中的臭氧,从而使大气中臭氧的总量减少。尽管这种变化是缓慢的,但已经构成对人体、生态环境乃至社会、经济各方面的危害,并且这种危害是全球性的。

二、大气的垂直分层

根据大气层垂直方向上温度和垂直运动的特征,大气层划分为对流层、平流层、中间层、热层和散逸层五个层次(图 1-1)。对流层、平流层、中间层、热层和散逸层有各自的特征(表 1-3)。

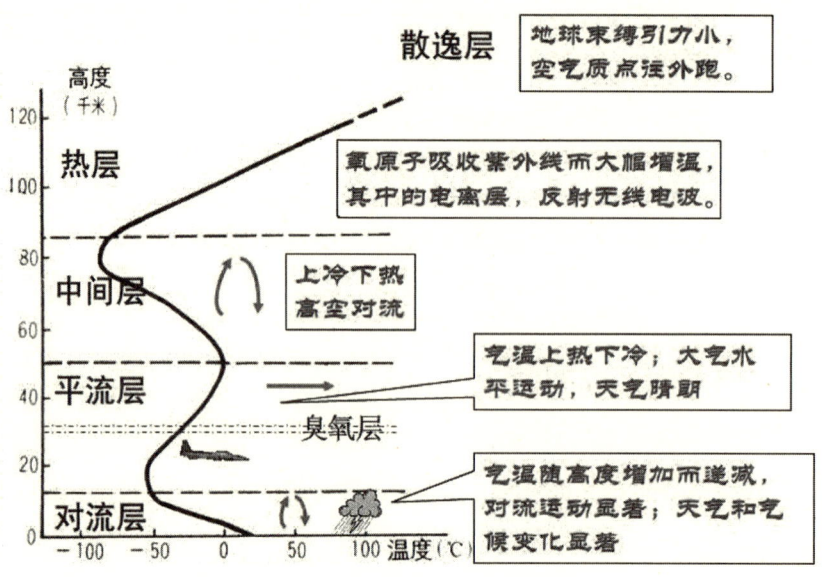

图 1-1 大气的垂直分层

表 1-3 大气垂直分层各层的特征

垂直分层	高度	气温随高度的变化	运动特征	与人类的关系
对流层	高度随纬度、季节而变化。平均来说，对流层的高度在低纬地区大约17~18千米，中纬度地区大约10~12千米,高纬地区仅有8~9千米。一般是夏季高、冬季低。	温度随高度升高而递减，平均每上升100米气温下降0.65℃。因为对流层大气的热能来源除直接吸收一小部分太阳辐射外，绝大部分来自地面。	对流运动显著,对流层由此得名。受热不均引起的热力对流、地表起伏不平引起的动力湍流以及冷暖空气交汇引起的强迫升降等,这些对流运动在大气温度垂直递减的形势下得到加强和发展。	云、雨、雷、电等天气现象非常活跃。
平流层	自对流层顶到55千米。	温度随高度升高递增。主要靠臭氧吸收大量紫外辐射而增温。	气流运动以平流为主。	平流层中水汽、杂质极少,云、雨等现象近于绝迹。平流层气流平稳、能见度好,是良好的飞行层次。

续表

垂直分层	高度	气温随高度的变化	运动特征	与人类的关系
中间层	自平流层顶到85千米。	气温随高度升高迅速下降。这一层已经没有臭氧,而且紫外辐射中小于0.175um的波段由于上层吸收已大为减弱。	垂直运动明显,又称"上对流层"或"高空对流层"。	夜光云
热层	自中间层顶到800千米。	气温随高度迅速升高。热层中的气体成分在强烈太阳紫外辐射和宇宙射线作用下,处于高度电离状态,因而又称电离层。		电离层具有吸收和反射无线电波的能力,能使无线电波在地面和电离层之间经过多次反射,传播到远方。
散逸层	自热层到2000~3000千米。	气温随高度增高而升高		极光

三、大气的热状况

1. 辐射

自然界中的一切物体,只要温度在绝对温度零度以上,都以电磁波的形式时刻不停地向外传送热量,这种传送能量的方式称为辐射。物体通过辐射所放出的能量,称为辐射能,简称辐射。

电磁波是由不同波长的波组成的合成波。它的波长范围从10E-10微米(1微米=10E-4厘米)的宇宙线到波长达几千米的无线电波。ϒ射线、X射线、紫外线、可见光、红外线,超短波和长波无线电波都属于电磁波的范围。从0.4~0.76微米这部分肉眼看得见称为可见光。可见光经三棱镜分光后,成为一条由红、橙、黄、绿、青、蓝、紫七种颜色组成的光带,这光带称为光谱。波长长于红光的(>0.76微米)有红外线、无线电波;波长短于紫色光的(<0.4微米)有紫外线、ϒ射线、X射线等(图1-2)。

由实验得知,温度高的物体单位面积辐射的总能量,要比温度低的物体辐射多。如,太阳表面(温度为6000K)单位面积上辐射的能量要比地球表面(平均温度为288K)辐射的能量大几百万倍。物体的温度越高,辐射中最强部分的波长越短;反之,物体的温度越低,辐射中最强部分的波长越长。例如,太阳辐射波长主要为0.15~4

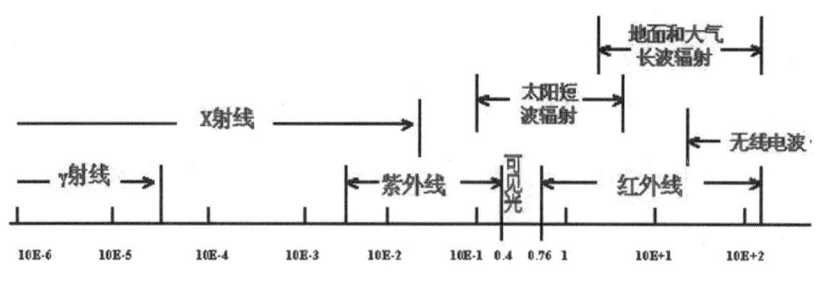

图 1-2 各种辐射的波长范围

微米。地球表面的温度比太阳低得多,大气的温度比地面还低。地面和大气辐射波长主要为 3~120 微米。所以,习惯上称太阳辐射为短波辐射,地面和大气辐射为长波辐射。辐射能力强的物体,其吸收辐射的能力也强;反之,辐射能力弱的物体,吸收能力也弱。黑体吸收能力最强,辐射能力也最强。地球和太阳都是吸收和辐射能力很强的物体,可看作是近似黑体。而地球大气则是选择性的吸收和辐射体。对于某种确定波长的辐射可让其透过,即不吸收;对于另外波长的辐射,则几乎不透明,即吸收很强。

2. 太阳辐射

太阳一刻不停地向茫茫宇宙空间辐射大量的电磁波。其中射向地球的那一部分,向地球输送了大量的光和热。据粗略估计,太阳每分钟向地球输送的热能相当于燃烧 4 亿吨烟煤所产生的能量。地球除了从太阳那里取得能源外,还从其他天体,但其数量是微不足道的。所以说,太阳是地球和大气能量的源泉。

(1)太阳辐射光谱

太阳辐射的波长范围大约在 0.15~4 微米之间,可分为三个主要区域,即波长较短的紫外线区、波长较长的红外线区和介于二者之间的可见光区,可见光区占太阳辐射总量的 50%,红外线区占 43%,紫外线区只占能量的 7%(图 1-3)。

(2)大气对太阳辐射的吸收

大气中吸收太阳辐射的成分主要有水汽、氧、臭氧、二氧化碳及固体杂质等。水汽从总的太阳辐射能里所吸收的能量是不多的。据估计,太阳辐射因水汽的吸收可以减弱 4%~15%。大气中的主要气体是氮和氧,只有氧能微弱地吸收太阳辐射。臭氧在大气中含量虽少,但对太阳辐射的吸收很强,它对平流层的增温起着重要作用。二氧化碳对太阳辐射的吸收比较弱,被吸收后对整个太阳辐射影响不大。此外,悬浮在大气中的水滴、尘埃等杂质,也能吸收一部分太阳辐射,但其量甚微。大气对太阳辐射的吸收是具有选择性的,大气直接吸收的太阳辐射并不多,特别是对对流层大气来说,太阳辐射不是大气主要的直接热源。

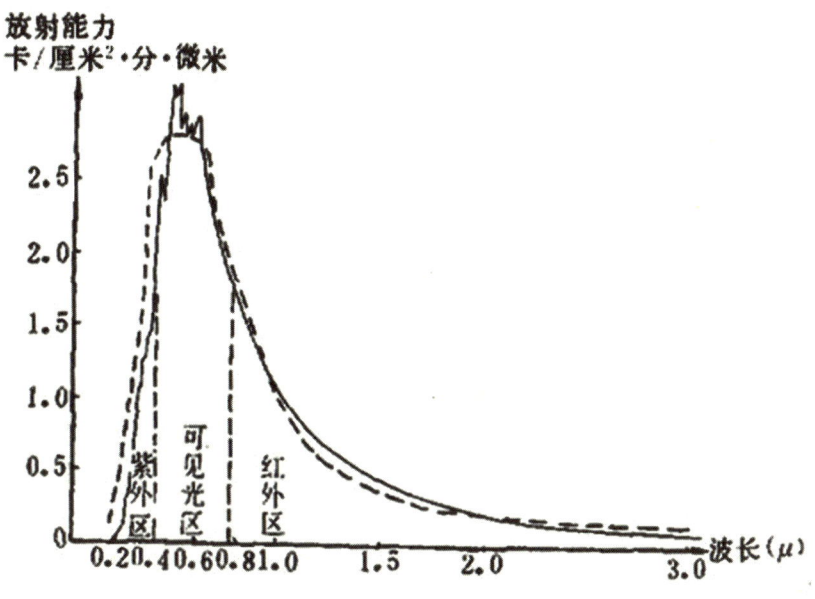

图 1-3　太阳辐射光谱

3. 地面辐射

地球表面在吸收太阳辐射的同时,又将其中的大部分能量以辐射的方式传送给大气。地球表面这种以其本身的热量日夜不停地向外放射辐射的方式,称为地面辐射。地面辐射是长波辐射,除部分透过大气奔向宇宙外,大部分被大气中水汽和二氧化碳等成分所吸收,其中水汽对长波辐射的吸收更为显著。因此,大气尤其是对流层中的大气,主要靠吸收地面辐射而增热。

4. 大气逆辐射

大气吸收地面长波辐射的同时,又以辐射的方式向外放射能量。大气这种向外放射能量的方式,称为大气辐射。大气辐射的方向既有向上的,也有向下的。大气辐射中向下的那一部分,刚好和地面辐射的方向相反,所以称为大气逆辐射。地球大气对太阳短波辐射几乎是透明体,大部分太阳辐射能够透过大气射到地面上,使地面增温;大气对地面长波辐射却是隔热层,把地面辐射放出的热量绝大部分截留在大气中,并通过大气逆辐射又将热量还给地面。人们把大气的这种作用称为大气保温效应。这一作用与"温室"的作用类似,也称之为"温室效应"。

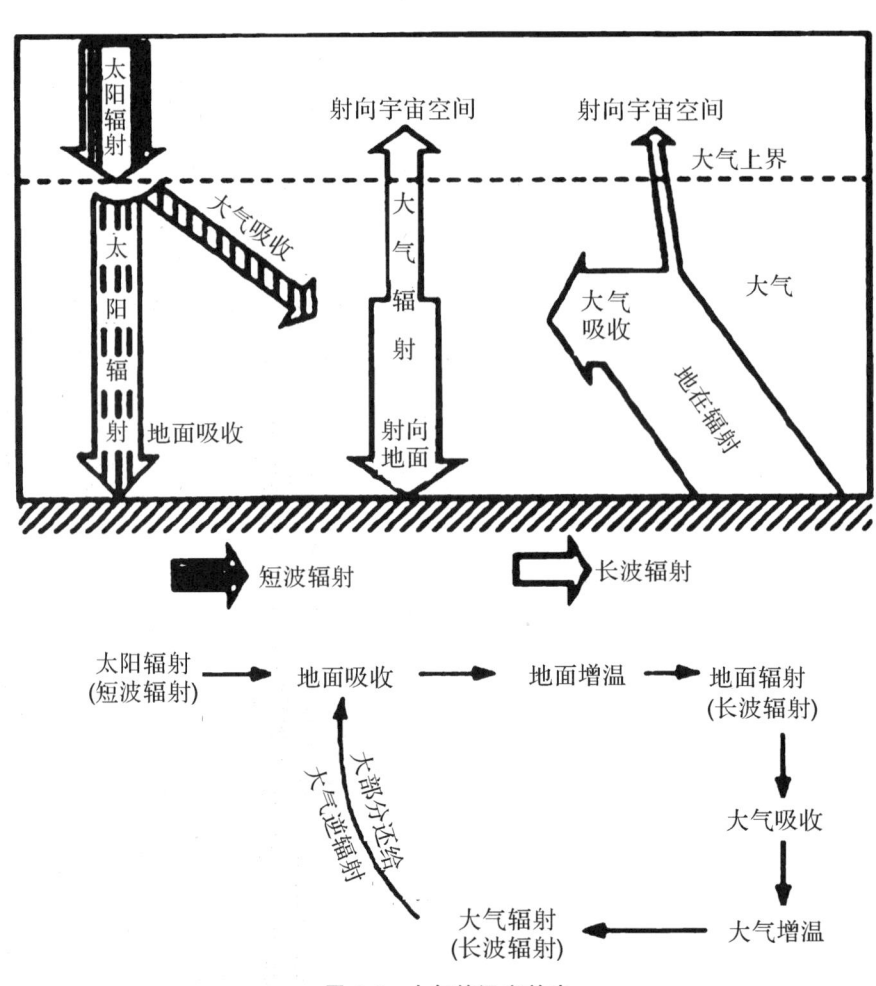

图 1-4 大气的温室效应

第二节 气候变化的原因

气候变化是指气候平均状态统计学意义上的巨大改变或者持续较长一段时间（典型的为10年或更长）的气候变动。气候变化主要表现为三方面：全球气候变暖、酸雨、臭氧层破坏，其中，全球气候变暖是人类目前最迫切的问题，关乎人类的未来！全球气候变化的原因可分为自然的气候波动与人类活动的影响两大类。前者包括太阳辐射的变化、下垫面地理条件的变化、大气与海洋环流的变化等。后者包括人类燃烧矿物燃料以及毁林引起的大气中温室气体浓度的增加、硫化物气溶胶浓度的变化、陆面覆盖和土地利用的变化等。温室气体排放以及其他人类活动影响已成为自20世纪中期以来气候变暖的主要原因。

一、气候变化的自然原因

太阳辐射、下垫面、大气环流等是气候形成因子,气候变化与这些形成因子的变化是分不开的。

1. 太阳辐射的变化

太阳辐射是气候形成的最主要因素。气候的变迁与到达地表的太阳辐射能的变化关系十分密切。引起太阳辐射能变化的因素是多方面的。例如,地球轨道偏心率的改变。地球绕太阳公转轨道是一个椭圆形,现在这个椭圆形的偏心率(e)约为0.016。研究表明,地球轨道偏心率是在0.00~0.06之间变动,其周期约为96000年。以目前的情况看,地球在近日点时所获得的天文辐射量(不考虑其他条件的影响)较现在远日点的辐射量约大1/15。当偏心率e为极大值时,此差异就成为1/3。再如,地轴倾斜度的变化,也会改变不同纬度带接受的太阳辐射能的多少。现在地轴倾斜度为23.44°,最大可达24.24°,最小为22.1°,变动周期约40000年。这个变动使太阳直射纬度的范围,以及出现极昼极夜纬度的范围发生变化。此外,火山活动引起的大气透明度的变化,太阳活动的变化等,都会直接或间接地使太阳辐射发生变化。

2. 下垫面地理条件的变化

在整个地质时期中,下垫面的地理条件发生了多次变化,对气候变化产生了深刻影响。其中以海陆分布和地形的变化对气候变化影响最大。在各个地质时期,地球上海陆分布的形势是有变化的。不同的海陆分布格局,决定了不同的洋流分布。寒暖性质不同的洋流,会对气候产生不同的影响。海陆的变迁对气候的影响也是显而易见的。例如,现在的喜马拉雅山所在地是一片汪洋,直到距今约7 000万~4 000万年的新生代早第三纪,这里地壳才上升,变成一片温暖的浅海。由于这片海区的存在,有海洋湿润气流吹向今日我国西北地区,所以那时的新疆、内蒙古一带气候是湿润的。后来由于出现了喜马拉雅山等山脉,这些山脉成了阻止海洋季风进入亚洲中部的障碍,因此,新疆和内蒙古的气候才变得干旱。

3. 大气环流的变化

例如,20世纪50年代和60年代,北半球大气环流的主要变化是北冰洋极地高压的扩大和加强。北极变冷导致极地高压加强,气候带向南推进。从1961年到1970年,这十年是经向环流发展最明显的时期,也是我国气温最低的十年。在转冷最剧烈的1963年,冰岛地区竟被高压所控制,原来的冰岛低压移到了大西洋中部,亚速尔高压也相应南移,这就使得北欧奇冷,撒哈拉沙漠向南扩展。

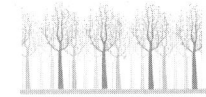

4.海洋环流的变化

人们对气候变化的多数担忧主要集中在排放到大气中的温室气体数量。然而,罗格斯大学的研究人员在《科学》杂志上发表研究称,海洋环流对地球气候的影响与大气同等重要。

研究人员表示,270万年前地球的大严寒和北半球的陆地结冰现象与海洋环流改变正好吻合。这次环流改变将热量和二氧化碳转移至大西洋中,并在大洋底部从北至南将其输送并释放到太平洋。

罗格斯大学通过对海洋沉积物岩芯样本进行分析,对当今气候变化的机制有了更深入的理解。科学家们认为,在北半球冰川面积大幅增加、海平面大幅下降的同时,海洋环流系统也发生了变化。南极海冰阻止了海洋表面的热交换,并迫使其进入海洋底部,同时引发了当时的全球气候变化,而不是大气中的二氧化碳。

该研究的主要作者罗格斯大学海洋与海岸科学系博士后斯特拉·伍达德(Stella Woodard)说:"是270万年前形成的现代深海环流模式引发了北半球冰川面积增加,而不是大气中二氧化碳浓度的大幅增加。"

研究显示,海洋盆地之间热分布的变化对理解未来的气候变化十分重要。由于过去200年排放的二氧化碳远远超出地质历史中任何一段时期,那么二氧化碳、温度变化和降水以及海洋环流之间的相互作用肯定会产生深刻的变化。但目前科学家们尚不能精准预测,从大气中进入海洋的二氧化碳会对气候产生怎样的影响。

研究人员表示,深海环流的不同形式导致了300万年前的地球温度升高,而那时大气中的二氧化碳水平与现在相当,且温度比现在高4华氏度。海洋环流带的形成使得地球温度降低,并形成了现在生活的气候。

罗格斯大学海洋与海岸科学教授雅伊尔·罗森塔尔(Yair Rosenthal)说:"研究表明,深海热量储存的变化与构造活动或二氧化碳水平下降等其他假设,都对气候变化的影响同等重要,而且可能是导致过去3000万年来某个重要的气候转变的主因。"

二、气候变化的人为原因

1.工农业生产排出的污染气体

(1)温室气体

人类大规模使用化石燃料,如石油、煤、天然气等,排放了大量以二氧化碳为主的温室气体。

(2)氟氯烃化合物(CFC_n)

在制冷工业发展前,大气中没有氟氯烃成分,它们会破坏臭氧层,限制CFC_{11}和

CFC_{12}的排放量迫在眉睫。

（3）硫氧化物或氮氧化物等酸性气体

工业革命以来,煤、石油、天然气等矿物燃料燃烧后产生的硫氧化物或氮氧化物等酸性气体,在大气中经过复杂的化学反应,形成硫酸或硝酸气溶胶,或为云、雨、雪、雾捕捉吸收,降到地面成为酸雨。

2．森林资源大规模破坏

森林大量被毁减少了对大气中CO_2的吸收、损害森林的固碳能力,而且由于被毁的森林燃烧和腐烂,大量的CO_2被排放入大气,使其成为仅次于化石燃料的碳排放源。联合国发布的《2000年全球生态环境展望》指出,由于人类对木材和耕地的需求,全球森林已由人类文明初期的76亿公顷减少到38亿公顷,减少了一半,9%的树种面临灭绝,30%的森林变成农用地,80%的原始森林遭到破坏,剩余的森林不是支离破碎,就是残次退化,而且分布极不均匀,难以支撑人类文明大厦。据专家研究,林地转化为农地10年后,土壤有机碳平均下降30.3%。另据专家研究,全球毁林引起的碳排放从1850年的每年3亿吨,增加到20世纪50年代初的每年10亿吨,到80年代末达到每年20~24亿吨,占同期人类活动碳排放的23%~27%。正是由于人类大规模使用化石能源和大规模破坏森林植被,引起了大气中以二氧化碳为主的温室气体浓度持续升高。

3．大型水体的人为改变

大型水库、南水北调、河道改道、人为填湖造陆和干旱地区人造绿洲等工程都能引起大范围或局地气候的变化。

三、20世纪中期以来气候变暖的主要原因

2014年11月2日,联合国政府间气候变化专门委员会(IPCC)在丹麦哥本哈根发布了IPCC第五次评估报告的《综合报告》,《综合报告》更为肯定地指出：自工业化以来,人为温室气体排放上升,导致大气中二氧化碳、甲烷、氧化亚氮等温室气体浓度达到了过去80万年以来的最高水平。人类活动主要通过温室气体影响气候,20世纪以来全球气候变暖一半以上由人类活动造成的。IPCC第五次评估报告将这句话的可信度从2007年的90%以上提高到了95%以上。

第三节　温室气体

温室气体是指大气中由自然或人为产生的能够吸收和释放地球表面、大气和云

所射出的红外辐射谱段特定波长辐射的气体成分。该特性导致温室效应。对人类活动增加大气中温室气体的浓度可能导致气候变化的研究可以追溯到19世纪末,1896年,瑞典斯万特·阿尔赫尼斯等许多科学家陆续对此问题进行了研究。1957年,瑞威拉等在美国发表了一篇关于增加大气中温室气体浓度可能产生气候变化的论文。同年,美国夏威夷观象台开始进行二氧化碳浓度观测,从而正式揭开人类研究气候变化的序幕。

水汽(H_2O)、臭氧(O_3)、二氧化碳(CO_2)、氧化亚氮(N_2O)和甲烷(CH_4)是地球大气中主要的温室气体。此外,大气中还有许多完全由人为因素产生的温室气体,如《蒙特利尔协议》所涉及的卤烃和其他含氯和含溴物。除CO_2、N_2O和CH_4外,《京都议定书》将六氟化硫(SF_6)、氢氟碳化物(HFCs)和全氟化碳(PFCs)定为温室气体。

一、水汽(H_2O)和臭氧(O_3)

水汽是大气中最主要的温室气体,所产生的温室效应最大,占整体温室效应的60%～70%。对流层中H_2O的含量决定于全球气候系统内在因素,不受人为源和汇影响。有的科学家认为:H_2O在大气中将随全球变暖而增加,进一步加速全球变暖。但大气中H_2O在气、液、固三态间变化,水汽在大气中的停留时间仅几天。人们对大气H_2O的源和汇,云的作用等因素认识尚不足,无法定量评估。

臭氧(O_3)是三个原子的氧,一种气态的大气成分。在对流层中,由自然的和人类活动(光化学"烟雾")导致的光化学反应产生。在对流层,高浓度的臭氧对大范围的生命有机体有伤害作用,扮演温室气体的角色。在平流层,臭氧由太阳的紫外辐射与氧分子(O_2)的相互作用产生。平流层内的臭氧对辐射平衡起决定性作用,其浓度在臭氧层达到最高。由于人类活动,对流层O_3增加,平流层O_3减少,但缺乏足够观测数据,也难定量评估。

二、《京都议定书》管制的6种温室气体

产生温室效应的温室气体并非大气主要成分N_2和O_2。温室气体占大气层不足1%,其总浓度要看各"源"和"汇"的平衡结果。"源"是指某些化学或物理过程使得温室气体浓度增加,相反,"汇"是令其减少。人类的活动可直接影响各种温室气体的"源"和"汇",从而改变其浓度。温室气体的增多加剧了温室效应,《京都议定书》正是为了采取措施减少温室气体排放而制定的。

由于水蒸汽和臭氧的时空分布变化较大,因此在制定减量措施规划时,一般都不将它们纳入。《京都议定书》附件A中规定了6种受控的人为温室气体,即二氧化碳(CO_2)、甲烷(CH_4)、氧化亚氮(N_2O)、氢氟碳化物(HFCs)、全氟化碳(PFCs)和六氟化硫(SF_6)(表1-4)。以对全球变暖的影响来说,由于CO_2含量最多,因而影响也最

大,它产生的增温效应占6种温室气体总增温效应的63%,在大气中生存期最长可达200年,而氢氟碳化物(HFCs)、全氟化碳(PFCs)和六氟化硫(SF_6)形成温室效应的能力最强。

二氧化碳(CO_2)。二氧化碳是一种可以自然生成的气体,也是从化石碳沉积物中提炼的化石燃料(如:石油、天然气和煤)和生物质燃烧后以及土地利用变化和其他工业流程产生的次生产物。它是影响地球辐射平衡的主要人为温室气体。它是测量其他温室气体的基准参照气体,其全球变暖潜势指数为1。

甲烷(CH_4)。甲烷通过垃圾填埋场的垃圾厌氧(没有氧)分解、动物消化、动物排泄物的分解、天然气和石油的生产和销售、产煤和化石燃料的不完全燃烧而产生。

氧化亚氮(又称笑气,N_2O)。氧化亚氮的主要人为来源是农业(土壤和动物粪便管理),但是污水处理、化石燃料燃烧和化工流程也是重要的来源。氧化亚氮也从土壤和水中的多种生物源自然产生,特别是潮湿的热带森林中微生物活动。

氢氟碳化物(HFCs)。商业上生产该物质用作氯氟碳化物的替代品。HFCs主要用于电冰箱和半导体生产。它们的全球增温潜势范围是1300~11700。

全氟化碳(PFCs)。全氟化碳是炼铝和铀浓缩的副产品。同时它也在半导体生产中替代氯氟碳化合物。PFCs的全球增暖潜势为二氧化碳的6500~9200倍。

六氟化硫(SF_6)。六氟化硫作为高压设备的绝缘体或有助于生产电缆冷却设备,它广泛地应用在重工业生产中。它的全球增暖潜势为23900。

表1-4 6种温室气体的特征

种 类	增温效应(%)	生命周期(年)	全球增暖潜势(100年)(以CO_2作为1计算)
二氧化碳(CO_2)	63	50~200	1
甲烷(CH_4)	15	12~17	21
氧化亚氮(N_2O)	4	120	310
氢氟碳化物(HFCs)	11*	13.3	1300~117000
全氟化碳(PFCs)		50000	6500~9200
六氟化硫(SF_6)	7	不详	23900

* 表示氢氟碳化物(HFCs)和全氟化碳(PFCs)共同的增温效应为11%。

三、三氟化氮(NF_3)

三氟化氮在常温下是一种无色、无臭、性质稳定的气体,是一种强氧化剂。三氟化氮在微电子工业中作为一种优良的等离子蚀刻气体,在离子蚀刻时裂解为活性氟离子,这些氟离子对硅和钨化合物,高纯三氟化氮具有优异的蚀刻速率和选择性(对氧化硅和硅),它在蚀刻时,在蚀刻物表面不留任何残留物,是非常良好的清洗剂,同时在芯片制造、高能激光器方面得到了大量的运用。

2008年联合国环境大会上,三氟化氮被列为温室气体,其制造温室的能力极强,能在大气中维持550年。主要在生产液晶电视时排放,目前排放量为每年4000吨。三氟化氮拥有导致全球变暖的强大潜力,其存储热量的能力是二氧化碳的12000~20000倍,在大气中的寿命可长达740年之久。

第四节 IPCC第五次气候变化评估报告要点

IPCC(Intergovernmental Panel on Climate Change,政府间气候变化专门委员会)由世界气象组织(WMO)和联合国环境规划署(UNEP)于1988年建立,旨在评估与理解人为引起的气候变化、这种变化的潜在影响,以及适应和减缓方案的科学基础有关的科技和社会经济信息。IPCC既不从事研究也不监测与气候有关的资料或其他相关参数,其评估主要基于经过细审和已出版的科学/技术文献。IPCC定期对气候变化的认知现状进行评估(已发布五次:1990年、1995年、2001年、2007年、2013—2014年),还在认为有必要提供独立的科学信息和咨询的情况下撰写关于一些主题的"特别报告"和"技术报告",并通过其有关《国家温室气体清单》方法的工作为《联合国气候变化框架公约》(UNFCCC)提供支持。

IPCC在1990年第一次评估报告的时候,得出的结论是近百年的气候变化可能是自然波动、人类活动或者二者共同影响造成的。这句话说得很不明确,说不出哪个是主要的,哪个是次要的。第二次评估报告得出的结论是,定量表述人类活动对全球气候的影响能力仍有限,且在一些关键因子方面存在不确定性,但是越来越多的各种事实表明,人类活动的影响已被觉察出来。第三次评估报告得出的结论,新的更强的证据表明,过去50年观测到的大部分增暖"可能"归因于人类活动(66%以上可能性)。第四次评估报告(2007年)得出的结论是,人类"很可能"是气候变暖的主要原因(90%以上可能性)。而人类影响气候变化,其中温室气体排放是重要的原因,IPCC因此获得2007诺贝尔和平奖。不仅是明确奠定了一个科学基础,并且提出了减缓气候的要求、办法,显示了几千个科学家经过几十年努力得出的结论。第五次评估报告得出的结论如下。

一、IPCC第五次评估报告第一工作组报告要点

气候系统变暖是毋庸置疑的。大气和海洋已变暖,积雪和冰量已减少,海平面已上升,温室气体浓度已增加。过去的三个十年大气连续比自1850年以来的任何一个

十年都偏暖。海洋变暖在气候系统储存能量的增加中占主导地位,1971年至2010年间累积能量的90%。过去20年以来,格陵兰和南极冰盖已经并正在损失冰量,几乎全球范围内的冰川继续退缩,北极海冰和北半球春季积雪面积继续缩小。19世纪中叶以来,海平面上升速率比过去两千年来的平均速率高。在1901—2010年期间,全球平均海平面上升了0.19米(0.17～0.21米)。二氧化碳、甲烷和氧化亚氮的大气浓度至少已上升到过去80万年以来前所未有的水平。2011年,二氧化碳、甲烷和氧化亚氮温室气体浓度依次为391ppm、1803ppb和324ppb,分别约超过工业化前水平的40%、150%和20%。

1. 全球年平均温度距平变化

2014年,全球平均气温为14.6℃,成为1880年有记录以来的最暖年。其中,我国平均气温较常年偏高0.5℃;荷兰平均气温较常年偏高1.4℃;英国、法国、瑞士等地气温达到近200年的极值。

根据世界气象组织最新发布,2013年全球平均表面温度比1961—1990年的平均值(14.0℃)高出0.5℃,比2001—2010年的平均值高出0.03℃,与2007年并列为1850年以来的第六最暖年,

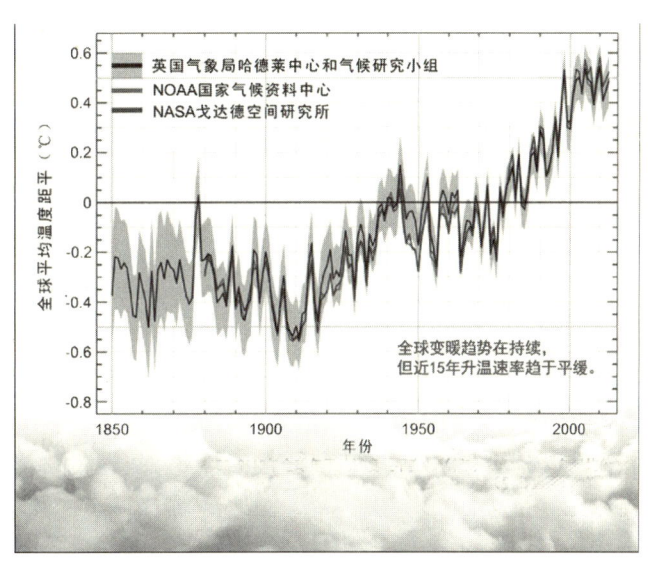

图1-4　1850—2013年全球年平均温度距平变化
(相对于1961—1990年平均值)

处于持续偏暖阶段。在有现代气象记录以来的14个最暖年份中,除1998年外,其他13个最暖年份均出现在21世纪(图1-4)。

2. 北极海冰范围呈下降趋势

北极海冰范围(海冰密集度≥15%的区域)通常在3月达到最大值,9月达到最小值。1979—2013年,北极海冰范围呈现一致性的下降趋势,其中,3月海冰范围的线性趋势为平均每10年减少0.40百万平方千米,9月为平均每10年减少0.89百万平方千米(图1-5)。

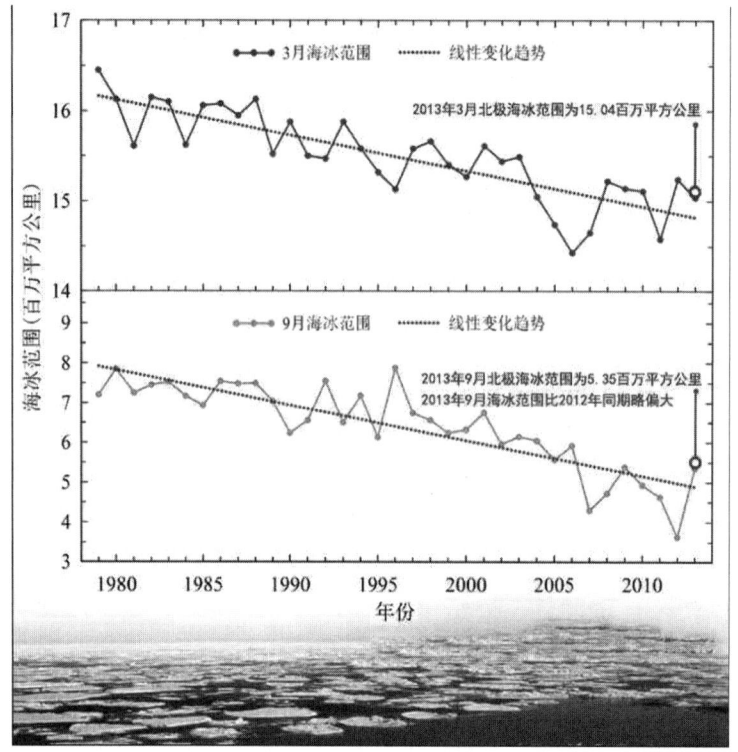

图1-5 1979—2013年3月和9月北极海冰范围的年际变化

3. 中国天山乌鲁木齐河源1号冰川消融

中国天山乌鲁木齐河源1号冰川（全球参照冰川）的监测结果表明，1960—2012年，冰川呈加速消融退缩趋势，与全球冰川总体变化一致。冰川末端变化亦是反映冰川变化的重要指标之一。由于强烈消融，1号冰川末端在1993年分裂为东、西两支。监测结果表明，在分裂之前的1959—1993年，1号冰川末端平均退缩速率为4.5米/年。1994—2011年，东、西支平均退缩速率分别为3.6米/年和6.1米/年（图1-6）。（原始资料由中国科学院天山冰川观测实验站提供）

二、IPCC第五次评估报告第二工作组报告要点

2014年3月31日，发布了IPCC第五次评估报告第二工作组报告。报告认为，气候变化已对农业、人类健康、陆地和海洋生态系统、供水和人们的生计造成不利影响。气候变化对粮食产量的负面影响高于积极影响；在许多海洋和陆地地区，许多物种的地理分布、季节活动、迁徙模式甚至物种之间的关系都发生了改变；近期诸如热浪、干旱、洪水、热带气旋等极端事件表明了一些生态系统和人类系统对气候变率的脆弱性和暴露度。气候变化对自然和人类系统带来诸多风险，例如，沿海低洼地带及小岛国

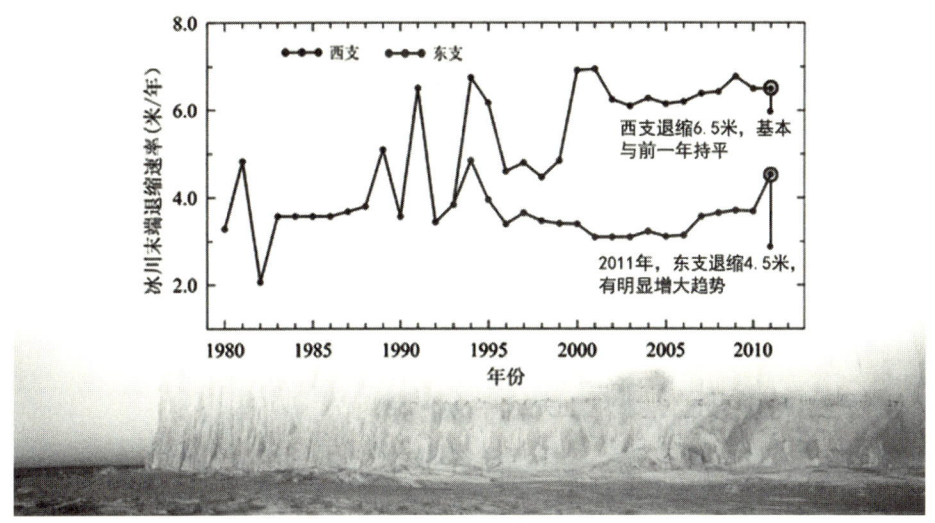

图1-6　1980—2011年中国天山乌鲁木齐河源1号冰川末端退缩速率

居民面临伤亡、疾病及生计受损的风险；极端天气导致基础设施网络及水、电等主要服务崩溃的风险；贫穷国家的粮食安全及粮食系统面临崩溃风险。报告指出，所有大陆和各大海洋都受到气候变化的影响；尽管随着气候变暖的程度不断加大，管理这些风险的难度很大，但应对风险的机遇依然存在。

三、IPCC第五次评估报告第三工作组报告要点

2014年4月13日，发布了IPCC第五次评估报告第三工作组报告《气候变化2014：减缓气候变化》，报告指出，通过采取各种技术措施以及行为改变，有可能将全球平均温度升高幅度限制在超出工业化前水平的2℃以内。但是，只有通过重大体制和技术变革，才更可能将全球变暖幅度控制在上述阈值之内。要实现大气中温室气体浓度的稳定，要求有效地使用能源，并将能源生产、交通运输、建筑、工业、土地利用和人类居住等各个行业进行减排。此外，将电力生产的排放减至近零是立志雄心的减排情景的共同特征。土地是2℃目标的另一个重要组成部分。减缓毁林并种植森林已阻止甚至逆转了因毁林产生的排放增加。通过造林，土地可用于吸收大气中的二氧化碳。这也可通过生物质发电与二氧化碳捕获和储存技术相结合的方式实现。然而，迄今为止这种组合尚未呈现规模化，常年储存在地下的二氧化碳面临着各种挑战，并需要对加剧的土地竞争风险进行管理。通过实现土地的多功能用途，可减少这些风险。

四、IPCC第五次评估报告《综合报告》要点

2014年11月2日，发布了IPCC第五次评估报告《综合报告》，该报告指出人类对

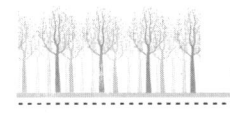

气候系统的影响是明确的,而且这种影响在不断增强。如果任其发展,气候变化将会增强对人类和生态系统造成严重、普遍和不可逆转影响的可能性。世界各地都在发生气候变化,而气候系统变暖是毋庸置疑的。相比之前的评估报告,本报告更为肯定地指出一项事实,即温室气体排放以及其他人为驱动因子已成为自20世纪中期以来气候变暖的主要原因。在社会、经济、文化、制度或其他方面被边缘化的人们特别容易受到气候变化的影响。但仅靠适应是不够的。大幅和持续减少温室气体排放是限制气候变化风险的核心。当前有多种减缓途径可促使在未来几十年实现大幅减排,大幅减排是将升温限制至2℃所必需的。

IPCC第五次评估报告由800多名科学家参与编写,分别是《自然科学基础》《影响、适应和脆弱性》和《减缓气候变化》。而《综合报告》是对这些报告成果的提炼和综合,也是有史以来最全面的气候变化评估报告。

第五节 臭氧层破坏与恢复

臭氧(O_3)是氧气(O_2)的同素异形体,由氧原子和氧分子结合而成($O+O_2 \rightarrow O_3$)。臭氧有一种刺鼻的气味,所以得此恶名。在低层大气中,由于缺乏氧原子,生成臭氧的机会很少。随着高度增加,太阳辐射的紫外线增强,氧分子在紫外线作用下,一部分分解为氧原子,生成臭氧的机会增多。大约在距地面10千米以上的高空,臭氧的含量逐渐增多,在20~30千米的高空,臭氧含量最大,形成一个明显的"臭氧层"。在此高度以上,太阳辐射的紫外线更强,大部分氧分子被分解为氧原子,臭氧的含量也逐渐减少,到60千米以上,臭氧的含量已经很少。

一、臭氧层的作用

臭氧层的主要作用是吸收太阳辐射中的紫外线。一般将来自太阳的紫外线按照波长的大小分为三个区:UV-A区(325~400nm)、UV-B区(280~325nm)、UV-C区(200~280nm)。UV-A区的紫外线不能被臭氧所吸收,但也不会对地球上生物造成伤害。反之,这一波段少量的紫外线还是生物所必需的,它可促进人体的固醇类转化成维生素D,缺乏维生素D会引起软骨病,尤其对儿童的生长发育产生不良影响。UV-B区的紫外线是可能到达地表并对人类和生态系统造成危害的部分。正常情况下,大气中的臭氧可以吸收绝大部分的此波段的紫外线。UV-C区的紫外线波长短,能量高,但能被大气中的氧气和臭氧完全吸收,即使臭氧发生损耗,也不会到达地表。臭氧的主要作用是拦截对人类和生态系统有伤害作用的UV-B区的紫外线。因此,臭氧层被称为"地球上生物的保护伞"。

二、臭氧层消耗的原因

据卫星观测资料,自20世纪70年代以来,全球臭氧量明显减少,1979—1990年,全球臭氧量大致下降了3%,南极上空的臭氧量减少尤为严重,出现了"南极臭氧洞"(图1-7)。1995年英国科学家测得南极上空出现1000万平方千米的臭氧层空洞。

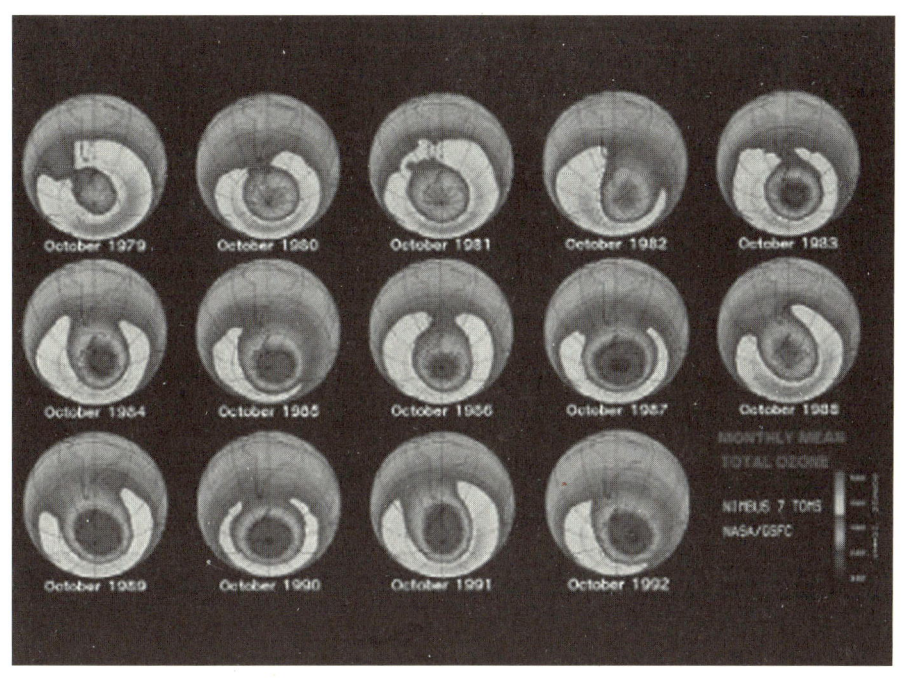

图1-7　1979—1992年臭氧层厚度变化

臭氧是在自然因子下产生的,所以,它受自然因子如太阳活动和大气环流变化的影响。由于太阳活动有准11年和22年周期的振荡,大气环流有准两年周期的振荡,臭氧变化也有准11年和准两年周期的变化。人工合成的一些含氯和含溴的物质是造成臭氧层耗损的元凶,最典型的是氟氯碳化合物(CFCs,俗称氟氯昂)和含溴化合物哈龙(Halons)。臭氧层耗损机制是被美国科学家莫里纳(Molina)和罗兰德(Ronland)发现的,他们也因此于1995年共同获得了诺贝尔化学奖。就重量而言,人为释放的氟氯碳化合物(CFCs)和哈龙(Halons)分子都比空气分子重,但这些化合物在对流层是化学惰性、十分稳定,经过一两年的时间,这些化合物会在全球范围内的对流层均匀分布,然后主要在热带地区上空被大气环流带到平流层,风又将它们从低纬度地区向高纬度地区输送,在平流层内混合均匀。在平流层内,强烈的紫外线辐射使氟氯碳化合物(CFCs)和哈龙(Halons)发生解离,释放出高活性的原子态的氯和溴,氯和溴原子是自由基,它们对臭氧的破坏是以催化的方式进行的。$Cl + O_3 \rightarrow ClO + O_2$,$ClO + O \rightarrow Cl + O_2$,其结果是:$O_3 + O \rightarrow 2O_2$。溴原子自由基也是以同样的过程破坏臭氧,因此也是催化剂。据估算,一个氯原子自由基可以破坏10万个臭氧分子,而溴原子自由基对臭氧的破坏能力是氯原子的30～60倍。而且,氯原子和溴原子还存在协同作用,即二者同时存在,其破坏臭氧的能力要大于简单的加和。制冷工业革命前,大气中没有氟氯碳化合物这种成分。大气中氟氯昂12(CFC_{12})开始出现于20世纪30年代,而氟氯昂11(CFC_{11})开始出现于20世纪40年代。CFC_{12}和CFC_{11}的排放逐年增长很快。1975年,氟氯昂12(CFC_{12})排放估计为35万吨,而氟氯昂11(CFC_{11})为20万吨。自1950年起,年排放逐年增长率约为15%～20%。1975年后,由于一些国家限制CFC_{12}和CFC_{11}的生产,排放增长率开始下降。根据计算,CFC_{12}和CFC_{11}在大气中的生存期很长,分别约为80年和170年。哈龙(Halons)具有不导电、低毒性、无残留等特殊的灭火效果,因此,成为许多场合首选的灭火剂。

三、臭氧层消耗的影响

臭氧层耗减产生的直接结果就是使太阳光中的紫外线UV-B达到地面的数量增加。通常认为臭氧浓度降低1%,UV-B辐射量增加1.5%～2%。臭氧层一旦遭到破坏,射向地面过多的紫外线辐射,会给人类的身体健康和全球的生态环境带来极大的危害。因此,臭氧层的保护被认为是全球最重要和最迫切的环保项目之一。

1. 对人体健康的影响

阳光紫外线中UV-B它能诱发和加剧皮肤癌、眼部疾病和传染性疾病等。(1)皮肤癌增加。美国近年的研究结果表明:臭氧量减少1%,会使白种人皮肤癌患病率约增加3%。世界卫生组织曾在一份预测中指出:"非黑色素瘤皮肤癌的发生率在2050年后可增加6%～35%,南半球的上升率要更高一些,因为那里总的臭氧消耗量更大。"(2)损害眼睛,增加白内障患者。实验证明,紫外线会损伤眼角膜和眼晶体,引起白内障、眼球晶体变形等。据分析,平流层臭氧含量减少1%,全球白内障的发病率将增加0.6%～0.8%。(3)削弱免疫力,传染病患者增加。人体的免疫系统一部分存在于皮肤内,UV-B辐射对免疫反应的抑制影响相当大,已有研究表明,长期暴露于UV-B辐射下,人体免疫系统的机能减退,抵抗疾病的能力下降,则大量疾病的发病率和严重程度增加,尤其是麻疹、水痘、疱疹等病毒性疾病。(4)咳嗽、鼻咽刺激、呼吸短促、胸闷等增加。各种化学反应的速率和温度的关系比较复杂,但大多数化学反应的速率随温度的升高而加快。1884年荷兰科学家范特霍夫(Van't Hoff)从实验数据中归纳出一条经验规则:在反应浓度恒定的情况下,温度每升高10K,大多数化学反应的速度将增加到原来的2～4倍。温度升高之所以使反应速率加快,除了反应物分子间碰撞频率增加这一次要因素之外,其根本原因在于温度升高时,一些普通分子获取能量而变成活化分子,增大了活化分子百分率,使单位时间内反应物分子间有效碰撞增加，导致反应速率以几何级数的比率增大。由于 UV-B 的高能量，这一变化将导致对流层的大气化学反应速率以几何级数的比率增大。在污染地区如工业和人口稠密的城市，氮氧化物浓度较高的地区，UV-B 的增加会促进对流层臭氧和其他相关的氧化剂的生成，使得这一地区臭氧超标率大增加，光化学烟雾污染严重。近地面臭氧浓度过高，吸入人体会导致肺功能减弱和组织损伤，引起咳嗽、鼻咽刺激、呼吸短促、胸闷等。

2. 对陆生植物的影响

近十几年来，人们对 200 多个品种的植物进行了增加紫外线照射的实验，其中，三分之二的植物显出敏感性。尤其是大米、小麦、棉花、大豆、水果和洋白菜等人类经常食用的作物。一般说来，紫外线辐射增加，植物的叶片会变小，因而减少俘获阳光的有效面积，光合作用会受到影响。对大豆的研究初步结果表明，紫外线辐射会使其更容易受杂草和病虫害损害，臭氧层厚度减少 25%，可使大豆减产 20%～25%。

3. 对水生生态系统的影响

阳光中的 UV-B 辐射对鱼、虾、蟹等两栖类动物和其他动物的早期发育阶段都有危害作用。最严重的影响是繁殖力下降和幼体发育不全，它能穿透 10 米深的水层，杀死浮游生物和微生物，从而危及水中生物的食物链和自由氧的来源，影响生态平衡和水体的自净能力。研究表明，如果平流层臭氧层厚度减少 25%，浮游生物的初级生产力将下降 25%，这将导致水面附近的生物减少 35%。实验表明，臭氧减少 10%，紫外线辐射增加 20%，将会在 15 天内杀死所有生活在 10 米水深内的鳗鱼幼鱼。

4. 对生物化学循环的影响

紫外线的增加会影响陆地和水体的生物地球化学循环，从而改变地球——大气这一巨大系统中一些主要物质在地球各圈层中的循环。对陆生生态系统，增加的紫外线会改变植物的生成和分解，进而改变大气中重要气体的吸收和释放，如二氧化碳和氧气。在水生生态系统中，紫外线也有显著作用，这些作用直接造成 UV-B 对水生生态系统中碳循环和硫循环的影响。UV-B 对水生生态系统中碳循环的影响主要体现在对初级生产力的抑制，同时还抑制海洋表层浮游细菌的生长。UV-B 对水生生态系统中氮循环的影响，体现在不仅抑制硝化细菌的作用，而且，可直接光解硝酸盐这样的简单无机物。UV-B 海洋中硫循环的影响，可能会改变氧硫化碳和二甲基硫的释放，这两种气体可分别在平流层和对流层中被降解为硫酸盐气溶胶。

5. 对材料的影响

据研究，臭氧减少影响人类健康及生态系统的主要机制是紫外线辐射的增加会破坏核糖核酸(DNA),以改变遗传信息及破坏蛋白质。除了影响人类健康和生态外,臭氧减少而造成的紫外辐射增多还会造成对工业生产的影响,如,使塑料及其他高分子聚合物加速老化。平流层臭氧耗损导致阳光紫外线的增加会加速建筑、喷涂、包装及电线电缆等所用材料,尤其是高分子材料的降解和老化变质。特别是高温和阳光充足的热带地区,从而限制了使用寿命。更为严重的是由于这一破坏作用,造成的损失,估计全球每年达数十亿美元。

四、臭氧层有望在几十年后恢复

2014年9月10日,联合国环境署和世界气象组织共同发布:由于国际社会对抗消耗臭氧层物质的共同努力,保护地球的臭氧层有望在几十年内恢复原状。2000年至2013年,中北纬度地区50千米高度的臭氧水平已回升4%。此外,南极洲上空的臭氧空洞也在停止扩大。但臭氧层目前仍比20世纪80年代薄了约6%(图1-8)。科

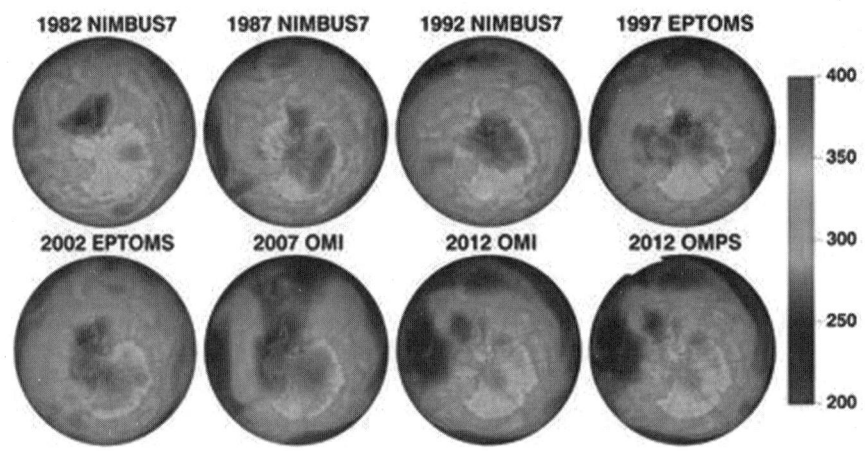

图1-8　1982—2012年臭氧层厚度变化

注:蓝色区域的臭氧层较薄,橙色及黄色区域较厚。图片来源:NASA。

学家把这种积极变化归功于全球对某些制冷剂、发泡剂的限制使用,同时说明只要全球行动,人类可以抵制或者延缓生态危机。

美国杜邦在1931年发明了氟氯昂制冷剂,当时给人们的生活带来了很大方便。但是,后来发现这个气体能够破坏臭氧层,为减少制冷剂氟氯昂对南北两极臭氧层的破坏,杜邦发明HFC 134A替代氟氯昂,并倡导发起《蒙特利尔协议》。1987年,联合国为了避免工业产品中的氟氯碳化物对地球臭氧层继续造成恶化及损害,承续1985年保护臭氧层维也纳公约的大原则,邀请所属26个会员国在加拿大蒙特利尔所签署的环境保护公约《蒙特利尔破坏臭氧层物质管制议定书》,又称《蒙特利尔议定书》。该议定书自1989年1月1日起生效。中国1991年加入《蒙特利尔议定书》。但在《京

都议定书》中,HFC 134A 却被列入温室气体,同样对环境有害。目前,异丁烷可用来替代 HFC 134A,但其容易爆炸,不够安全。1995 年 1 月 23 日,联合国大会通过决议,确定从 1995 年开始,每年的 9 月 16 日定为"国际保护臭氧层日",要求所有缔约国采取具体行动纪念这一特殊的日子。1998 年的活动主题是"为了地球上的生命,请购买有益臭氧层的产品"。1999 年活动主题为"拯救我们的蓝天,爱护臭氧层"。我国积极参与了国际保护臭氧层合作,并制订了《中国逐步淘汰消耗臭氧层物质国家方案》。

第二章

清新福建

福建,简称"闽",位于我国东南沿海,东隔台湾海峡与台湾省相望。陆地平面形状似一斜长方形,东西最大间距约 480 千米,南北最大间距约 530 千米(图 2-1)。全省大部分属中亚热带,闽东南部分地区属南亚热带。土地总面积 12.4 万平方千米,海域面积 13.6 万平方千米。陆地海岸线长达 3752 千米,位居全国第二位;海岸线曲折率 1∶7.01,居全国第一位。森林覆盖率居全国首位。

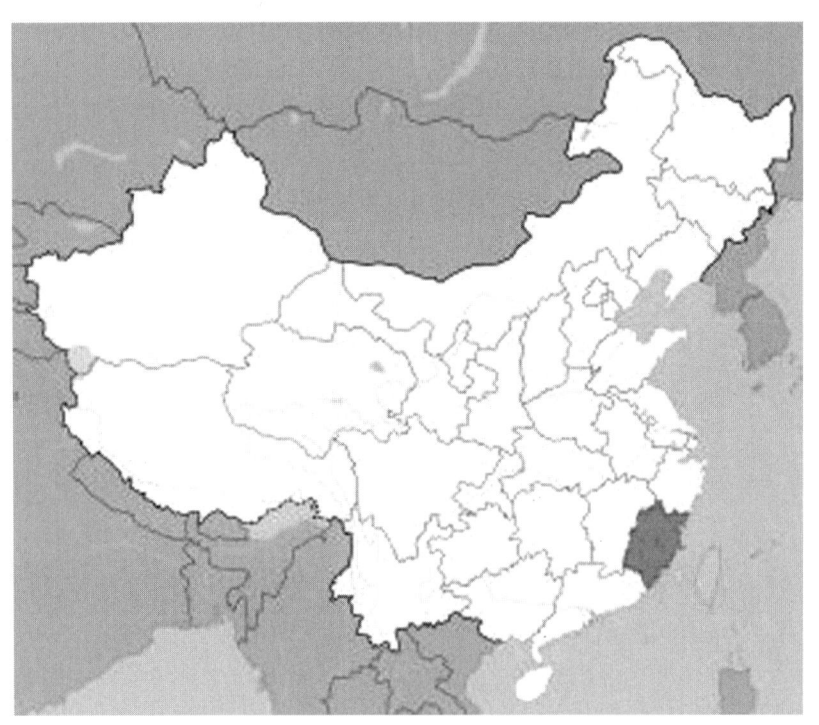

图 2-1 福建省的位置

第一节 地理与自然概况

一、地理

福建境内峰岭耸峙、丘陵连绵,河谷、盆地穿插其间,山地、丘陵占全省总面积的80%以上,素有"八山一水一分田"之称。地势总体上西北高东南低,横断面略呈马鞍形。因受新华夏构造的控制,在西部和中部形成北(北)东向斜贯全省的闽西大山带和闽中大山带。两大山带之间为互不贯通的河谷、盆地,东部沿海为丘陵、台地和滨海平原。

闽西大山带以武夷山脉为主体,长约530千米,宽度不一,最宽处达百余千米。北段以中低山为主,海拔大都在1200米以上;南段以低山丘陵为主,海拔一般为600~1000米。位于闽赣边界的主峰黄岗山海拔2158米,是我国大陆东南部的最高峰。整个山带,尤其是北段,山体两坡不对称:西坡陡,多断崖;东坡缓,层状地貌发育。山间盆地和河谷盆地中有红色砂岩和石灰岩分布,构成瑰丽的丹霞地貌和独特的喀斯特地貌景观。

闽中大山带由鹫峰山、戴云山、博平岭等山脉构成,长约550千米,以中低山为主。北段鹫峰山长百余千米,宽60~100千米,平均海拔1000米以上;中段戴云山为山带的主体,长约300千米,宽60~180千米,海拔1200米以上的山峰连绵不绝,主峰戴云山海拔1856米;南段博平岭长约150千米,宽40~80千米,以低山丘陵为主,一般海拔700~900米。整个山带两坡不对称:西坡较陡,多断崖;东坡较缓,层状地貌较发育。山地中有许多山间盆地。

东部沿海海拔一般在500米以下。闽江口以北以花岗岩高丘陵为主,多直逼海岸。戴云山、博平岭东延余脉遍布花岗岩丘陵。福清至诏安沿海广泛分布红土台地。滨海平原多为河口冲积海积平原,这些平原面积不大,且为丘陵所分割,呈不连续状。闽东南沿海和海坛岛等岛屿风积地貌发育。

陆地海岸线以侵蚀海岸为主,堆积海岸为次,岸线十分曲折。潮间带滩涂面积约20万公顷,底质以泥、泥沙或沙泥为主。港湾众多,自北向南有沙埕港、三都澳、罗源湾、湄洲湾、厦门港和东山湾等6大深水港湾。岛屿星罗棋布,共有岛屿1500多个,平潭岛现为全省第一大岛,原有的厦门岛、东山岛等岛屿已筑有海堤与陆地相连而形成半岛。

二、气候

福建靠近北回归线,受季风环流和地形的影响,形成暖热湿润的亚热带海洋性季风气候,热量丰富,全省70%的区域≥10℃的积温在5000~7600℃之间,雨量充沛,光照充足,年平均气温17~21℃,平均降雨量1400~2000毫米,是中国雨量最丰富的省份之一,气候条件优越,适宜人类聚居以及多种作物生长。气候区域差异较大,闽东南沿海地区属南亚热带气候,闽东北、闽北和闽西属中亚热带气候,各气候带内水热条件的垂直分异也较明显。

三、环境

2015年11338.9千米评价河长中,水质符合和优于Ⅲ类水的河长为8866.5千米,占评价河长的78.2%。全省12条主要河流整体水质为优,Ⅰ类至Ⅲ类水质比例为94.0%;9个设区市的31个集中式生活饮用水源地水质达标率为97.3%。23个城市空气质量均达到国家环境空气质量标准(GB3095-1996)二级标准。23个城市中,区域声环境质量"较好"的城市有14个;道路交通声环境质量属于"好"水平的有10个,属于"较好"水平的有13个。市县生活垃圾无害化处理率96.5%,市县污水处理率88%。

四、水系

福建水系密布,河流众多,河网密度达0.1千米/平方千米。全省河流除交溪(赛江)发源于浙江,汀江流入广东外,其余都发源于境内,并在本省入海,流域面积在50平方千米以上的河流共有683条,其中,流域面积在5000平方千米以上的主要河流有闽江、九龙江、晋江、交溪、汀江5条。闽江为全省最大河流,全长577千米,多年平均径流量为575.78亿立方米,流域面积60992平方千米,约占全省面积的一半。由于属山地性河流,河床比降较大,水力资源丰富,水力资源蕴藏量居华东地区首位。

五、资源

1. 土地资源

根据2013年土地利用变更调查成果,全省土地总面积12.4万平方千米,占全国土地总面积的1.3%。其中:耕地133.87万公顷,园地78.22万公顷,林地834.68万公顷,草地23.58万公顷,城镇村及工矿用地60.85万公顷,交通运输用地19.61万公顷,水域及水利设施用地55.20万公顷,其他土地33.50万公顷。

2. 海洋资源

福建海域面积为13.6万平方千米,比陆域面积大12.4%,属我国的海洋大省之一。大陆海岸线漫长曲折,北起福鼎沙埕港,南至诏安宫口港,总长3752千米,居全国第二位;直线长度535千米,海岸线曲折率达1∶7.01,为全国之最;由于海岸曲折,岛屿众多,因而形成了许多港湾,全省共有大小港湾125个,深水港湾22处,自北而南较大的港湾有沙埕港、三沙湾、罗源湾、福清湾、兴化湾、湄洲湾、泉州湾、深沪湾、厦门湾、旧镇湾、东山湾、诏安湾等。其中能直接满足5万吨级以上船舶自由进出港的天然深水良港有厦门湾、沙埕港、湄洲湾、兴化湾、罗源湾、三沙湾、东山湾等7处,占全国1/6多。已纳入港口规划的岸线467.1千米,其中,深水岸线210.9千米,可开发建设20万吨级以上的大型深水港岸线总长47千米,共23处,可建设20万吨级以上深水港口泊位80个。

沿海岛屿星罗棋布,全省海岛2214个,其中面积大于500平方米以上的1321个,位居全国第二;沿海岛屿总面积1155.8平方千米,总岸线长度2503.8千米,有人居住岛屿100个(含台湾地区管辖的10个)。沿海滩涂广布,浅海滩涂可利用养殖面积达1500平方千米。近海生物种类3000多种,贝、藻、鱼、虾种类数量居全国前列。可作业渔场面积12.5万平方千米,有闽东、闽中、闽南、闽外和台湾浅滩5大渔场。

海洋矿产资源种类多,海岸带和近海已发现60多种矿产,有工业利用价值的20余种。全省山多海阔,山海兼容,优越的亚热带海洋性气候,多种多样的海岸类型,景色秀丽的岛屿,千姿百态的海蚀景观,加之沿海众多富有宗教、文化、军事、历史内涵的名胜古迹和新兴的港口城市,构成理想的观光度假胜地,其中有被列为国家重点风景名胜区的鼓浪屿、清源山、太姥山、海坛岛和国家旅游度假区的湄洲岛以及"海上绿洲"东山岛等。

沿海地热梯度较大,地热资源丰富,具有开采价值的热水区域较多。沿海风能资源丰富,可利用时数达7000~8000小时。沿海可利用潮汐发电的海水面积达3000平方千米,潮汐能理论装机容量达3425万千瓦,可开发装机容量1033万千瓦,占全国的49.2%,居首位。

3. 水资源

2013年,全省水资源总量为1151.90亿立方米,人均拥有水资源量3052立方米,其中:地表水资源量1150.65亿立方米,地下水资源量337.00亿立方米;地下水和地表水不重复量1.25亿立方米。行政分区中,地表水资源量最多的是龙岩市,为215.08亿立方米,最少的是平潭综合实验区,为1.90亿立方米,分别占全省地表水资源量的18.69%和0.17%;地下水资源量最多的是南平市,为70.25亿立方米,最少的

是平潭综合实验区,为0.61亿立方米,分别占全省地下水资源总量的20.85%和0.18%。地表水资源量中,闽江为447.84亿立方米,九龙江171.83亿立方米,汀江111.56亿立方米,晋江50.42亿立方米,交溪46.86亿立方米,木兰溪13.96亿立方米。全年外省入境水量24.30亿立方米,本省出境水量152.05亿立方米。全省入海水量为952.42亿立方米(不含过境水量)。

4. 矿产资源

截至2013年年底,列入福建省矿产资源储量表的固体矿产118种,其中能源矿产1种(煤),金属矿产28种,非金属矿产89种。已上表矿区总数1581个,矿山总数1600个,其中大型矿区60个,中型矿区169个,小型矿区1352个。全省探矿权总数957个,面积8618平方千米,其中国有单位持有探矿权235个。

5. 野生动植物资源

野生动物资源。根据动物地理区划,福建省属于东洋界华中区丘陵平原亚区和华南区闽广沿海亚区交错地带,已记录到脊椎动物1600多种(包括亚种),约占全国种类的1/3。其中:哺乳类147种、鸟类557种、爬行类123种、两栖类46种、鱼类820种。无脊椎动物中已记录到原生动物约600种、腔肠动物200多种、栉水母7种、吸虫约200种、绦虫约150种、线虫约400种、轮虫150多种、棘头虫约65种、环节动物约500种、星虫类11种、枝角类约80种、桡足类约400种、软体动物约500种、蟹类170多种、昆虫1万多种、棘皮动物约81种、毛颚动物27种。全省分布国家重点保护野生动物164种,其中:陆生国家一级保护野生动物18种、国家二级保护野生动物103种;水生国家一级保护野生动物4种、国家二级保护野生动物39种。

野生植物资源。植物种类以亚热带成分为主,区系成分较复杂,种类繁多。全省有高等植物4707种,占全国高等植物种类的15.7%。国家重点保护野生植物50种,其中:国家一级保护植物6种、国家二级保护植物44种,包括蕨类植物9种、裸子植物12种、被子植物29种;福建特有植物有39科113种。

福建加大了对华南虎、金钱豹、黑脸琵鹭、南方红豆杉、兰科植物等的保护、拯救力度,在梅花山国家级自然保护区率先启动华南虎繁育与拯救工程;在三明动物园启动金钱豹繁育工程;在明溪县启动南方红豆杉保护与人工培植利用工程,每年可提供南方红豆杉苗木数百万株。重点对沿海湿地水鸟资源进行调查和监测,基本摸清资源现状及分布,发现黑脸琵鹭在福建有7处分布地,其中福宁湾、兴化湾和漳江口为越冬分布区;近年来新增白脸鹭、红脚鲣鸟、蓝脸鲣鸟、黄脚银鸥、遗鸥、白领翡翠、斑头大翠鸟、白腰燕鸥、黑冠鹃等10多种福建新分布鸟类物种记录。

6. 旅游资源

"海峡旅游"是福建旅游最突出的主题,"山海一体,闽台同根,民俗奇异,宗教多元"是福建旅游鲜明的特色。福建现有世界文化与自然双遗产武夷山、世界文化遗产福建土楼、世界自然遗产与世界地质公园泰宁、世界地质公园宁德白水洋、太姥山、白云山,以及海上花园温馨厦门、温泉古都有福之州、海上丝路文化泉州、朝圣妈祖平安湄洲、成功起点光辉古田、滨海火山日出东山、东海麒麟神奇平潭等独具特色的旅游品牌。

福建文化旅游资源灿烂多元,悠久的历史孕育了闽南文化、客家文化、妈祖文化、闽越文化、朱子文化、海丝文化等六大精品文化,以及茶文化等一批内涵深刻、特色鲜明的地域文化。

福建宗教多元,佛教、道教、伊斯兰教等遗址广为分布,泉州有"世界宗教博物馆"之称,妈祖、陈靖姑、保生大帝、清水祖师等民间信仰在海峡两岸影响很大。闽剧、莆仙戏、梨园戏、高甲戏、芗剧等是福建五大地方剧种。此外还有20多种民间小戏分布于全省各地。

福建物产丰富,福州的脱胎漆器、寿山石雕,武夷山的大红袍和安溪的铁观音等名茶,惠安的影雕,德化的瓷器,漳州的水仙花、中成药片仔癀,古田的食用菌,莆田的荔枝、龙眼等享誉海内外。闽菜是全国八大菜系之一,佛跳墙、鸡汤汆海蚌均为一绝。

第二节　建制沿革与行政区划

一、建制沿革

1. 古近代时期

"闽"最早出现在周朝,西周时福建称闽越,《周礼·夏官》称七闽。秦始皇二十六年(前221年)设置闽中郡,治东冶(今福州),福建为闽中郡辖区的一部分。从此福建作为一个行政区划出现在中国的版图上。汉高祖立无诸为闽越王,都东冶。西汉昭帝始元二年(前85年)立为冶县(后复名东冶),东汉改为东侯官。汉建安八年(203年),析东侯官置建安县,此时福建有侯官、建安、南平、汉兴和东冶5个县。三国吴永安三年(260年)设置建安郡,治建安(今南安市丰州镇),辖建安、南平、将乐、建平、东平、昭武、吴兴7个县。西晋太康三年(282年)设置晋安郡,治原丰,属扬州。南朝梁天监年间析晋安郡置南安郡,治南安;陈永定年间析晋安郡置闽州,改晋安郡为丰州。隋代开皇元年(581年)废郡,改丰州为泉州,大业初年(605年)更名为闽州,大业三年(607年)又废州改设为建安郡。唐武德元年(618年)改建安郡为建州,治闽县(今福州);武德五年(622年)设置丰州,治南安,武德六年(623年)分置泉州,治闽县;贞观初年(627年)丰州并入泉州;垂拱二年(686年)析出泉州南部设置漳州,治漳浦(今云霄);圣历二年(699年)泉州析地设置武荣州,治南安;景云二年(711年)武荣州更名为泉州,治晋江,后改泉州为闽州,治闽县(今福州);开元十三年(725年)闽州更名为福州;开元二十一年(733年)设置福建经略使,"福建"之称由此始;天宝元年(742年)改属江南东道,改福建经略使为长乐经略使;乾元元年(758年)以长乐郡为福州都督府,经略使改为都防御使;上元元年(760年)升格为节度使;大历六年(771年)置都团练观察处置使;乾宁三年(896年)置为威武军节度使,治福州。五代时后梁开平三年(909年)封王审知为闽王,贞明六年(920年)在福州设立大都督府;后唐长兴四年(933年)福州升为长乐府;后晋开运二年(945年)改长乐府为东都。宋代雍熙二年(985年)设立福建路,下辖福、泉、建、汀、漳、南剑六州和邵武、兴化两军,时省已有42个县。元代至元十四年(1277年)在泉州设立行宣慰司,第二年改为行中书省,后行省迁回福州。明代改设福建布政使司,治福州,辖8府1州60县。清代继承明制,省辖府、县两级,省府之间设道;康熙二十三年(1684年)福建省增设台湾府;光绪十二年(1886年)台湾从福建析出设立台湾省;清末,全省行政区划为宁福、兴泉永、汀漳龙、延建邵4道,福州、福宁、兴化、泉州、汀州、漳州、延平、建宁、邵武9府,永春、龙岩2州,58县,6厅。

2.民国时期

福建省行政区划废府、州、厅,实行省、道、县三级制。民国元年(1912年)全省划分为东路、南路、西路、北路4道。民国三年(1914年)以原辖区改为闽海道(闽东)、厦门道(闽南)、汀漳道(闽西)、建安道(闽北)4道。合并闽县、侯官为闽侯县;建安、瓯宁为建瓯县;改永春、龙岩2州为永春、龙岩2县;同安县析厦门岛设置思明县,析浯州岛(金门岛)和大、小嶝岛置金门县;改永福县为永泰县;全省4道,61县。民国四年(1915年),诏安县析桐山岛和漳浦县的古雷岛设置东山县。民国十四年(1925年),废除道制,实行省、县两级制。民国十七年(1928年),设置华安县。民国二十二年(1933年),十九路军在福州发动"福建事变",成立中华共和国人民革命政府,定福州为首都,将福建划为闽海、延平、兴泉、龙汀4个省和福州、厦门两个特别市,辖64个县。民国二十三年(1934年)人民革命政府解散,又成立福建省政府,7月实行行政督察专员公署制度,将全省划分为10个行政督察区公署,辖64个县,8月光泽县由江西省划归福建省管辖。民国二十四年(1935年)设立厦门市,撤销思明县。民国二十七年(1938年)福建省政府迁往永安,全省行政区划为7个行政督察区、1个市、62个县、7个特区。民国二十九年(1940年),建瓯析出部分行政区域设置水吉县,沙县、永安和明溪析出部分行政区域设置三元县。民国三十年(1941年)福州沦陷,第一区专署迁往福安。民国三十二年(1943年)全省行政区划调整为8个行政督察区、2个市、64县、2个特区。民国三十三年(1944年)闽侯县更名为林森县。民国三十四年(1945年)9月设置周宁县,10月设置柘荣县,11月省政府迁回福州。民国三十五年(1946年)福州市正式成立,全省行政区划调整为9个行政督察区、2个市、66个县。民国三十六年(1947年)全省行政区划调整为7个行政督察区,福州、厦门2个市,67个县,10个区,899个乡(镇)。

3. 中华人民共和国时期

1949年8月24日,福建省人民政府成立,9月,省人民政府公布福建省行政区划通令,将全省行政区域分为福州、厦门2个市,8个行政督察专区和67个县。1950年3月,8个专区依次更名为建瓯、南平、福安、闽侯、泉州、漳州、永安、龙岩专区;9月,泉州专区更名为晋江专区,漳州专区更名为龙溪专区,建瓯专区更名为建阳专区;德化县由永安专区划归晋江专区,林森县复名为闽侯县;11月,设立泉州市、漳州市(县级)。县以下的行政区划,仍维持旧政权的区划。1951年,福州市设立鼓楼、大根、小桥、台江、仓山、水上、盖山、鼓山、洪山9个区;废除国民党政权的901个旧乡(镇)、10265个保和131978个甲。1952年,福州市设立新店区,厦门市设立开元、思明、鼓浪屿3个区。1954年,厦门市设立禾山区。1955年,撤销福州市盖山、鼓山、洪山、新店4个区。1956年,撤销建阳专区,所辖各县划归南平地区;撤销闽侯专区,所辖闽侯县划归省直辖,长乐、连江、罗源3县划归福安专区,永泰、福清、平潭3县划归晋江专区;撤销永安专区,所辖三元、明溪2县划归南平专区,大田划归晋江专区,永安、清流、宁化、宁洋4县划归龙岩专区;撤销水吉县,其行政区域分别并入建阳、建瓯和浦城县;撤销宁洋县,其行政区域分别并入漳平、永安和龙岩县;撤销柘荣县,其行政区域并入福鼎县;福州市撤销大根、小桥、水上3个区,其行政区域分别并入鼓楼区、台江区和仓山区,三元、明溪2个县合并为三明县;析南平县城区,设立南平市(县级)。1957年,全省辖2个地级市、5个专区、3个县级市、7个市辖区、63个县、337个区、4223个乡。

1958年,我国基层政权改制为政社合一的人民公社,全省共建656个人民公社;撤销厦门市禾山区,闽侯县划归福州市,同安县由晋江专区划归厦门市。1959年,恢复闽侯专区,辖原福州市的闽侯县,原南平市的闽清县,原福安专区的长乐、连江2县和原晋江专区的永泰、福清、平潭3个县,专署驻闽侯县;原南平专区的松溪、政和2县划归福安专区。1960年,设立三明市(地级),以三明县城区为三明市行政区域,南平专区的三明县归三明市管辖;清流、宁化2县合并设立清宁县,清宁县驻原宁化县政府驻地,原清流县部分行政区域分别并入永安、连城2县;松溪、政和2县合并设立松政县,松政县驻原松溪县政府驻地;龙溪、海澄2县合并设立龙海县,龙海县驻石码镇;撤销南平县并入南平市(县级);福州市设立马尾区。1961年,恢复柘荣县;撤销清宁县,恢复清流县、宁化县。1962年,撤销松政县,恢复松溪县和政和县;连江县、罗源县分别从闽侯专区和福安专区划归福州市;龙岩专区的永安、清流、宁化3县划归三明市。1963年,设立三明专区,三明市改为县级市,三明专区辖三明市和三明、永安、清流、宁化4个县;福州市撤销马尾区;福州市的连江、罗源2县和南平专区的古田、屏南2县划归闽侯专区;晋江专区的大田县划归三明专区。1964年,以南平市、建瓯县、顺昌县的部分行政区域析出建西县;三明县更名为明溪县。1965年全省共辖2个地级市、7个专区、6个市辖区、4个县级市、63个县、1258个人民公社。

1966年,厦门市开元区更名为东风区,思明区更名为向阳区。1968年,福州市鼓楼区更名为红卫区,台江区更名为赤卫区,仓山区更名为朝阳区;福州市、厦门市均设立郊区。1970年,撤销建西县,其行政区域并入顺昌县;撤销柘荣县,其行政区域分别并入福安、福鼎2县;撤销松溪、政和2县,合并设立松政县;福州市撤销郊区,设立马江区和北峰区;福安专区的松政县划归南平专区;闽侯专区的古田、屏南、连江、罗源4个县划归福安专区;晋江专区的莆田、仙游2个县划归闽侯专区;厦门市的同安县划归晋江专区;南平专区的尤溪、沙县、将乐、泰宁、建宁5个县划归三明专区;南平专区驻地由南平市迁驻建阳县;福安专区驻地由福安县迁驻宁德县;闽侯专区驻地由闽侯县迁驻莆田县。1971年,各专区更名为地区;南平地区更名为建阳地区;福安地区更名为宁德地区;闽侯地区更名为莆田地区。1973年,莆田地区的闽侯县划归福州市;晋江地区的同安县划归厦门市。1974年,恢复柘荣县;撤销松政县,恢复松溪县和政和县。1975年,福州市撤销北峰区设立郊区。1976年全省共辖2个地级市、7个专区、9个市辖区、4个县级市、62个县、835个人民公社、129个镇(街人民公社)。

1978年,厦门市设立杏林区;福州市设立环城区,撤销马江区;福州市红卫、赤卫、朝阳3个区分别更名为鼓楼、台江区、仓山区。1979年,厦门市东风、向阳2区分别更名为开元区和思明区。1981年,撤销龙岩县,设立龙岩市(县级)。1982年,福州市设立马尾区,撤销环城区。1983年,撤销三明地区,设立三明市(地级),三明市设立梅列区和三元区;撤销莆田地区,所属闽清、永泰、长乐、福清、平潭5个县划归福州市管辖,莆田、仙游2个县划归晋江地区;撤销邵武县,设立邵武市(县级);设立莆田市(地级),莆田市设立城厢区和涵江区,辖原晋江地区的莆田、仙游2个县;宁德地区的连江、罗源2个县划归福州市。1984年,撤销人民公社,设立乡镇建制;撤销永安县,设立永安市(县级);全省全省共辖 4 个地级市、5 个专区、14 个市辖区、6 个县级市、59 个县、189 个镇,1076 个乡,18 个民族乡。

1985 年,撤销晋江地区,设立泉州市(地级),泉州市设立鲤城区;撤销龙溪地区,设立漳州市(地级),漳州市设立芗城区。1987 年,厦门市设立湖里区,郊区更名为集美区;晋江县析出石狮市。1988 年,建阳地区驻地从建阳县迁驻南平市,并更名为南平地区;撤销宁德县,设立宁德市(县级)。1989 年,撤销崇安县,设立武夷山市(县级);撤销福安县,设立福安市(县级)。1990 年,撤销福清县,设立福清市(县级);撤销漳平县,设立漳平市(县级)。1992 年,撤销晋江县,设立晋江市(县级);撤销建瓯县,设立建瓯市(县级)。1993 年,撤销南安县,设立南安市(县级);撤销龙海县,设立龙海市(县级)。1994 年,撤销南平地区,设立南平市(地级),原县级南平市改设延平区;撤销长乐县,设立长乐市(县级);撤销建阳县,设立建阳市(县级)。1995 年,福州市调整 5 个市辖区行政区域,同时将郊区更名为晋安区;撤销福鼎县,设立福鼎市(县级)。1996 年,撤销同安县,设立厦门市同安区;漳州市析出芗城区和龙海市部分行政区域,设立龙文区;撤销龙岩地区,设立龙岩市(地级),原县级龙岩市改设新罗区。1997 年,泉州市析出鲤城区部分行政区域,设立丰泽区和洛江区。1999 年,撤销宁德地区,设立宁德市(地级),原宁德市改设蕉城区。2000 年,泉州市析出惠安县部分行政区域,设立泉港区。2002 年,莆田市撤销莆田县,设立荔城区和秀屿区,同时调整城厢区和涵江区行政区域。2003 年,厦门市撤销开元、鼓浪屿区,其行政区域并入思明区,同安区析出东部 5 镇设立翔安区,杏林区划出 1 街道办事处和 1 镇归集美区管辖,杏林区政府驻地迁驻海沧镇,并更名为海沧区。2014 年,撤销县级建阳市,设立南平市建阳区,以原建阳市的行政区域为建阳区的行政区域,建阳区人民政府驻潭城街道人民路 28 号。南平市人民政府驻地由延平区八一路 439 号迁至建阳区南林大街 36 号。撤销永定县,设立龙岩市永定区,以原永定县的行政区域为永定区的行政区域,永定区人民政府驻凤城镇九一街西路 2 号。2014 年底全省辖 9 个设区市和 1 个平潭综合实验区,28 个市辖区,13 个县级市,44 个县(合计 85 个县级行政区划单位)。

二、行政区划

福建省省会福州(省政府驻福州市鼓楼区华林路 80 号)。现辖福州、厦门、三明、莆田、泉州、漳州、南平、龙岩、宁德 9 个设区市和平潭综合实验区(图 2-2、图 2-3、表 2-1)。

图 2-2　福建省政区略图

图 2-3 福建省地图

表 2-1　福建省行政区划（2015 年年底）

设区市名称	县级行政单位数（个）				县级行政单位名称
	合计	县	县级市	市辖区	
总计	85	44	13	28	
福州市	13	6	2	5	鼓楼区、仓山区、台江区、马尾区、晋安区、福清市、长乐市、闽侯县、连江县、罗源县、闽清县、永泰县、平潭县
厦门市	6			6	思明区、海沧区、湖里区、集美区、同安区、翔安区
莆田市	5	1		4	城厢区、涵江区、荔城区、秀屿区、仙游县
三明市	12	9	1	2	三元区、梅列区、永安市、明溪县、清流县、宁化县、大田县、尤溪县、沙县、将乐县、泰宁县、建宁县
泉州市	12	5	3	4	鲤城区、丰泽区、洛江区、泉港区、石狮市、晋江市、南安市、惠安县、安溪县、永春县、德化县、金门县*
漳州市	11	8	1	2	芗城区、龙文区、龙海市、云霄县、诏安县、漳浦县、长泰县、东山县、南靖县、平和县、华安县
南平市	10	5	3	2	延平区、建阳区、邵武市、武夷山市、建瓯市、顺昌县、浦城县、光泽县、松溪县、政和县
龙岩市	7	4	1	2	新罗区、永定区、漳平市、长汀县、上杭县、武平县、连城县
宁德市	9	6	2	1	蕉城区、福安市、福鼎市、霞浦县、古田县、屏南县、寿宁县、周宁县、柘荣县

备注：1.*待统一。2.福建省平潭综合实验区辖平潭县，其行政区域与平潭县重合，行政管理方面与1个副省级城市和8个地级市并列。平潭县行政区划仍隶属福州市，实际由福建省平潭综合实验区管辖。3.福建省的金门、马祖地区，具体包括金门群岛（金门县）、马祖列岛（连江县马祖乡）、乌丘屿（莆田市秀屿区湄洲镇乌丘村）等区域，实际由台湾当局管辖，并分别于金门岛设立"福建省政府"，其行政区划分别为：金门县、"连江县"（限马祖地区）、"乌丘乡"（由金门县代管），一般通称为"金马地区"。

第三节　人口、华人和台胞

一、人口

2015 年年末，全省常住人口 3839 万人，比上年末增加 33 万人，增长 0.87%，增幅比上年略高 0.02 个百分点。其中，城镇常住人口 2403 万人，占总人口比重为

62.60%，比上年末提高 0.8 个百分点。全年出生人口 53.13 万人，出生率为 13.9‰；死亡人口 23.32 万人，死亡率为 6.1‰；自然增长率为 7.8‰（表 2-2）。

表 2-2　2015 年年末人口数及其构成

指标	2015 年末数（万人）	比重（%）
常住人口	3839	100.00
其中：城镇	2403	62.60
农村	1436	37.40
其中：男性	1949	50.76
女性	1890	49.24
其中：0～14 岁	623	16.22
15～64 岁	2892	75.33
65 岁及以上	324	8.45

二、华人

福建是全国著名侨乡，全省重点侨情调查显示：闽籍华侨华人总数为 1264.62 万人，分布在世界 176 个国家和地区，以亚洲、北美洲、欧洲为主，东南亚是主要聚居地，其中前五位国家是：马来西亚（312 万）、印尼（276 万）、菲律宾（170 万）、新加坡（166 万）、美国（70 万）；在省内，前三位地市是：泉州（750 万，约占 59%）、福州（216 万，约占 17%）、漳州（81 万，约占 6%）。祖籍福建的港澳同胞 124 万人。归侨侨眷及港澳眷属 653 万人。改革开放以后出国定居的新华侨华人有 110 万人。联系掌握的海外社团（含港澳社团）1916 个。

闽籍侨胞具有数量多、分布广、层次高、作用大、社团活动活跃、经济实力雄厚等特点，且有着爱国爱乡、乐善好施、造福桑梓的优良传统，为福建的经济建设和社会发展做出重要贡献。据统计，改革开放至 2013 年年底，全省实际利用外资（按验资口径）924.32 亿美元，其中侨资 713.89 亿美元，占全省实际利用外资的 77.23%。闽籍海外侨胞、港澳同胞在福建省捐赠公益事业累计达 241.79 亿元人民币，其中用于文教事业 133.95 亿元，占 55.4%；救灾扶贫等慈善福利事业 63.59 亿元，占 26.3%；道路、供水等农村基础设施建设等 30.47 亿元，占 12.6%；医疗卫生 13.78 亿元，占 5.7%。

三、台胞

截至 2013 年年底，福建省共有台籍同胞 17000 多人（内含高山族同胞 584 人）；在闽台胞中现有全国人大代表 3 名，全国政协委员 3 名，福建省人大代表 4 名，省政协委员 6 名,厅级干部 32 名。

第四节　民族、宗教和语言

一、民族

福建省是少数民族散杂居省份。全省 56 个民族成分齐全,少数民族人口 79.69 万人,占全省总人口的 2.16%。全省有 19 个民族乡(其中畲族乡 18 个、回族乡 1 个)、1 个省级民族经济开发区(福安畲族经济开发区)和 566 个民族村。世居的少数民族有畲族、回族、满族、蒙古族等。畲族人口全国最多,共有 36.55 万人,占全国畲族人口的 51.58%,占全省少数民族人口的 45.87%。外省户籍少数民族人口比例大,有 24.19 万人,占全省少数民族总人口的 30.36% 以上。全国回族发祥地之一,回族大多是通过海上丝绸之路来的古阿拉伯、波斯人的后裔,全省共有 11.6 万人,占全省少数民族人口的 14.56%。全省高山族人口 423 人,是大陆高山族人口最多省份之一。

图 2-4　福建省第二届"三月三"畲族文化节开幕式

二、宗教

福建有佛教、道教、伊斯兰教、天主教、基督教五大宗教。经依法登记的宗教活动场所有 6261 座,其中佛教 3364 座,道教 774 座,伊斯兰教 4 座,基督教 1962 座,天主教 157 座。佛教寺庙数量和僧尼人数均居全国汉族地区前列,其中被国务院确定为首批汉族地区佛教全国重点寺院的寺庙有 14 座,占汉族地区全国佛教重点寺院总数近 10%。有县级以上爱国宗教团体 274 个。有福建佛学院、福建神学院、闽南佛学院 3 所宗教院校,在校生 778 人。福建民间信仰活动场所之多、人数之众、影响之深远、供奉神祇之庞杂、与海外联系之密切,在国内均属罕见,据统计,全省建筑具有一定规模的民间信仰活动场所达 26130 座。

三、语言

福建是汉语方言最复杂的省份之一,全国各大方言区中,福建占着 5 种。

闽方言。福建分布最广的是闽方言,境内的闽方言又分为 5 个区。闽东方言区,分布在闽江下游的福州、闽侯、长乐、福清、平潭、永泰、闽清、连江、罗源、古田、屏南等 11 个县市的是南片,以福州话为代表;分布在福安、宁德、周宁、寿宁、柘荣、霞浦、福鼎等 7 个县市的是北片,以福安话为代表。莆仙方言区,分布在莆田、仙游、涵江 3 个县市(区),以莆田话为代表。闽南方言区,分布在泉州、厦门、漳州 3 个市,包括厦门、金门、泉州、晋江、南安、惠安、永春、德化、安溪、同安、大田、漳州、龙海、长泰、华安、南靖、平和、漳浦、云霄、东山、诏安以及龙岩、漳平等地,以厦门话为代表;泉州、漳州、龙岩 3 种口音都有些差异。闽中方言区,分布在永安、沙县、梅列、三元等 4 个县市(区),以永安话为代表。闽北方言区,分布在建瓯、松溪、政和、南平、顺昌(东南部)、建阳、崇安、浦城(南部),以建瓯话为代表。

客家方言。分布在闽西的宁化、清流、长汀、连城、上杭、永定、武平以及闽南的平和、南靖、诏安的西沿,以长汀话为代表。在闽、客、赣 3 种方言之间,明溪、将乐、顺昌一带也可以说是过渡区,因为那里的方言兼有 3 种方言的特点。

吴方言。浦城县的中北部和浙江省连界,那里说的是和浙江方言相近的吴方言。

官话。在南平市区和西芹一带以及长乐县的琴江村,有 2 个官话方言岛。

畲语。居住在闽东的福安、罗源、宁德等地,闽北的建瓯、建阳、顺昌等地,闽中的永安、漳平等地的畲族同胞所说的话是一种也还保留着一些本族语言的,和客家话比较相近,又吸收了一些当地闽方言成分的带有混合性质的语言,通常也称为畲语。

闽方言和客家方言也都有在区外相互穿插分布的。闽南话在闽中、闽北、闽东都有方言岛。客家话在闽北、闽东也有不少小方言岛。在武平县的中山镇通行的"军家话"是比较接近赣方言的方言岛。

第五节 经济社会发展

一、概况

"十二五"期间,福建省地区生产总值年均增长10.7%,超出"十二五"计划目标0.7个百分点(图2-5)。其中,三次产业年均分别增长4.2%、12.8%和9.2%。三次产业结构由2010年的9.3∶51.0∶39.7调整为2015年的8.1∶50.9∶41.0。战略性新兴产业发展良好。2015年战略性新兴产业实现增加值2618.82亿元,比上年增长9.9%,占地区生产总值的比重为10.1%。"十二五"期间,就业继续增加(图2-6)。

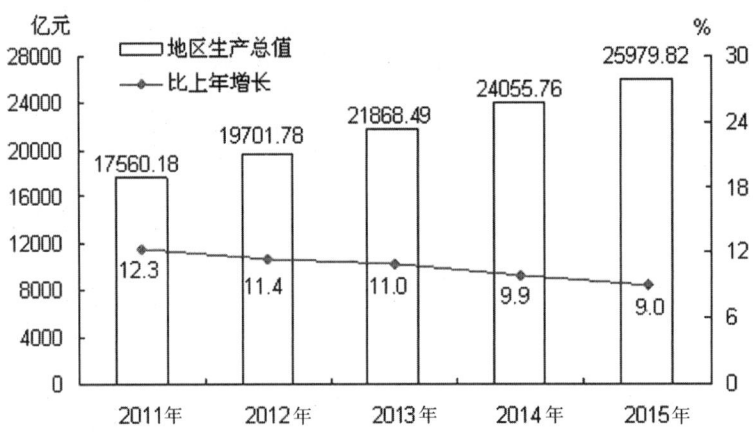

图2-5 2011—2015年地区生产总值(GDP)及其增长速度

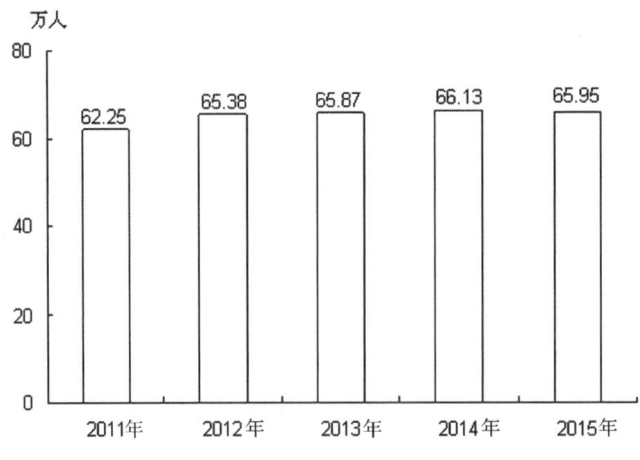

图2-6 2011—2015年城镇新增就业人数

二、农业

农业生产总体较好。"十二五"期间,农林牧渔业总产值年均增长4.3%。粮食产量比2010年减少0.79万吨(图2-7);茶叶产量增加12.97万吨,年均增长8.1%;水果产量增加194.28万吨,年均增长5.4%;肉类总产量增加36.34万吨,年均增长3.7%。

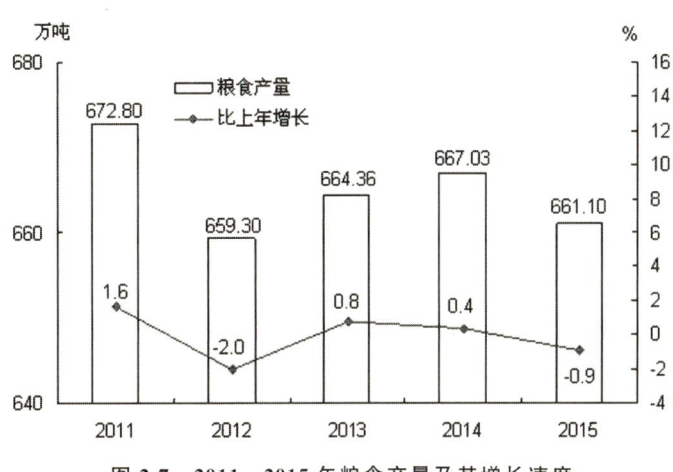

图2-7 2011—2015年粮食产量及其增长速度

三、工业和建筑业

工业生产稳定增长。"十二五"期间,全省工业增加值年均增长12.7%(图2-8),建筑业增加值年均增长13.4%(图2-9)。

图2-8 2011—2015年全部工业增加值及其增长速度

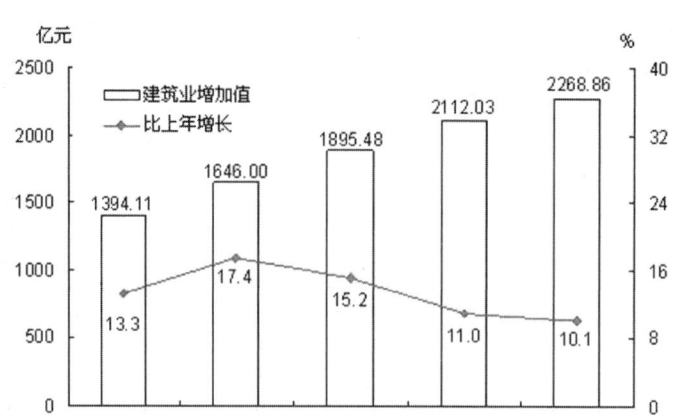

图 2-9　2011—2015 年全部建筑业增加值及其增长速度

四、固定资产投资

固定资产投资较快增长。"十二五"期间,全社会固定资产累计投资 78433.79 亿元,相当于"十一五"时期的 2.9 倍,五年间投资年均增长 21.2%(图 2-10)。

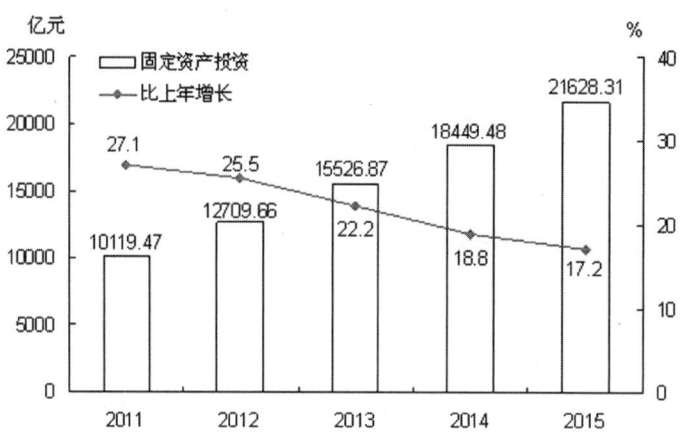

图 2-10　2011—2015 年全社会固定资产投资及其增长速度

五、国内贸易

市场销售平稳较快增长。"十二五"期间,全省累计实现社会消费品零售总额 41660.73 亿元,相当于"十一五"时期的 2.1 倍,五年间社会消费品零售总额年均增长 14.6%(图 2-11)。

图 2-11 2011—2015 年社会消费品零售额及其增长速度

六、对外经济

"十二五"期间,全省进出口总额(以美元计价)年均增长 9.3%。其中,出口年均增长 9.6%,进口年均增长 8.6%(图 2-12)。

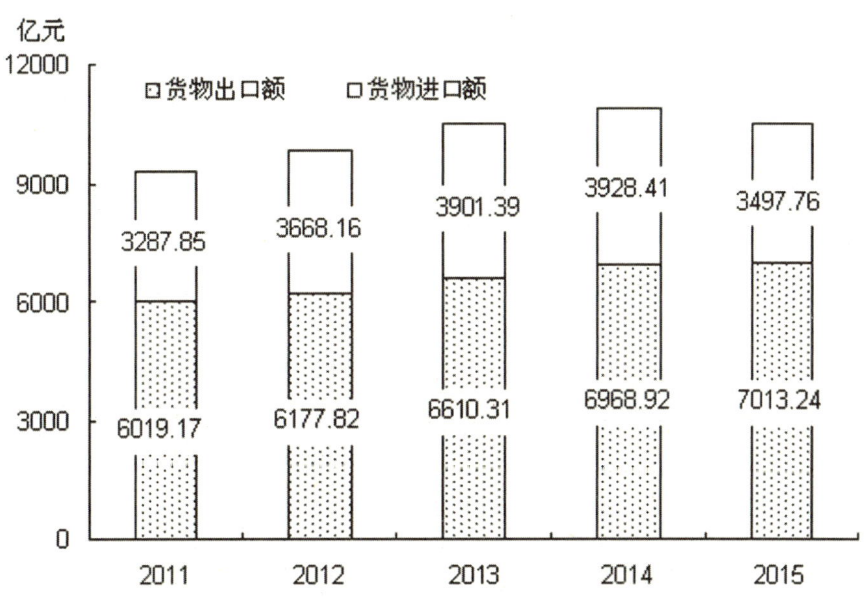

图 2-12 2011—2015 年货物进出口总额

七、交通、邮电和旅游

"十二五"期间,货物周转量年均增长 13.3%,旅客周转量年均增长 8.7%;全省共接待入境旅游者2569.65万人次,旅游外汇收入累计达到229.07亿美元,分别比"十一五"时期增长74.6%和97.3%;共接待国内旅游者99448.15万人次,实现旅游收入10353.99亿元,分别比"十一五"时期增长113.2%和117.9%。

2015年年末全省电话用户总数5129万户,减少82万户,其中:固定电话用户889万户,减少45万户;移动电话用户4240万户,减少37万户(图2-13)。

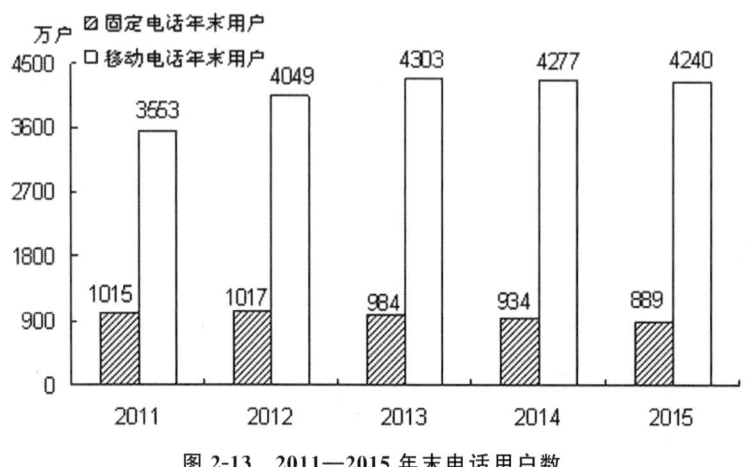

图2-13　2011—2015年末电话用户数

八、财政金融

一般公共预算收入平稳增长。"十二五"期间,一般公共预算总收入累计达到17008.35亿元,地方一般公共预算收入累计达到10303.42亿元,一般公共预算支出累计达到15176.95亿元,分别是"十一五"时期的2.2倍、2.5倍和2.6倍,年均增速分别为15.0%、17.2%和18.7%(图2-14)。

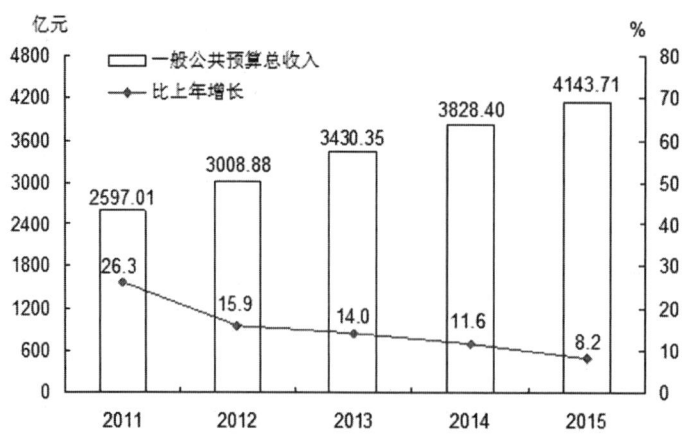

图2-14　2011—2015年一般公共预算总收入及其增长速度

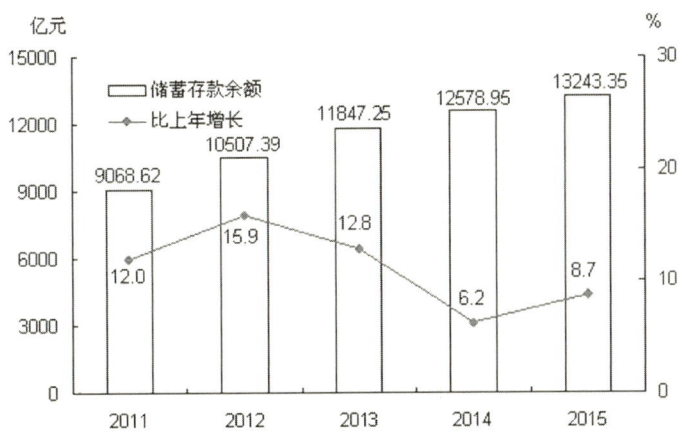

图 2-15　2011—2015 年城乡居民人民币储蓄存款余额及其增长速度

九、人民生活

居民收入继续增加。2015年,全省居民人均可支配收入25404元,比上年增长8.9%;扣除价格因素,实际增长7.1%。按常住地分,农村居民人均可支配收入13793元,比上年增长9.0%,扣除价格因素,实际增长7.2%;城镇居民人均可支配收入33275元,比上年增长8.3%,扣除价格因素,实际增长6.5%。全省居民人均生活消费支出18850元,比上年增长6.8%,扣除价格因素,实际增长5.0%。按常住地分,农村居民人均生活消费支出11961元,增长8.2%,扣除价格因素,实际增长6.4%;城镇居民人均生活消费支出23520元,增长5.9%,扣除价格因素,实际增长4.1%。

2015年年末参加城镇基本养老保险人数883.65万人,比上年增加35.38万人。其中参保职工736.57万人,参保的离退休人员147.08万人。全省企业参加基本养老保险离退休人员为124.1万人,全部实现养老金按时足额发放。全省参加城镇基本医疗保险人数1301.24万人,其中参保职工759.38万人,参保的城镇居民541.86万人。全省参加新型农村合作医疗保险人数2549.97万人,比上年增加18.55万人。全省参加失业保险人数546.27万人,增加22.19万人。

2015年年末全省领取失业保险金人数5.02万人,比上年增加0.56万人;全省纳入城市最低生活保障的居民12.86万人,减少1.80万人;纳入农村最低生活保障的居民71.68万人,减少2.11万人;"五保"供养对象8.01万人。

2015年年末全省养老机构床位数增至14.90万张,每千名老人拥有养老床位30.1张。全省建立各类社区服务机构5615个,其中社区服务中心(站)3124个。全年销售社会福利彩票50.88亿元,筹集福利彩票公益金14.41亿元。

十、社会事业

"十二五"期间,教育和科技事业持续发展,文化、卫生和体育事业不断进步(图

2-16、图 2-17、图 2-18）。

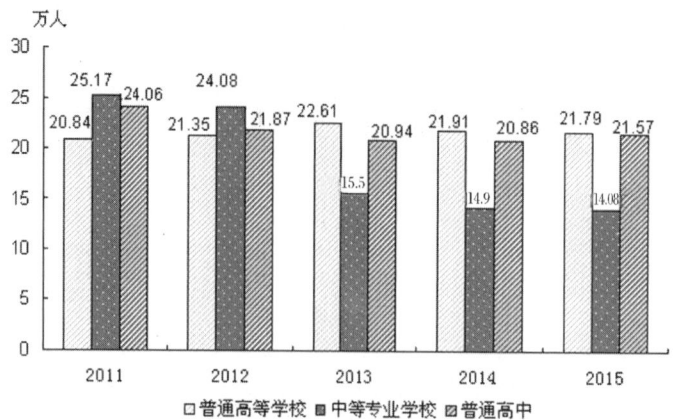

图 2-16 2011—2015 年各类学校招生人数

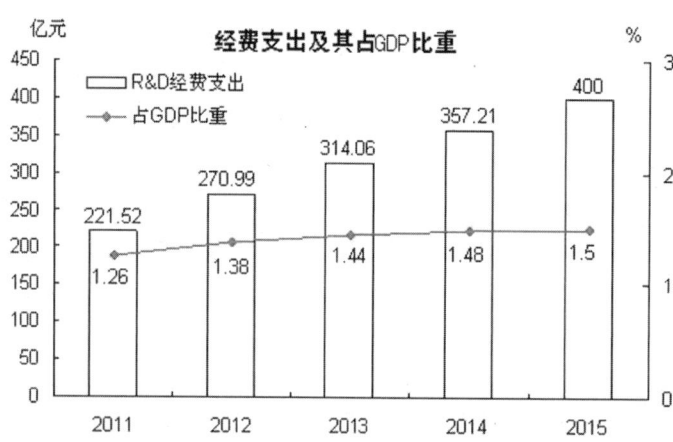

图 2-17 2011—2015 年研究与试验发展经费支出及其占 GDP 比重

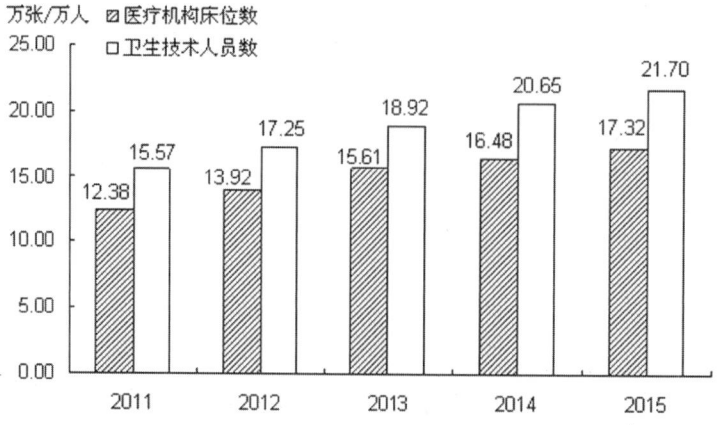

图 2-18 2011—2015 年卫生机构床位数和卫生技术人员数

第三章

福建省气候的变化

第一节　福建省气温的变化

一、福建省气温特征

1. 福建省年平均气温分布

福建省年平均气温17～21℃（表3-1），气温分布基本上是随纬度自北向南递增，南部的厦门、漳州、泉州及龙岩东部和莆田地区常年平均气温大多在20℃以上，漳州地区是福建省最热的地区；海拔800米以上的高山区是福建省气温的低值区，如，西部的武夷山区、鹫峰山区以及中部的戴云山区。

表3-1　福建省各时段平均气温（℃）

时段	冬季 （12—2月）	春季 （3—4月）	雨季 （5—6月）	夏季 （7—9月）	秋季 （10—11月）	年
平均气温（℃）	11.1	16.5	24.1	26.9	19.0	19.5

2014年，福建省各县（市）年平均气温15.4℃（周宁县）～22.4℃（漳州市、云霄县），空间分布为自西北向东南递增；闽南地区7个县（市）年平均气温≥22.0℃，以漳州市、云霄县22.4℃为最高；宁德西北部4个县（市）年平均气温≤17.0℃，以周宁县15.4℃为最低。上杭县年平均气温21.1℃，为历史最高值（图3-1）。

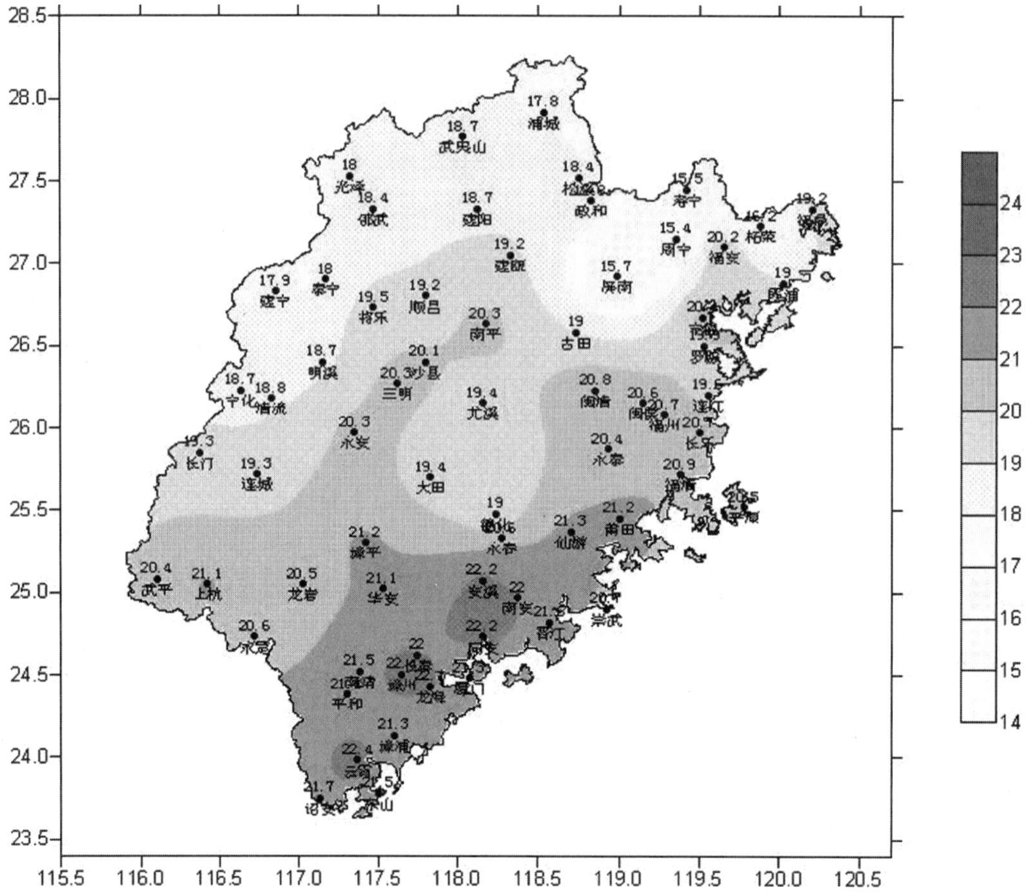

图 3-1 2014年福建省平均气温(℃)

2. 福建省年极端最低气温空间分布

除沿海岛屿外,1月份是福建省的最冷月,期间平均气温一般在6～13℃左右,气温分布也是随纬度自北向南递增,1月平均气温南北温差最大,极端最低气温内,陆地区在-9～-4℃之间,沿海地区在-4～0℃之间,其趋势是东南向西北递减,泉州以南沿海和岛屿都在0℃以上。≤0℃的日数26°N以北的地区在10～30天左右,以南地区大部分在10天以下,南部沿海大部分地区常年平均不到1天,中、南部各岛屿几乎没出现过。

2014年,全省年极端最低气温在-7.6℃(光泽县)～6.8℃(东山县)之间,北部和西部内陆共43个县(市)年极端最低气温≤0℃,出现日期主要集中在1月22—23日(图3-2)。

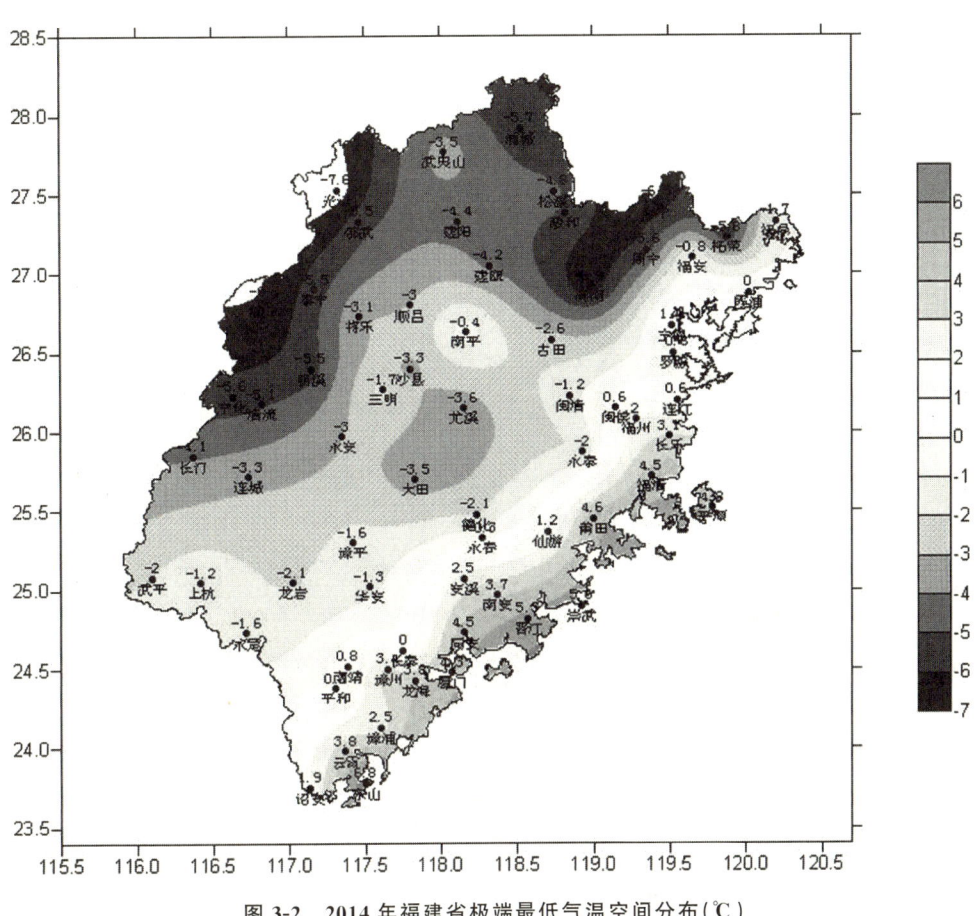

图 3-2 2014 年福建省极端最低气温空间分布(℃)

3. 福建省年极端最高气温空间分布

福建省最热月一般是 7 月,南北温差很小,平均气温基本上在 28℃左右,高温区主要出现于鹫峰山、戴云山两大山系之间的河谷地带,西部山区及沿海地区是气温相对略低区,平均气温一般在 27℃左右,高温极值区出现在闽江河谷地带的南平中南部及三明东部,多年平均高温日数(>35℃)在 30~40 天,西北部地区在 10~20 天,东部沿海地区 5 天左右,800 米以上的山地几乎没出现过高温天气。

2014 年,全省年极端最高气温在 32.6℃(周宁县)~39.9℃(仙游县)之间,其中 7 个县(市)年极端最高气温≥39.0℃,出现日期主要集中在 7 月 6—15 日和 7 月 30 日—8 月 2 日二次高温过程中(图 3-3)。

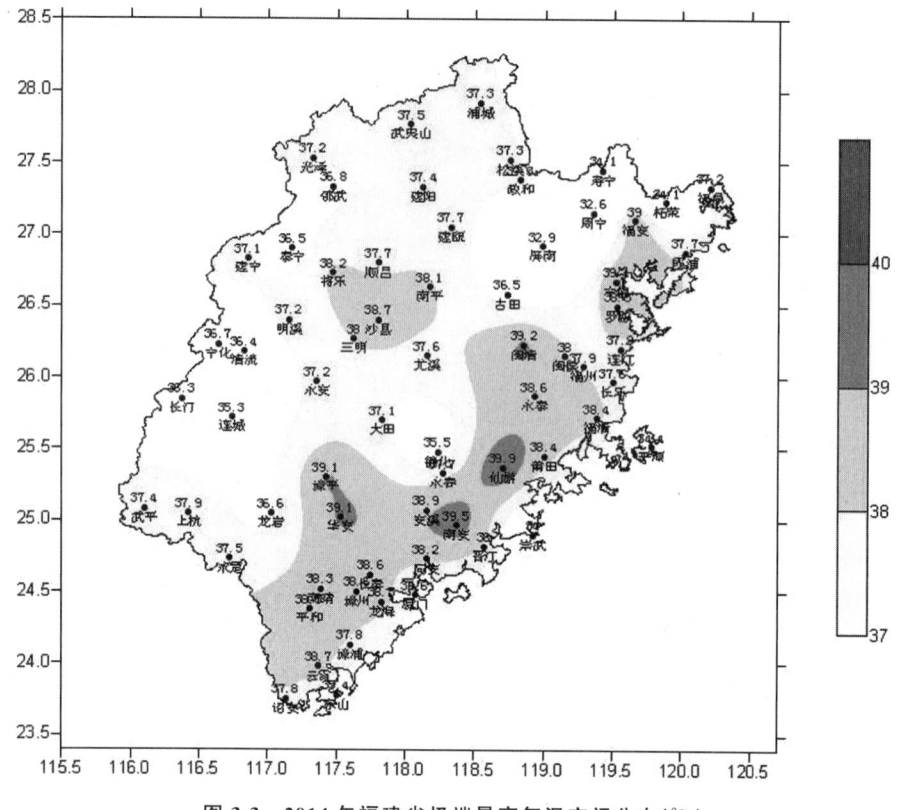

图 3-3　2014 年福建省极端最高气温空间分布(℃)

二、1961—2014 年福建省年平均气温呈明显的增暖趋势

1961—2014 年福建省年平均气温呈明显的增暖趋势(图 3-4)。2014 年,全省年平均气温 20.0℃,分别比常年和 2013 年偏高 0.5℃和 0.1℃,属偏高,大部分县(市)较常年偏高 0.4℃以上,局部县(市)偏高 0.8℃以上(图 3-5)。

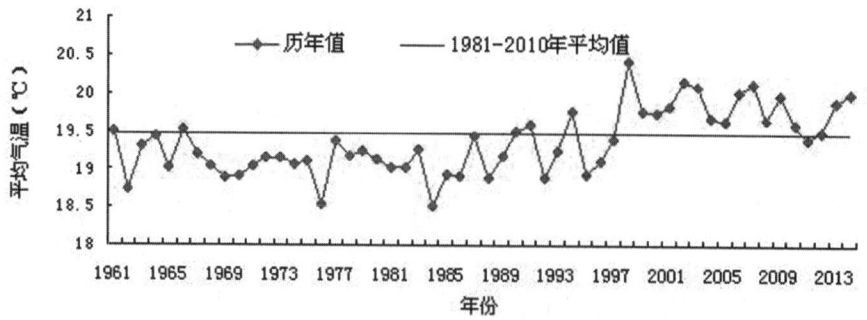

图 3-4　1961—2014 年福建省年平均气温变化情况

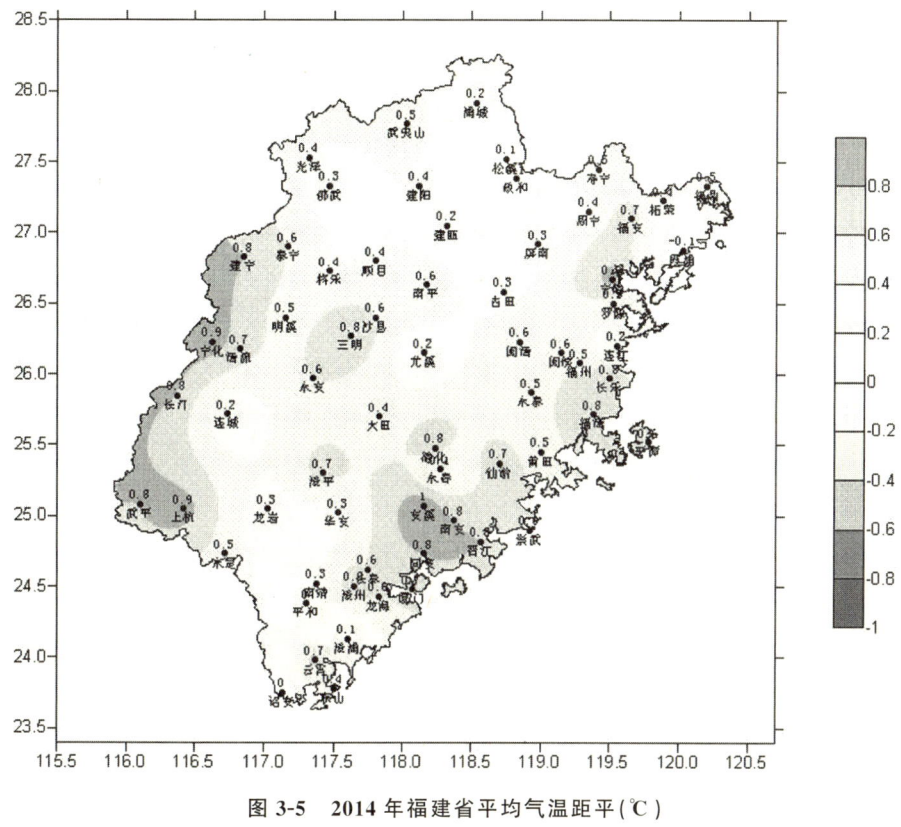

图 3-5　2014 年福建省平均气温距平(℃)

三、1961—2003 年福建省气温变化特征

1. 1961—2003 年福建省 35 个站点及全省各个时段平均气温的趋势变化

从年、春季(3—6月)、夏季(7—9月)、秋季(10—11月)和冬季(12—2月)五个时段,对 1961—2003 年福建省 35 个站点及全省的平均气温趋势分析表明(表 3-2):

1961—2003 年,福建省 35 个站点年平均气温趋势系数 1 个为负值(厦门站),34 个为正值。全省平均气温趋势系数为 0.452,说明 1961—2003 年福建省年平均气温呈明显的增暖趋势,且增暖的范围几乎是全省性的。

1961—2003 年,福建省 35 个站点春季平均气温趋势系数 35 个站均为正值。全省平均气温趋势系数为 0.244,说明 1961—2003 年福建省春季气温呈较明显的增暖趋势。

1961—2003 年,福建省 35 个站点夏季平均气温趋势系数 17 个为正值,18 个为负值。负值的站点主要集中在宁德的内陆地区、武夷山区、龙岩及三明的西部、闽南沿海地区,负值不很大,全省平均气温趋势系数为 0.028,说明 1961—2003 年福建省夏季气温变化以自然变动为主。

1961—2003年，福建省35个站点秋季平均气温趋势系数1个为负值（厦门站），34个为正值。全省平均气温趋势系数为0.199，说明1961—2003年福建省秋季气温表现为一定的增暖趋势，但小于全年及春季的增温趋势。

1961—2003年，福建省35个站点冬季平均气温趋势系数35个站均为正值。全省冬季平均气温趋势系数为0.404，说明1961—2003年福建省冬季呈明显的变暖趋势。

表3-2 1961—2003年福建省35个站点及全省各个时段平均气温趋势系数

序号	地区	年	春季	夏季	秋季	冬季
1	福州	0.600	0.398	0.215	0.323	0.480
2	平潭	0.465	0.341	0.195	0.211	0.418
3	长乐	0.693	0.503	0.422	0.354	0.532
4	闽清	0.616	0.291	0.197	0.372	0.493
5	闽侯	0.593	0.418	0.173	0.173	0.439
6	福鼎	0.369	0.304	0.004	0.028	0.320
7	福安	0.321	0.206	-0.120	0.053	0.338
8	古田	0.407	0.190	-0.076	0.196	0.407
9	寿宁	0.382	0.226	-0.065	0.120	0.329
10	霞浦	0.680	0.456	0.420	0.367	0.534
11	南平	0.620	0.316	0.291	0.331	0.442
12	浦城	0.323	0.187	-0.182	0.124	0.341
13	武夷山	0.483	0.211	-0.047	0.284	0.455
14	邵武	0.631	0.362	0.245	0.236	0.423
15	建阳	0.360	0.128	-0.093	0.111	0.348
16	建瓯	0.459	0.240	0.023	0.166	0.365
17	顺昌	0.373	0.129	-0.031	0.144	0.373
18	三明	0.201	0.030	-0.184	0.124	0.323
19	永安	0.654	0.330	0.239	0.337	0.452
20	尤溪	0.397	0.136	-0.022	0.164	0.330
21	大田	0.426	0.163	0.001	0.118	0.369
22	泰宁	0.360	0.129	-0.025	0.133	0.368
23	明溪	0.506	0.216	0.044	0.205	0.410
24	漳平	0.448	0.213	-0.044	0.134	0.361
25	连城	0.322	0.104	-0.193	0.109	0.339

第三章　福建省气候的变化

续表

序号	地区	年	春季	夏季	秋季	冬季
26	上杭	0.473	0.235	-0.022	0.169	0.354
27	莆田	0.598	0.311	0.217	0.393	0.534
28	仙游	0.506	0.243	0.027	0.329	0.471
29	晋江	0.443	0.289	-0.042	0.272	0.483
30	永春	0.277	0.133	-0.218	0.133	0.331
31	厦门	-0.015	0.067	-0.465	-0.136	0.238
32	漳州	0.680	0.388	0.218	0.425	0.543
33	东山	0.373	0.241	0.138	0.136	0.341
34	南靖	0.249	0.146	-0.241	0.042	0.345
35	漳浦	0.535	0.252	-0.034	0.281	0.496
	全省	0.452	0.244	0.028	0.199	0.404
	趋势系数为正(个)	34	35	17	34	35
	趋势系数为负(个)	1	0	18	1	0

第二节　福建省降水量的变化

一、福建省降水量特征

福建省地形复杂，属山地丘陵地带，山丘多，平原少，地势西北高东南低，境内主要有两大山系，西北部为武夷山脉，中部斜贯南北山脉被闽江、九龙江分为三部分，分别为鹫峰山脉、戴云山脉、博平岭，此两大山系对福建省的气候影响非常大。首先，山脉对气流的阻挡作用非常明显，尤其是武夷山脉，冬半年冷空气南侵至此常被削弱，暖流北上也会受阻滞，使得这一带春季经常出现阴雨连绵或暴雨的天气，夏季的台风受中部三大山脉的阻挡，强风很少刮及内陆，强降水也主要落在山系东侧的沿海地带；其次，山脉对气流的机械动力作用，由于地形动力作用助长上升气流，加大凝结，强化降水，因此，福建省的多雨区均为这几大山脉的东侧。

福建省年降水量约为1654毫米，其分布特点是西北向东南递减，各地年降水量均在1000毫米以上，中南部沿海地区是福建省雨量最少的地方，介于1000～1400毫米之间，内陆地区大部分在1400～1800毫米之间，雨量分布的多寡受地形、地势的影响非常明显，几个多雨中心均在山区，其中武夷山、鹫峰山区是福建省降水最多的地区，年降水量在2000毫米以上;其次是戴云山脉、博平岭地区,年降水量达1700毫米以上。

福建省的降水主要集中在春、夏两季,春季又分为早春季(3—4月)和雨季(5—6月,又称前汛期),雨季是全年降水最多的季节,约占年总量的30%,其次是夏季(7—9月,又称后汛期),秋冬季(10—2月)降水很少(表3-3)。福建的降水主要受季风活动的支配,春雨主要是北方南下的变性冷空气与尾随其后的新鲜冷空气相互交绥而形成的,雨季是南下冷气团与来自低纬的暖湿气流交绥形成的,夏季降水主要是由热带天气系统引起的。

表3-3 福建省各季节平均降水量

时段	平均降水量(毫米)	比例(%)
冬季(12—2月)	194	11.7
春季(3—4月)	354	21.4
雨季(5—6月)	503	30.4
夏季(7—9月)	502	30.4
秋季(10—11月)	101	6.1
年(1—12月)	1654	100

2014年,各县(市)年降水量770.7毫米(惠安县)～2686.0毫米(周宁县),空间分布为北部多、南部少。北部6个县(市)年降水量超过2300.0毫米,以周宁县2686.0毫米为最多,其中建阳市年降水量2288.9毫米,为历史最多;中南部地区年降水量多在1500.0毫米以下,以惠安县770.7毫米为最少(图3-6)。

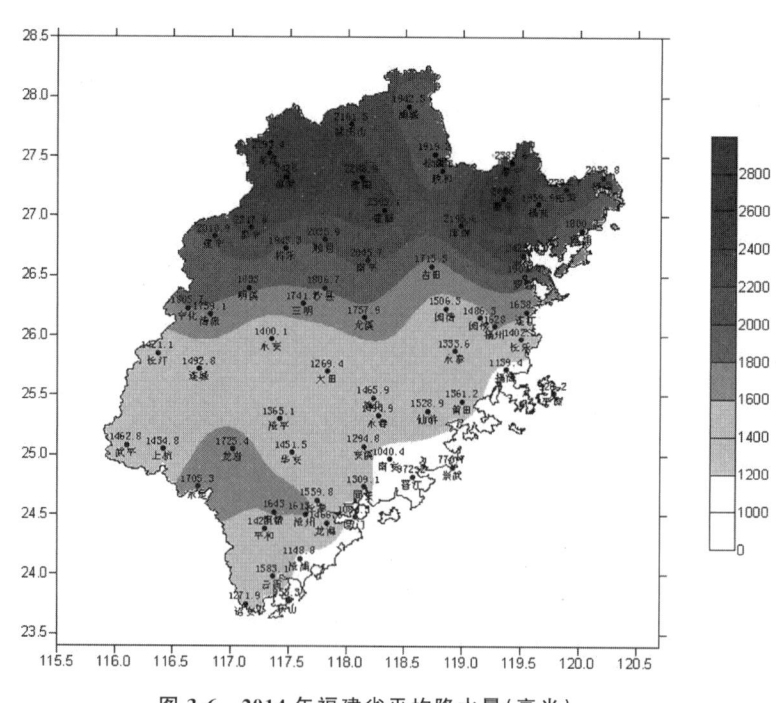

图3-6 2014年福建省平均降水量(毫米)

二、1961—2014 年福建省年降水量呈较弱的正趋势

1961—2014 年福建省年降水量的变化呈较弱的正趋势(图 3-7)。2014 年,全省平均年降水量 1672.7 毫米,较常年偏多 18.5 毫米(正常),比 2013 年偏少 112.6 毫米。中北部大部分县(市)年降水量较常年偏多一至三成,西北内陆局部县(市)偏多三成以上;南部地区降水偏少一至二成,惠安和南安偏少三成以上(图 3-8)。

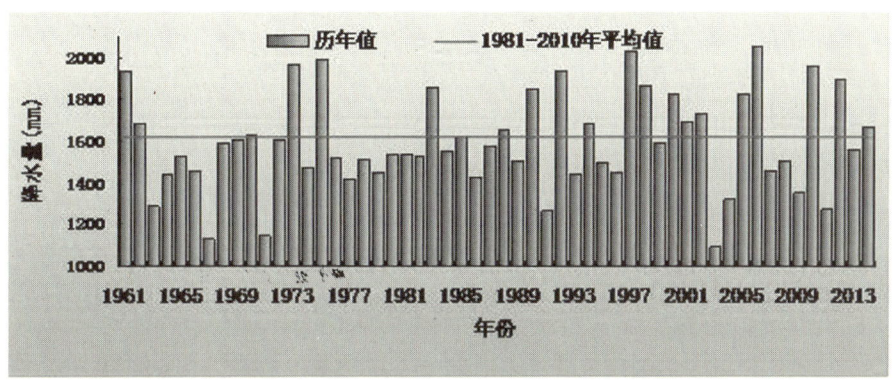

图 3-7　1961—2014 年福建省年降水量变化情况

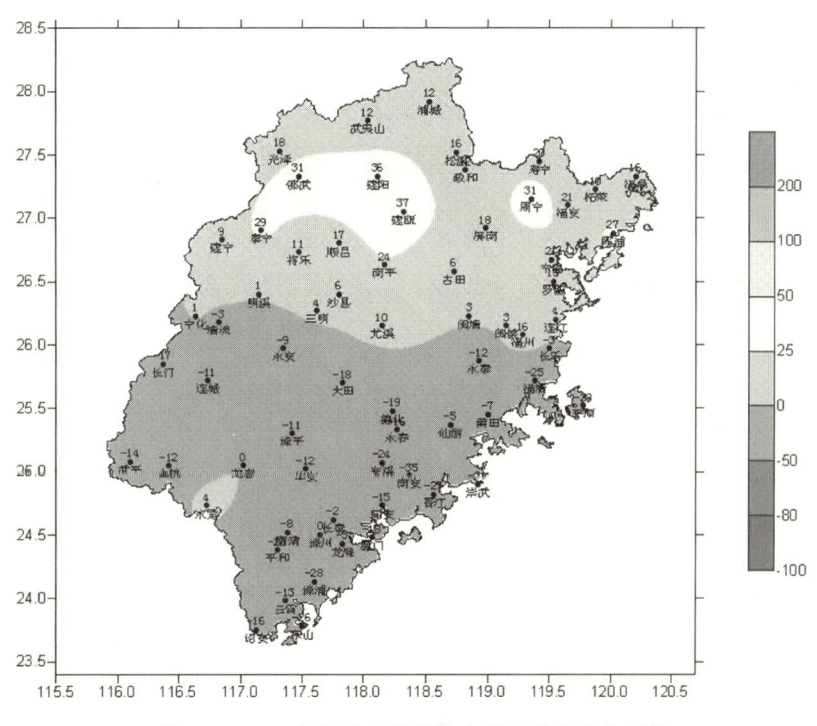

图 3-8　2014 年福建省平均降水量距平百分率(%)

三、1961—2003年福建省降水的变化

福建省早春季和雨季降水的机制不同,雨季是全年降水最多的季节,因此,研究福建降水变化时一般都把春季(3—6月)分为早春季(3—4月)和雨季(5—6月,又称前汛期)两个时段,秋、冬季降水少,对全年降水的影响不是很大,合为一个时段。福建降水变化分为年、早春、雨季、夏季和秋冬季五个时段。

1. 1961—2003年福建省35个站点各个时段降水量的趋势变化

通过对选取的35个站点1961—2003年五个时段(年、早春季、雨季、夏季、秋冬季)的降水量进行趋势分析得出(表3-4):

1961—2003年,福建省35个站点年降水趋势系数5个为负值,数值都非常小(小于0.07);30个为正值。35个站平均年降水量的趋势系数为0.121。表明1961—2003年福建省年降水量的增加趋势不够明显,中南部沿海地区正的趋势较明显,其他地区以自然变动为主。

1961—2003年,福建省35个站点早春季降水趋势系数全部为正值,全省平均趋势系数为0.164。表明1961—2003年福建省早春季降水有增加的趋势,但正趋势的变化并不很大,龙岩及闽南的内陆山区增加相对明显。

1961—2003年,福建省35个站点雨季降水趋势系数中有6个为正值,29个为负值。全省平均降水趋势系数为-0.157。表明1961—2003年福建省绝大部分地区雨季降水量的变化趋势是减少的,但下降的速率不大,西部和北部地区减少趋势较明显。

1961—2003年,福建省35个站点夏季降水趋势系数2个为负值,且数值很小,33个为正。全省平均降水趋势系数为0.160。表明1961—2003年福建省夏季降水仅略增加,闽南地区及闽西正趋势较显著。

1961—2003年,福建省35个站点秋冬季降水量趋势系数2个为负值,33为正值,趋势系数较小,全省平均的趋势系数为0.124。表明1961—2003年福建省秋冬季降水大部分地区降水以自然变动为主。

表3-4 1961—2003年福建省35个站点及全省各个时段降水量趋势系数

序号	地区	年	早春季	雨季	夏季	秋冬季
1	福州	0.090	0.134	-0.209	0.096	0.191
2	平潭	0.201	0.149	0.005	0.119	0.157
3	长乐	0.162	0.131	-0.138	0.218	0.042
4	闽清	-0.017	0.116	-0.208	0.049	0.071

续表

序号	地区	年	早春季	雨季	夏季	秋冬季
5	闽侯	0.194	0.234	−0.017	0.088	0.166
6	福鼎	0.033	0.189	−0.053	−0.041	0.103
7	福安	0.106	0.135	−0.036	0.045	0.176
8	古田	0.022	0.147	−0.282	0.099	0.142
9	寿宁	0.096	0.213	−0.131	0.088	0.132
10	霞浦	0.058	0.029	−0.063	0.005	0.273
11	南平	0.055	0.029	−0.134	0.003	0.146
12	浦城	0.023	0.178	−0.115	−0.011	0.090
13	武夷山	0.009	0.229	−0.149	0.100	0.125
14	邵武	0.112	0.126	−0.150	0.244	0.117
15	建阳	−0.051	0.153	−0.318*	0.084	0.140
16	建瓯	−0.065	0.177	−0.362	0.156	0.148
17	顺昌	0.067	0.141	−0.238	0.117	0.176
18	三明	0.128	0.170	−0.196	0.148	0.185
19	永安	−0.069	0.158	−0.386	0.162	0.028
20	尤溪	0.014	0.104	−0.224	0.133	0.077
21	大田	−0.057	0.186	−0.372	0.080	0.068
22	泰宁	0.108	0.116	−0.174	0.289	0.112
23	明溪	0.122	0.181	−0.118	0.085	0.163
24	漳平	0.089	0.266	−0.441*	0.255	0.126
25	连城	0.058	0.233	−0.367	0.306	0.100
26	上杭	0.147	0.207	−0.294	0.200	0.098
27	莆田	0.340	0.146	0.090	0.259	0.151
28	仙游	0.237	0.225	0.032	0.137	0.151
29	晋江	0.349	0.117	0.126	0.265	0.273
30	永春	0.327	0.243	−0.143	0.305	0.125
31	厦门	0.398	0.140	0.021	0.359	0.193
32	漳州	0.225	0.179	−0.179	0.334	−0.021
33	东山	0.269	0.215	−0.054	0.306	0.087
34	南靖	0.200	0.203	−0.234	0.275	−0.023
35	漳浦	0.239	0.135	0.015	0.240	0.055

续表

序号	地区	年	早春季	雨季	夏季	秋冬季
	全省	0.121	0.164	−0.157	0.160	0.124
	趋势系数为正(个)	30	35	6	33	33
	趋势系数为负(个)	5	0	29	2	2

第三节 福建省日照时数的变化

一、福建省日照时数特征

福建省年平均日照时数约为 1702 小时，夏季日照时数最多，占全年的 35% 左右，其次是冬季(表 3-5)，大体呈北少南多的分布规律。

表 3-5 福建省各季节平均日照时数及所占比例

时段	平均日照时数(小时)	比例(%)
冬季(12—2 月)	336	19.8
春季(3—4 月)	196	11.5
雨季(5—6 月)	269	15.8
夏季(7—9 月)	596	35.0
秋季(10—11 月)	305	17.9
年(1—12 月)	1702	100

2014 年，各县(市)年日照时数 1519.6 小时(宁德市)～2314.1 小时(晋江市)，中南部沿海及闽西南部为高值区，晋江、东山、德化、惠安 4 个县(市)年日照时数超过 2100.0 小时，以晋江市 2314.1 小时为最多；内陆和北部沿海为低值区，福州、光泽、武夷山、宁德 4 个县(市)年日照时数少于 1600.0 小时，以宁德市 1519.6 小时为最少(图 3-9)。

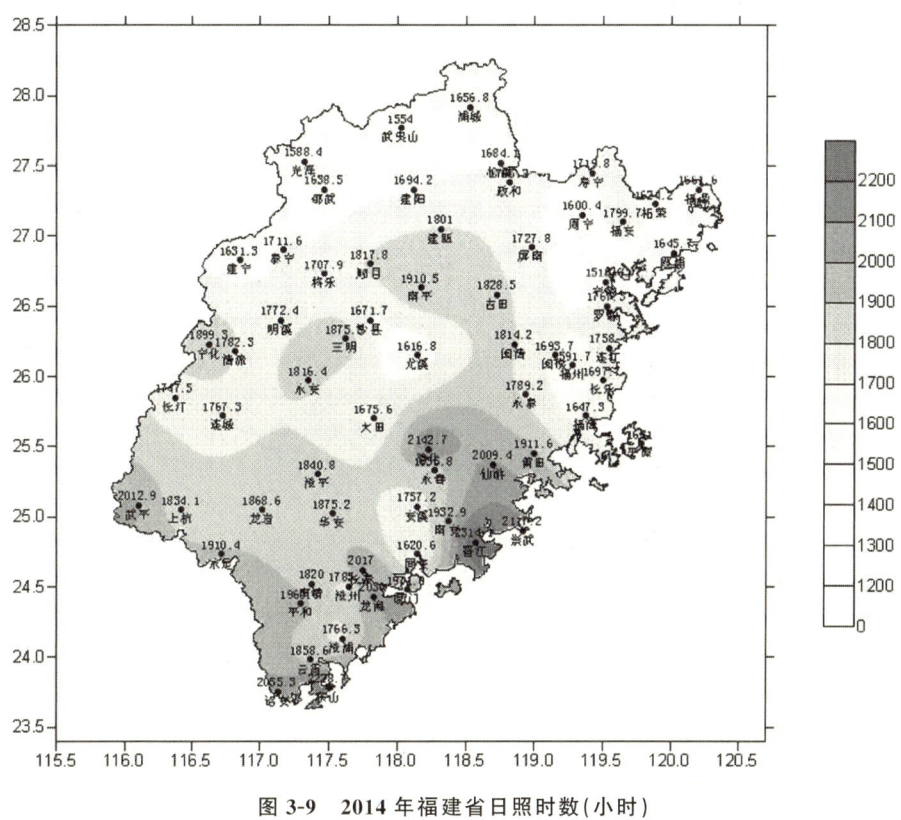

图 3-9　2014 年福建省日照时数(小时)

二、1961—2014 年福建省年平均日照时数表现为减少趋势

1961—2014 年福建省年平均日照时数表现为减少趋势(图 3-10)。2014 年,全省年平均日照时数 1799.7 小时,较常年偏多 97.6 小时,比 2013 年偏多 5.4 小时。大部分县(市)年日照时数较常年偏多,局部县(市)偏多在 200.0 小时以上,以德化偏多 373.4 小时为最多(图 3-11)。

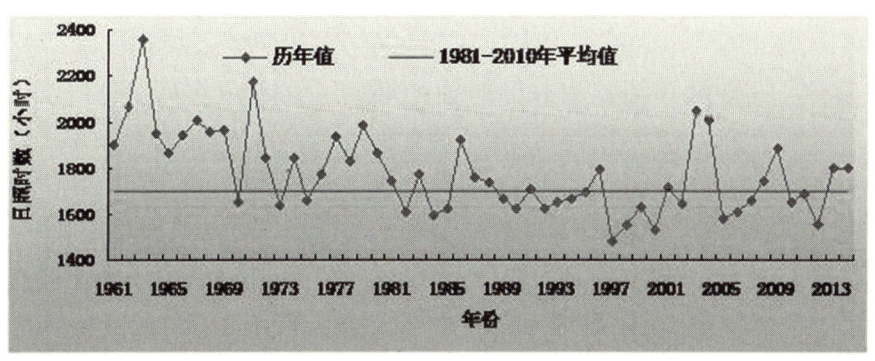

图 3-10　1961—2014 福建省年日照时数变化情况

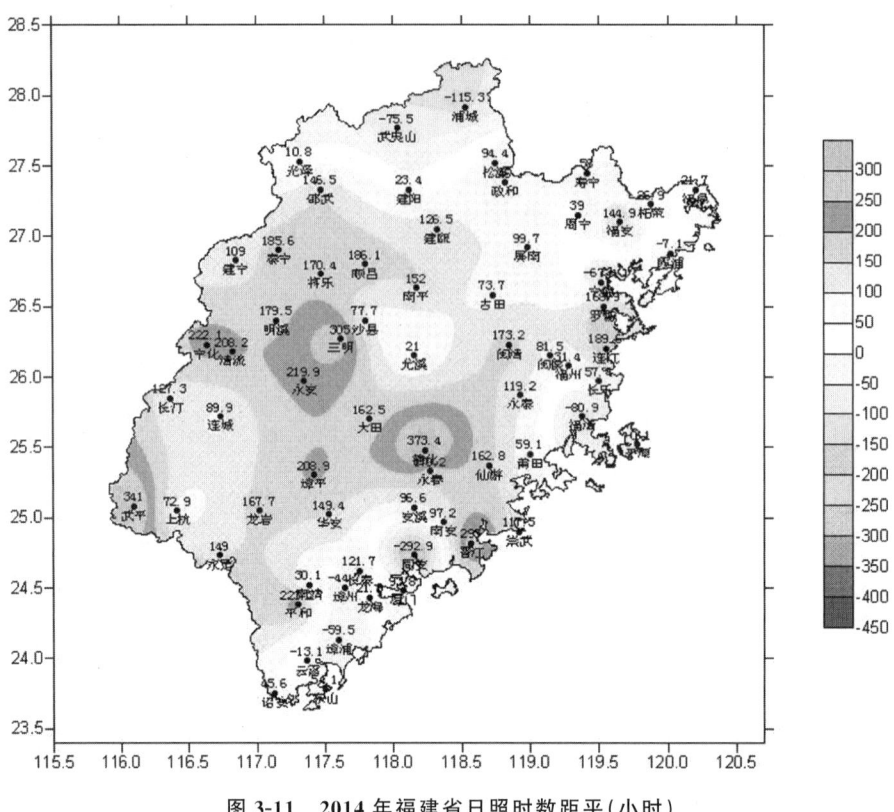

图 3-11 2014 年福建省日照时数距平(小时)

三、1961—2008 年福建省日照时数的变化特征及影响因素

选取福建省 64 个站 1961—2008 年逐月日照时数、总云量、低云量、水汽压和相对湿度,按 12—2 月为冬季、3—5 月为春季、6—8 月为夏季、9—11 月为秋季生成逐季序列,并通过算术平均法建立福建省年、季日照时数、总云量等气象要素序列。多年平均值采用 1971—2000 年的 30 年平均值。气候变化倾向率用线性方程拟合,得出如下结果。

(一)1961—2008 年福建省日照时数的变化

1. 1971—2000 年福建省平均年日照时数的地理分布特征

1971—2000 年,福建省平均年日照时数为 1733.0 小时。从年日照时数的空间分布来看,各地年日照时数为 1539~2225 小时,总体呈北少南多的分布规律,连江最低、东山最高。厦门、金门、泉州、石狮、诏安、东山等东南沿海地区在 1900 小时以上,三明市、南平市大部、宁德市大部以及福州市大部低于 1700 小时(图 3-12)。

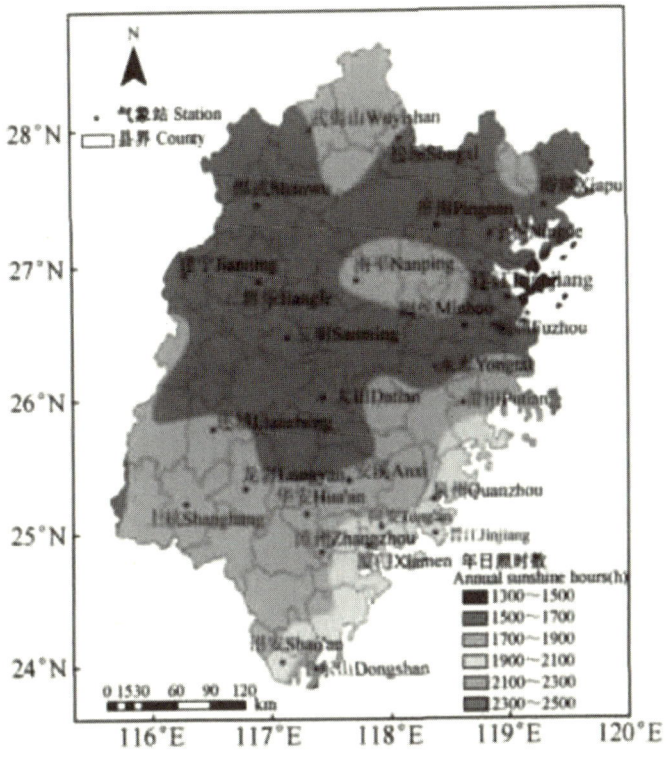

图 3-12 1971—2000 年福建省年平均日照时数分布

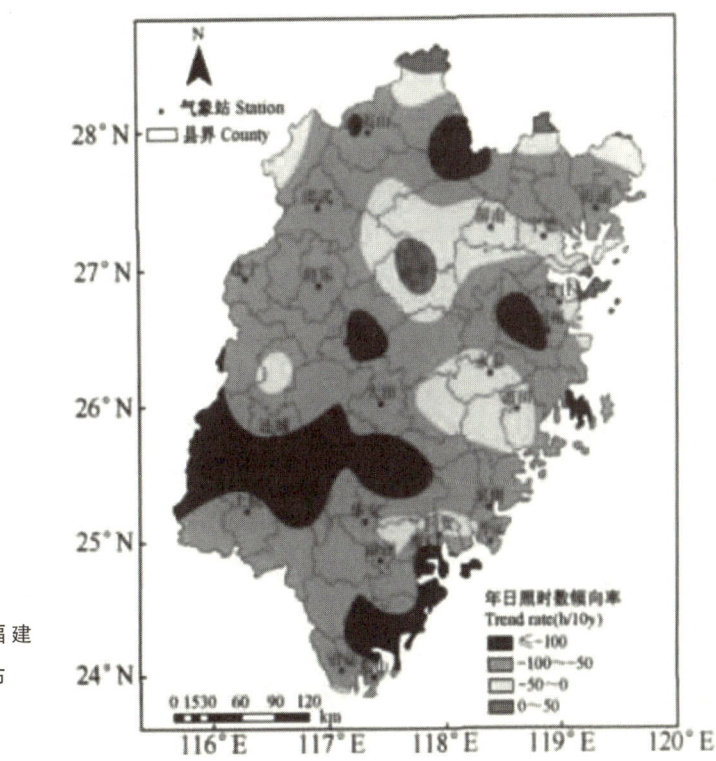

图 3-13 1961—2008 年福建省年日照时数气候倾向率分布

2. 1961—2008年福建省日照时数的年际变化趋势

1961—2008年,福建省冬季全省各地均表现为减少趋势;年、春季、夏季和秋季日照时数除南平等少数地区增加外,大部分地区也呈减少趋势(图3-13、图3-14)。福建省年平均日照时数平均每10年减少71.7小时,四季日照时数减速为13.8~26.5小时/10年,以夏季减速最大,秋季减速最小(表3-6)。

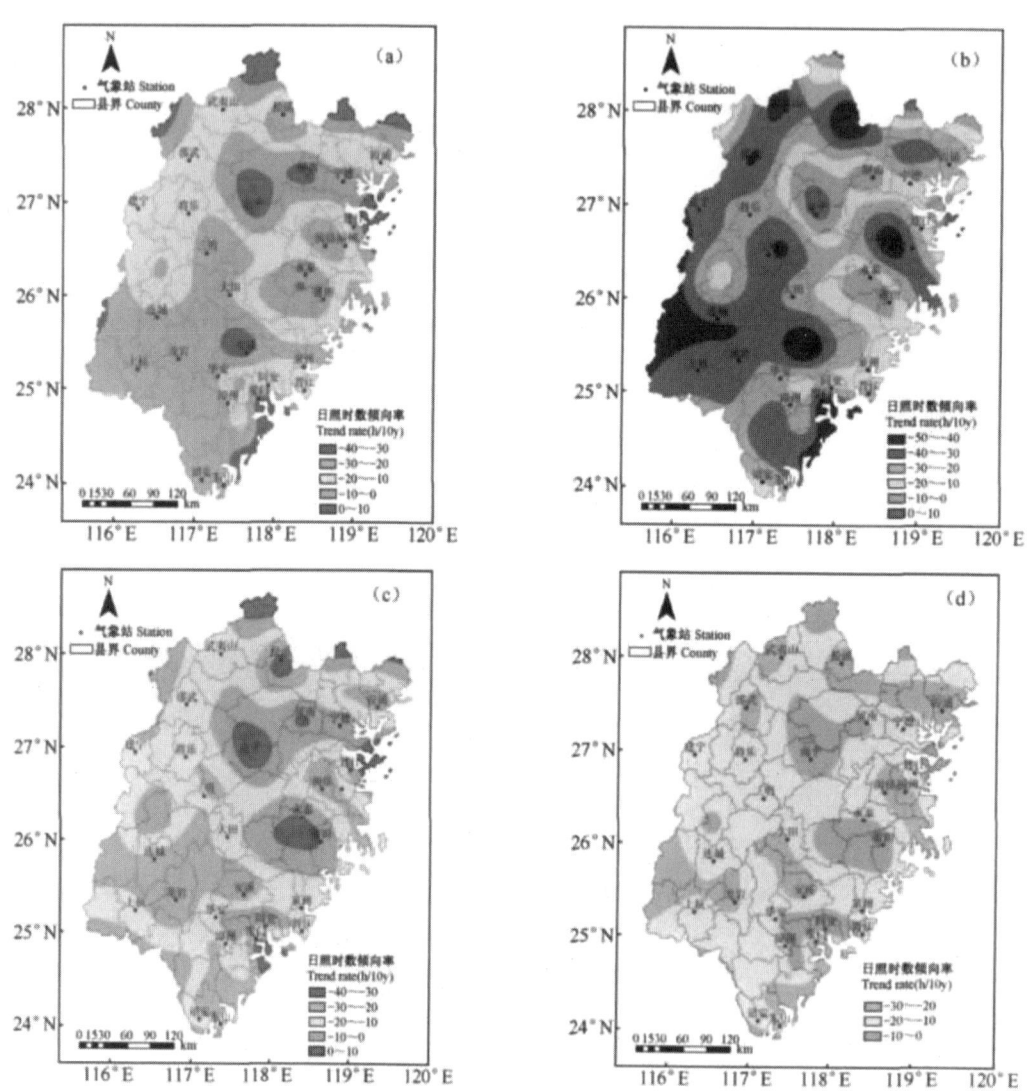

图3-14　1961—2008年福建省四季日照时数气候倾向率分布(小时/10年)

注:(a)、(b)、(c)、(d)分别代表春季、夏季、秋季、冬季。

表 3-6　1961—2008 年福建省年、季日照时数的气候倾向率

时段	年	春季	夏季	秋季	冬季
气候倾向率（小时/10 年）	−71.7	−15.9	−26.5	−13.8	−15.5

（二）1961—2008 年福建省日照时数减少的主要原因

1961—2008 年，福建省除春季、夏季的日照时数与水汽压关系不明显外，其他时段的日照时数与总云量、低云量、水汽压和相对湿度均呈负相关关系（表 3-7），即总云量、低云量、水汽压和相对湿度增加，日照时数减少。1961—2008 年，福建省年、四季日照时数均呈减少趋势。1961—2008 年，福建省除年、春季、夏季、冬季的低云量和冬季的总云量、水汽压呈不同程度的增加趋势外，其他时段的总云量、低云量、水汽压和相对湿度均表现为不同程度的减少趋势或不变（表 3-8）。这说明福建省日照时数减少主要与低云量的增加有密切关系，低云量是决定日照时数变化的重要因子之一，冬季日照时数减少还与水汽压、总云量的增加有关系。1961—2008 年，福建省秋季的总云量、低云量、水汽压和相对温度均减少，秋季的日照时数还呈减少趋势，说明影响福建省日照时数的因素除总云量、低云量、水汽压和相对湿度外，还有其他因素，如大气透明度。大气透明度对日照时数也有很大影响，大气透明度是大气对太阳辐射透明度的一个参数，它受大气中的水汽含量以及大气气溶胶含量等因子影响。

表 3-7　福建省日照时数与总云量、低云量、水汽压和相对湿度的相关系数

影响因素	年	春季	夏季	秋季	冬季
总云量	−0.729**	−0.891**	−0.661**	−0.833**	−0.948**
低云量	−0.880**	−0.951**	−0.887**	−0.861**	−0.954**
水汽压	−0.335*	0.157	0.026	−0.424**	−0.514**
相对湿度	−0.323*	−0.626**	−0.461**	−0.471**	−0.682**

（注：*、** 分别表示通过 0.05 和 0.01 水平的显著性检验）

表 3-8　1961—2008 年福建总云量、低云量、水汽压和相对湿度的气候倾向率

影响因素	年	春季	夏季	秋季	冬季
总云量（成/10 年）	−0.03	−0.02	−0.03	−0.08	0.03
低云量（成/10 年）	0.05	0.04	0.11	−0.02	0.07
水汽压（百帕/10 年）	0	−0.05	−0.04	−0.09	0.16
相对湿度（百分点/10 年）	−0.52	−0.55	−0.45	−0.81	−0.28

1961—2008年,福建省的年日照时数呈现出显著的减少趋势,平均减速为71.7小时/10年。四季日照时数也表现出明显的减少趋势,减速为13.8～26.5小时/10年,以夏季减速最大,秋季减速最小。年、季日照时数减少与低云量增加关系密切,冬季日照时数的减少还与水汽压、总云量的增加有关。

气候变化的影响及建议

第一节 气候变化对人类健康的影响及建议

4月7日是世界卫生日。2008年世界卫生日的主题是"应对气候变化,保护人类健康"。应对气候变化、保护人类健康这一问题和每一个人都有密切联系。不少人对气候变暖的影响知之甚少,或者认为气候变暖很遥远,跟自己没有关系等,这样的心理认知需要改变。每一个人不仅要了解气候变暖对人类健康可能会带来哪些危害,认识到每个人都有责任为减缓气候变暖做出一份努力,而且要适应气候变暖,保护自己的身体健康。

一、高温热浪引起的伤亡

人的体温恒定在37℃左右,人体感觉最舒适的环境温度为20~28℃,而对人体健康最理想的环境温度在18℃左右。人体对冷热有一定的适应调节功能,但是,温度过高或过低都会对人体健康产生不良影响。当温度上升到30~35℃时,血液循环旺盛,人会感到精神疲惫、思维迟钝、烦躁不安;当温度上升到35℃以上时,人会不思饮食、身体消瘦,体内温度全靠出汗来调节。由于出汗消耗体内大量的水分和盐分,导致血液浓度上升,心脏负担增加,容易发生肌肉痉挛、脱水、中暑等现象。此时,如果空气的湿度大,汗水聚集在人体表面,蒸发散热困难,造成体温升高、脉搏跳动加快,人会感到闷热难受,容易出现眩晕、皮疹、风湿性关节炎等疾病。中国夏季,35℃以上高温各地时有发生,38℃、40℃或以上的高温也时常出现。生理学家研究表明:一旦气温升至38℃,人体靠汗腺排汗已难保持正常体温,不仅肺部急促喘气以呼出热量,就连心跳也加速,输出更多的血液至体表,参与散热,这时对心脏病人来说极其危险;气温升至39℃,汗腺已经无能为力并趋于衰竭,这时很容易出现心脏病导致猝死的危险;气温升至40℃,高温已直逼生命中枢,大脑功能已受损,以致头晕眼花。可见,人体对高温的生理反应是很敏感的。

受气候变暖影响,中国日最高和最低气温都将上升,冬季极冷期可能缩短,夏季的炎热期可能延长,极端高温、热浪、干旱等愈发频繁。世界卫生组织预计,到2020年全球死于酷热的人将增加1倍。人们对气候变暖与死亡率的变化进行研究,提出了"热阈"的概念。当气温超过"热阈"时,死亡率显著增加。1995年在芝加哥的调查数据显示,34～40℃的气温持续5天后,死亡率增加了85%。对上海的研究表明,高温是夏季死亡率增加的主要影响因素。葡萄牙、日本、加拿大、埃及等国进行的类似研究也发现有相同的规律。研究还表明持续高温比瞬时高温对死亡率有更大影响。由于热岛效应,城市市区的高温不但高,而且持续的时间长,所以高温热浪对人类健康的影响一般是城市大于郊区和农村。

2007年,世界各地普遍遭遇高温热浪冲击。年初热浪袭击了澳大利亚东南部和南部地区,两地主要农业区极度缺水,致使农业大幅减产;美国共打破或追平263项温度纪录;欧洲中南部和东南部也遭到热浪和干旱的袭击,600人死亡,意大利的最高气温竟高达45℃,保加利亚一些地区的气温甚至飙升至54℃;日本一些地区的极端最高温度高达40.9℃,创下了新的最高气温纪录,连绵的热浪造成13人不幸罹难。

2015年5月,热浪持续席卷印度大部,印度全国各地的最高气温徘徊在45℃左右,导致路面柏油融化(图4-1),在短短的三周内,极端高温已经导致印度超过2200人死亡。

图4-1 印度新德里路面柏油融化

二、极端天气事件引起的伤亡

气候变暖带来的不仅仅是暖冬、夏季高温热浪,也会导致暴风雪、寒流、暴雨、干旱等极端天气事件频发。在气候变暖的影响下,大气中的水汽含量增加了,水汽含量增加以后,在某一个时刻要降下来,这一过程中必然与天气发生联系。20 世纪 80 年代初,全球平均每年发生 120 起自然灾害,现在已增至每年 500 起,受灾人数增加了 68%。1985—1994 年,全球平均每年受灾人口为 1.74 亿;而 1995—2006 年,平均每年受灾人口增至 2.54 亿。

2007 年,强热带风暴"锡德"横扫孟加拉国,据相关机构报道,有 5000～10000 人在该次强热带风暴中罹难。英国的英格兰和威尔士一些地区连降大雨,三个月内降雨量突破 387 毫米,创下了当地自 1766 年有气象记载以来的新纪录。欧洲保加利亚的多个城市也经历了豪雨。亚洲等地暴雨如潮,山洪泛滥,遭遇了百年罕见的严重洪灾,印度至少 1258 人失去生命,3100 多万人失去家园,孟加拉国近一半国土被淹,约 2000 人在洪灾中丧生,2000 万人沦为灾民,越南 300 多栋房屋倒塌,近 5 万户民房进水,多处道路、桥梁和堤坝被冲毁。苏丹、埃塞俄比亚、东非和西非多国也爆发了严重的洪涝灾害,150 多万人受灾,至少 270 人死亡。

2008 年春节前后,一场近 50 年来罕见的暴雪突袭中国西北地区东部和南方大部分地区,中国发生的雪灾是寒流和雨雪天气肆虐北半球的缩影。2007—2008 年冬,世界上多个国家和地区接连遭遇了多年甚至百年不遇的雨雪灾害,雪虐风肆突如其来,给了全世界一个措手不及。许多人在雪灾中受伤甚至失去生命。晴天行走在茫茫雪地上,容易诱发"雪盲症",主要是太阳光中的紫外线经雪地反射到人眼的角膜,从而引起角膜损伤,其症状是畏光、流泪、奇痒、刺痛、水肿、异物感等。此外,降雪之前的云层覆盖,不利于污染物向高空排放,也就不利于人体的呼吸健康;而降雪后的大幅降温,也会给人体带来不适,容易诱发或加重多种疾病。

三、以昆虫为传播媒介的传染病增加

1. 血吸虫病

我国血吸虫病流行区分布于长江流域及其以南的部分地区。血吸虫病的中间宿主为钉螺,我国大陆钉螺分布地区的 1 月平均气温都在 0℃ 以上。李兆芹等根据钉螺、血吸虫生长发育的下限温度和钉螺世代发育所需有效积温、血吸虫在钉螺体内发育所需的有效积温进行研究。结果表明:1986—2003 年研究区内大部分地区钉螺生长发育季节比 1950—1986 年明显延长。其中,江西、湖南、四川的部分地区延长 45～53 天;浙江、江西、湖南、湖北、四川的大部分地区延长 15～30 天;贵州以及四川南部、江西南部、福建和云南北部、广东北部、广西北部、陕西、山西、河南、河北的大部分地区也长了 0～15 天。大部分地区血吸虫生长发育季节延长 0～15 天;福建、广东、广西南部等地延长 15～64 天。钉螺完成世代发育的平均有效积温 3846.28d ℃ 等值线北移,意味着钉螺完成世代的历期缩短,生长发育速度加快。日本血吸虫在钉螺体内发育成熟的平均有效积温842.95d ℃的等值线也有较为明显的北移,也意味着血吸虫在钉螺体内生长发育的历期缩短,发育速度加快。气候变暖使钉螺和血吸虫生长发育季节延长,生长发育速度加快。

俞善贤等从中国733个气象站中选取126个气象站的历年1月平均气温和最低平均气温资料进行研究。结果显示:中国冬季气温呈明显上升趋势,1月平均气温和最低平均气温在1986年前后两个时间段内的平均值分别上升了0.9℃、1.3℃左右,1月最低平均气温-4℃和平均气温0℃的等值线已经向北移动了1~2个纬度。杨坤等利用酶组织化学及分子生物学技术,观察了温度变化对钉螺体内的酶及有关基因表达的影响,提示冬季及春季的温度升高,将使钉螺体内的酶活性及有关基因表达增加,提高钉螺的活动性及繁殖能力。

2. 疟疾

我国疟疾流行区主要分布于北纬45°以南的大部分地区。环境温度以多种方式影响疟疾的传播。温度支配媒介按蚊的繁殖速率,蚊媒迅速繁殖的适宜温度在20~30℃之间,在此范围内温度增高,蚊媒世代发育的时间缩短,因而媒介密度增高,传播速率增大;温度也影响蚊媒的吸血行为,蚊媒活动的最适宜温度范围为20~25℃,温度的微小变化可引起吸血频率的较大差异,随温度升高,两次吸血间隔缩短;温度还影响疟原虫在蚊体内的发育,疟原虫在蚊体内发育有一个最低的温度阈值,间日疟原虫在蚊体内发育的最低温度为14.5℃,恶性疟原虫为16℃。在自然条件下,有按蚊存在但无疟疾发生的地区,主要是由于温度低限制了疟原虫的孢子增殖。邓绪礼等发现在湿度80%左右,温度25~28℃时孢子增殖快,子孢子密度高;当温度降至25℃以下时,孢子增殖速度明显减慢,31℃时也稍慢,且子孢子数量极少。气候变暖,夏季时间和高温时间延长,居民露宿现象相应增加,造成人与蚊子接触增多,疟疾流行程度加重。

对云南省40个乡1984—1993年间气象资料和疟疾发病资料的分析结果显示,当温度升高1~2℃时,当地微小按蚊地区间日疟传播潜势可增加0.39~0.91倍,恶性疟传播潜势可增加0.60~1.40倍;当温度上升1℃时,疟疾传播季节可延长约一个月,温度上升2℃时,疟疾传播季节可延长约两个月。按GCM(general circulation model)预测,2100年热带地区疟疾病人数将增加2倍,温带地区将超过10倍。估计疟疾病例每年将增加5000~8000万。21世纪后半叶,世界上将有45~60亿的人口生活在潜在的疟疾传播区内。

3. 登革热

气温是登革热传播的决定性因素,登革热的传播主要受媒介蚊虫密度影响,登革病毒在蚊虫体内繁殖复制的适宜温度在20℃以上,低于16℃就不繁殖。陈文江等研究表明:海南省北部冬季的温度不适于登革热的传播,南部冬季的温度可能适于登革热的传播,但也仅稍高于适于传播的临界温度。在气候变暖的条件下,特别是持续出现暖冬的情况下,当冬季月平均温度升高1～2℃时,海南省登革热传播的条件有可能发生根本性改变,北部地区可能终年均适于登革热传播,而南部地区的传播均处在较高水平,从而有可能使登革热非地方性流行转变为地区性流行。世界卫生组织的数据表明,全球每年出现约5000万例登革热病例,其中约10万人染病后死亡。

四、营养不良

据世界卫生组织的有关材料,气候变化危害人类健康的现象将主要发生在东南亚和非洲地区,而引起当地人们死亡的重要原因是营养不良和疟疾。全球气温如果继续升高,将导致非洲粮食大幅减产,当地营养不良的人口也将随之大幅度增加。亚太地区发展中国家人口占全球发展中国家的68%,其中有16%面临营养不良的问题,这使得亚太地区成为仅次于非洲的第二大营养不良人口集中的地区。营养不良损害了人们学习和工作的能力,也降低了人们抵抗疾病的能力。

五、建议

1. 加强科学研究,为决策制定提供依据

气候的任何变化对环境、生物、社会经济和公共卫生都会产生深远的影响。要深入探讨应用气候学、生物学和流行病学知识及其相互关系,进一步调查温度、海面升高及其他气候与病原相关的生态学联系,推动多学科的综合调查和研究。加强全球环境变化对人类健康影响的途径和机制的研究,建立相关模型,进行多因素(气候变化、环境、健康等)综合分析,为我国乃至全球行动提出切实可行的措施,为社会可持续发展提供科学依据。同时,建立集气象、环境和疫情系统为一体的综合监测系统,加强医疗气象学科建设,进一步开展医疗气象预报,并建立传染疾病的快速反应系统。我国的气象与卫生防疫事业都取得了很大的成就,但将二者有机结合起来,广泛开展医疗气象方面的研究和业务应用还不够。应对气候变化、保护人类健康这一问题,和每一个人都有密切联系,但由于专业人才的缺乏,大大制约了科研的深入,进而制约了这一事业的发展。所以,在未来的教育体系中应尽快加强医疗气象方面的科学知识普及和专业人才培养,以便促进此项工作的顺利开展。

2. 引导大家适应气候变暖,保护自己的身体健康

为了防止紫外线对人体皮肤和眼睛造成损害,应避免长时间日晒,户外活动要做好涂防晒霜、戴太阳帽或太阳镜等防护措施。高温是夏季死亡增加的主要影响因素。生活条件的改善,如空调的使用、居住条件的改善,可能有助于降低人群易感程度,减少死亡。因此,我国应充分发挥公共基础设施的作用,发挥体制机制的优势,在防范天气、气候因素对人体健康带来的不利影响方面向贫困人口和脆弱人群提供更多的援助,比如在夏季高温热浪期间,开放公共场所,让没有降温条件的民众到这些场所避暑等。

3. 完善公共卫生体系建设

加大对公共卫生的投入,加快疾病预防控制体系、卫生监督执法体系和卫生应急体系建设,完善相关卫生应急预案,加强应急救治设施配置和技术储备,提高公共卫生服务水平和应急处置能力。修订居室环境调控标准和工作环境保护标准。加强健康教育,普及适应气候变化健康保护知识和应对极端气候应急防护技能,增强公众自我保护意识。加强饮用水卫生监测和安全保障服务。

4. 开展监测评估和公共信息服务

根据台风、高温、洪涝和海洋赤潮多发的特点,开展气候变化对敏感脆弱人群健康的影响评估。加强肠道传染病(霍乱、伤寒副伤寒等)、虫媒传染病(疟疾、乙型脑炎)、生活接触易于传播传染病(如急性出血性结膜炎、水疱脚皮炎、皮肤糜烂性溃疡等)等的防控。建立和完善对气候变化敏感的疾病监测预警、应急处置和公众信息发布机制,提高气候变化对人体健康影响的预警能力。

第二节 气候变化引起海平面上升及建议

一、海平面上升与气候变化状况

全球海平面上升是由气候变暖导致的海水增温膨胀、陆源冰川和极地冰盖融化等因素造成的。2014年,全球平均表面温度比1981—2010年的平均值高0.28℃,全球平均海表温度比1981—2010年的平均值高0.24℃,为有现代观测记录以来的最高值。1993—2014年,全球海平面上升速度为3.2毫米/年。

二、中国沿海海平面变化

1. 中国沿海海平面呈波动上升趋势

海平面变化空间分布不一,特别是近岸地区变化更显著,对沿海地区影响也更甚。在全球气候变暖大背景下,中国沿海气温与海温升高,气压下降,海平面升高(图4-2和图4-3)。国家海洋局2015年发布的海平面公报显示,1980—2015年,中国沿海气温与海温均呈上升趋势,速率分别为0.36℃/10年和0.2℃/10年,气压呈下降趋势,速率为0.23百帕/10年,同期海平面上升速率为3.0毫米/年。1993—2015年,中国沿海海平面上升速率为3.7毫米/年,高于全球同期平均水平。

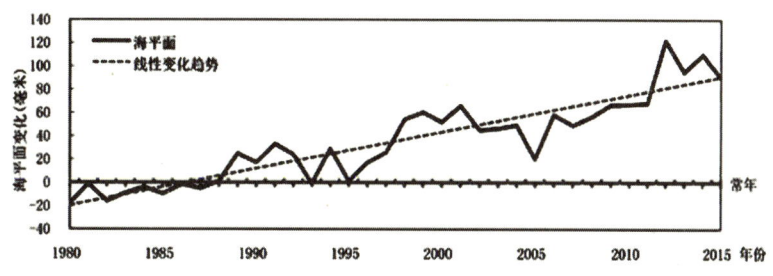

图4-2　1980—2015年中国沿海海平面变化

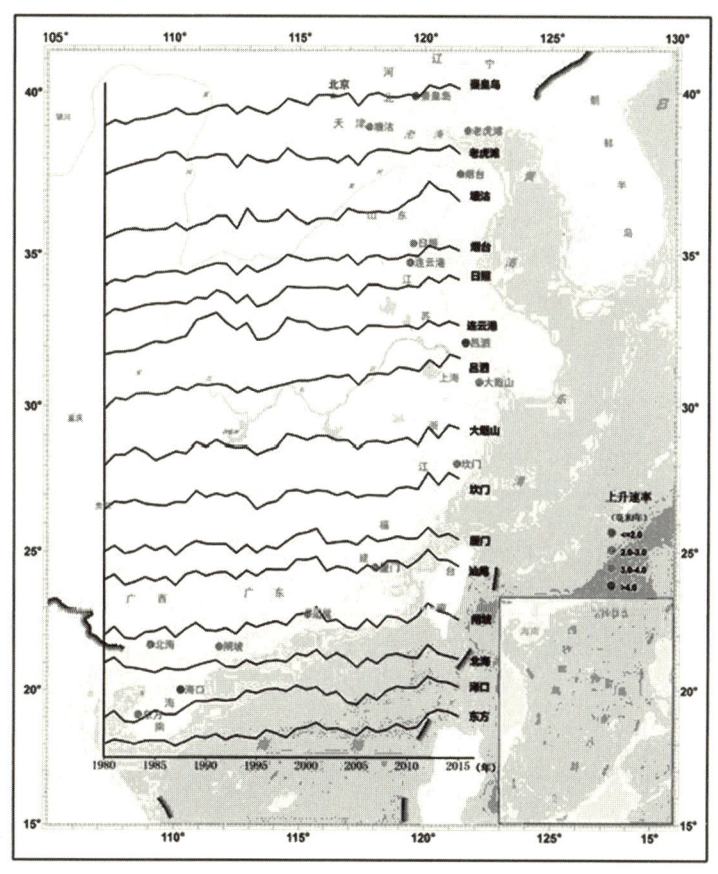

图4-3　1980—2015年中国沿海主要海洋站海平面变化

2015年,中国沿海气温与海温较常年分别高1.3℃与0.9℃,气压较常年低0.1百帕,海平面较常年高90毫米,为1980年以来第四高位。中国沿海海平面排名前五位的年份从高到低依次为2012年、2014年、2013年、2015年和2011年。近30年,中国沿海的十年际海平面呈明显上升趋势。2006—2015年,中国沿海平均海平面较1996—2005年和1986—1995年分别高32毫米和66毫米,为近30年来最高的10年。

2. 中国沿海海平面季节变化区域特征明显

海平面除年际性发生变化外,还存在季节性波动。中国沿海海平面季节变化区域特征明显。受季风、洋流、气压、降水、海洋表层流变化等多因素的影响,中国沿海季节性高海平面发生时间由北向南逐渐推迟。渤海和黄海北部的季节性高海平面,一般发生在气温最高、气压最低、降水量最大和季风影响较小的8月前后;黄海南部和东海中部的季节性高海平面,一般出现在盛行南向季风和表层南向沿岸流较强的9月前后;东海南部和台湾海峡在9月下旬至10月上旬的季节性海平面最高,比同期南海沿海海平面高30~50毫米;10—11月,受东北季风影响,大量海水通过巴士、巴林塘和台湾海峡进入南海,南海东北部沿海海平面明显升高。

三、福建沿海海平面变化

1. 福建沿海海平面呈明显上升趋势

2001—2010年,福建沿海的平均海平面比1991—2000年和1981—1990年的平均海平面分别高约33毫米和50毫米(图4-4)。自2000年以来,福建沿海海平面总体处于历史高位(表4-1)。2015年,福建沿海海平面比常年高60毫米,预计未来30年,福建沿海海平面还将继续上升,比2015年升高65~140毫米。

表4-1 2000—2015年福建沿海年平均海平面与常年比较

年份/年	2000	2003	2004	2005	2006	2007	2008	2009	2010	2011	2012	2013	2014	2015	2045
海平面/毫米	67	49	59	24	60	40	54	65	55	65	111	68	86	60	125~200*

注:*为预测值。

资料来源:2000年、2003年、2006年、2007年、2008年、2009年、2010年、2011年、2012年、2013年、2014年、2015中国海平面公报;常年平均海平面:国家海洋局将1975—1993年的平均海平面定为常年平均海平面,简称常年。

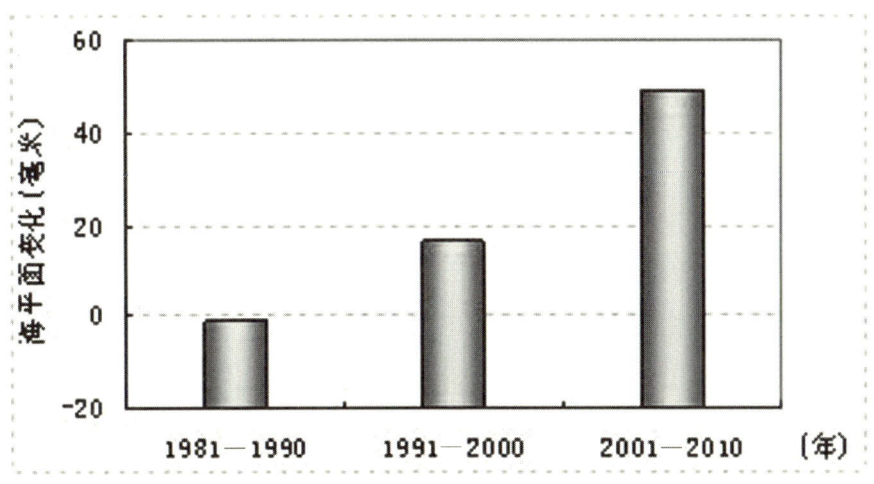

图 4-4 福建沿海年代际海平面变化

2. 1960—2013 年福建沿海 4 个主要验潮站年平均海平面呈波动上升

1960—2013 年,福建沿海海平面 4 站变化趋势较为一致(图 4-5),1960—1968 年间东山和厦门站呈现波动下降趋势(此期间平潭站和三沙站资料较少);1968—1974 年呈现波动上升趋势;1976—1993 年间呈现缓慢波动上升状态;自 1995—2013 年出现加速上升趋势。厦门站的年际变幅最大,达到 24 厘米,其次为平潭,达到 21 厘米,东山和三沙站的年际变幅分别为 18 厘米和 11 厘米。

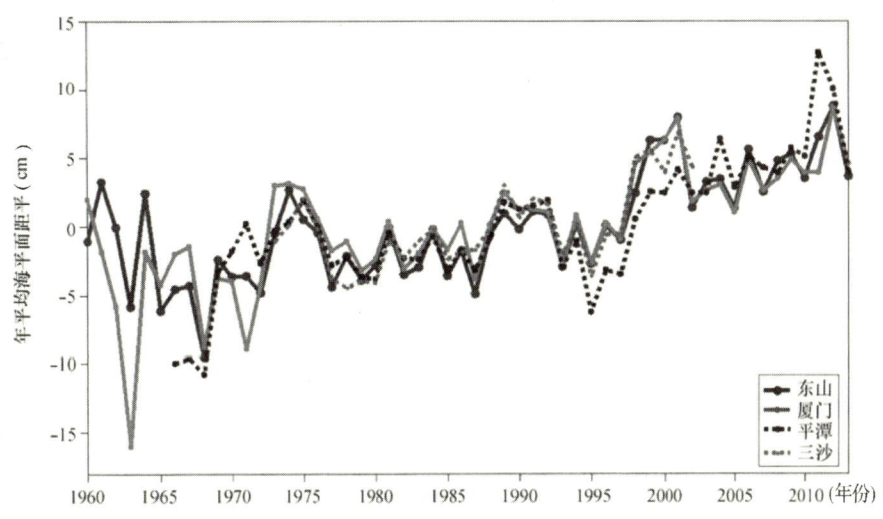

图 4-5 1960—2013 年福建沿海 4 个主要验潮站年平均海平面变化

将福建沿海 3 个主要验潮站的年平均海平面数据进行最小二乘线性拟合,得出福建沿海几个主要验潮站的长期线性趋势变化:福建沿海东山、厦门和平潭 3 个主要验潮站长期线性趋势变化趋势较为一致,其中,平潭站线性变化趋势为2.3毫米/年,厦门站为1.9毫米/年,东山站线性变化趋势为1.7毫米/年(图4-6)。

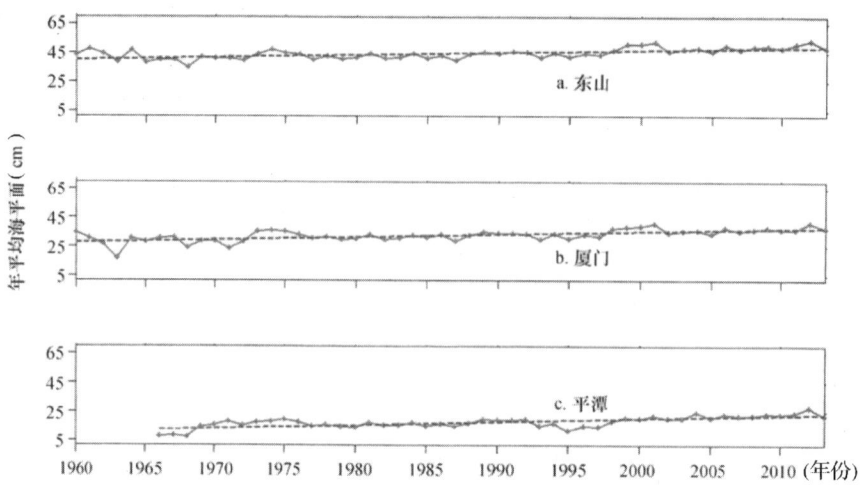

图4-6　1960—2013年福建沿海东山、厦门和平潭验潮站年平均海平面长期线性趋势变化

自1992年T/P卫星发射后,其搭载的卫星高度计基本可以实现全球范围内的海面高度监测,由此海平面观测由传统的验潮站观测时代进入卫星测高时代,研究范围也从区域扩展到全球,国内外学者开始利用卫星高度计资料研究全球和区域海平面变化,并取得了显著的研究成果。

分析福建沿海几个主要潮位站数据表明,1960—2013年,福建沿海相对海平面上升速率为2毫米/年。对比同期(1993—2012年)卫星高度计数据和潮位站数据发现,卫星高度计数据与潮位站数据分析结果基本一致。卫星高度计数据和福建沿海几个主要潮位站数据分析结果表明,1993—2012年,福建沿海海平面上升速率为4毫米/年,高于1960—2013年的平均水平。分析卫星高度计数据表明,1993—2012年,福建南部和北部海平面上升较快,最大上升速率接近5毫米/年,台湾海峡东北口附近上升趋势较弱,速率为2～3毫米/年。

3.福建沿海海平面季节变化显著

福建沿海在9—10月份的季节性海平面最高,4—7月份平均海平面较低(图4-7),这表明福建沿海秋、冬两季的平均海平面较高,而春、夏两季的平均海平面较低,海平面存在着明显的季节变化。东山、厦门和平潭站的月平均海平面最大年变幅达30厘米(图4-8)。

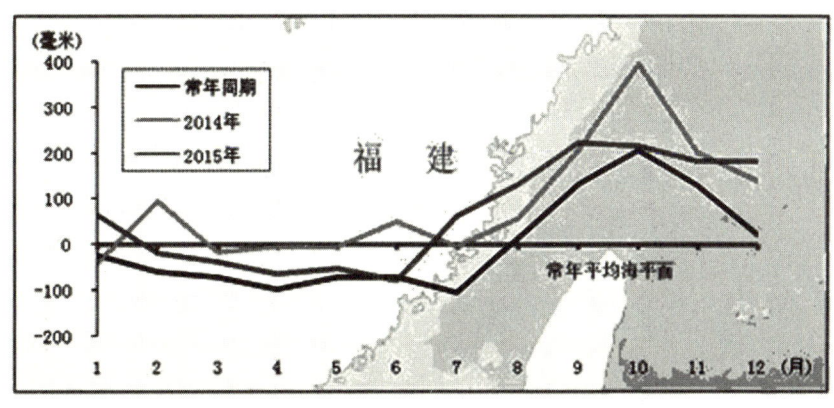

图 4-7　福建沿海月平均海平面变化

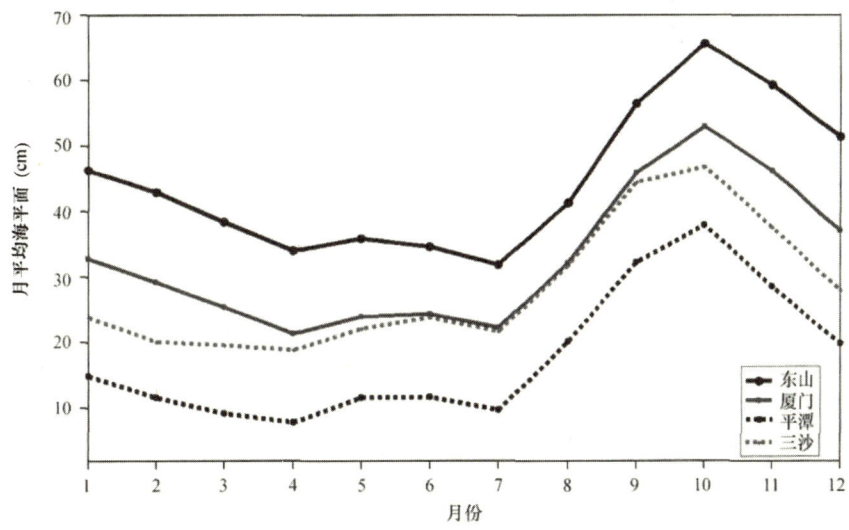

图 4-8　福建沿海 4 个主要验潮站多年平均月平均海平面变化

四、建议

1. 福建沿海海平面呈明显上升趋势，各级政府应将海平面上升影响危险度区划指标作为沿海新兴开发区规划的重要内容加以考虑。

2. 福建沿海海平面季节变化显著，每年的 9—11 月为福建沿海台风风暴潮高发期，也是福建沿海季节性高海平面期，易发生风暴增水、季节性高海平面和天文大潮三者叠加的情况，形成灾害性高潮位，相关部门应特别关注。

第三节　海平面上升后中国近海潮汐的变化及建议

海洋潮汐是海面周期性的升降运动。古人将白天的海水涨落称为潮,夜晚的海水涨落称为汐,合称为潮汐。潮汐现象并不限于海洋。因为海水是液体,具有流动性,所以最明显的潮汐现象发生在海洋。

一、引潮力

在海洋潮汐现象中,海面的上升,称为涨潮;相反地,海面的下降称为落潮。涨潮和落潮互相交替。涨潮转变为落潮时,水位最高,称为高潮;落潮转变为涨潮时,水位最低,称为低潮。海面为什么会发生周期性涨落呢?因为地球是一个具有平均半径约6371千米的球体,根据万有引力定律,天体对地球的吸引是差别吸引。所谓差别吸引就是:地球的不同部分,对于天体有不同的距离和不同的方向,因而受到天体的吸引力也不同,它包括大小的不同和方向的不同。距离天体近,所受引力就大;距离天体远,所受引力就小。方向正,所受引力就正;方向偏,所受引力就偏。地球各地所受的天体引力同地球中心所受的天体引力这个平均值相比,都有一个差值,这个差值是潮汐涨落的直接原因,称引潮力。公式表示为:引潮力=实际引力−平均引力。通过地球中心和天体中心的直线同地球表面相交的两点叫垂点。面向天体的点,叫正垂点;背向天体的点,叫反垂点。正垂点距离天体最近,受到天体的吸引力最大,在以正垂点为中心的半个地球上,所受的天体引力大于全球平均值,这半球的引潮力的方向是向天体的,在引潮力的作用下这半球是向前突出的。反垂点距离天体最远,受到天体的吸引力最小,在以反垂点为中心的半个地球上,所受的天体引力小于全球平均值,这半球的引潮力的方向是背向天体的,在引潮力的作用下这半球是向后突出的。即面向天体的半个地球向前突出,背向天体的半个地球向后突出。正反垂点的引潮力是全球最大的。若用地球上的上下方向来说,正反垂点的引潮力都是向上的。随着对正反垂点距离的增加,引潮力的方向先由向上逐渐变成水平,再由水平逐渐变成向下。在引潮力终于变成向下的地方,正是距离正反两垂点最远的地方,也是以正反两垂点为两极的大圆。两头的引潮力向上,中间的引潮力向下,这样,地球就由正球体变成长球体。地球上的岩石具有很高的刚性,而海水是可以流动的。地球就由正球体变成长球体,主要意味着,在正反垂点的周围,形成两个水位特高的地区,称潮汐隆起,面向天体的叫顺潮;背向天体的叫对潮。以正反两垂点为两极的大圆形成两个水位特低的地区。

二、太阴潮是海洋潮汐的主体

任何天体都会在地球上引起潮汐运动,但由于天体的质量不同,离地球的距离不同,因而它们在地球上产生的引潮力大小也不同。太阳所造成的潮汐叫太阳潮,月球所造成的潮汐叫太阴潮。其中以太阴潮为最大,太阳潮次之(约为太阴潮的46%),其他天体的则非常微弱。在二者中,为什么太阴潮大?比较一下太阳引潮力和月球引潮力的大小就知晓,为了方便,这里只比较它们各自在正反垂点上的最大引潮力。天体对正垂点、地心和反垂点单位质量的引力 f_1、f_0 和 f_2 可按下列公式求得(式中 G 是万有引力常数、m 为天体的质量、d 为天体到地心的距离,r 为地球的平均半径、(d-r) 和 (d+r) 分别为天体对于正反垂点的距离。):在正垂点:引力 $f_1=Gm/(d-r)^2$;在地心:引力 $f_0=Gm/d^2$;在反垂点:引力 $f_2=Gm/(d+r)^2$。正垂点的引潮力 $F_1=f_1-f_0=Gm/(d-r)^2-Gm/d^2≈+2Gmr/d^3$;反垂点的引潮力 $F_2=f_2-f_0=Gm/d^2-Gm/(d+r)^2≈-2Gmr/d^3$;上列计算中,取天体引力的方向为正。因此,在正垂点上,引潮力的方向与天体引力方向相同;在反垂点上,引潮力的方向与天体引力方向相反。如果取地球引力的方向为正,在两个垂点上,引潮力的方向都同地球引力的方向相反,都是向上的。天体对地球单位质量的引力,与天体的质量成正比,与天体离地球的距离的平方成反比,与地球的半径无关。太阳质量约是月球质量的 27154000 倍,日地距离约是月地距离的 390 倍。太阳对地心单位质量的引力/月球对地心单位质量的引力 $=27154000/(390)^2≈178.5$,即太阳对地心单位质量的引力约是月球的 179 倍。而天体对地球单位质量的引潮力,与天体的质量成正比,与天体离地球的距离的立方成反比,而且与地球的半径成正比。太阳对正垂点单位质量的引潮力/月球对正垂点单位质量的引潮力 $=27154000/(390)^3≈0.46$,即太阳对正垂点单位质量的引潮力大约是月球的 46%。日地平均距离为 149597870 千米,地球平均半径为 6371 千米,太阳对地心单位质量的引力/太阳对正垂点单位质量的引力 $=d/2r=149597870/2×6371≈11740$;月地平均距离为 384400 千米,月球对地心单位质量的引力/月球对正垂点单位质量的引潮力 $=d/2r=384400/2×6371≈30$,即太阳和月球在地球上产生的引潮力,远远小于它们对地球的引力。因此,潮汐现象的发生与天体引力有密切关系,但是,潮汐的直接动力是引潮力,而不是引力。引潮力和引力在大小和方向上,都有很大的差别,它们是两个不容混淆的概念。太阳和月球相比,月球在地球上的引潮力比太阳的大,因此,太阴潮是海洋潮汐的主体。

三、海洋潮汐的周期性

1. 每太阴日两次高潮和低潮

地球某点相对月球转一周的时间叫作一个太阴日。地球上每点随地球自西向东自转一周转了360°,但此时月球围绕地球又向前转运了13°10′,待该点相对月球转一周时,要随地球自转373°10′左右。地球自转15°是1小时,故该点相对月球转一周,即转373°10′需要时间24小时50分钟左右,即太阴日相当于太阳时24时50分。海面上潮汐涨落以地球上的差别吸引为前提,但是,差别吸引本身并不能直接造成潮汐涨落。这是因为月球和太阳对地球各个部分的差别吸引,只能使一部分海水聚集在各自在地球上的正反垂点及其周围地区,从而使地球由正球体变成长球体,并没有造成地球上每一点海面的周期性的涨落。如果垂点的位置固定不变,水位高的地方始终是高水位;反之,水位低的地方始终是低水位。这样,在垂点不动的假想条件下,地球的海面就无所谓周期性升降。实际上,月球和太阳的垂点都在地面上向西运行着。正是这种运行改变着各地相对垂点的位置,从而引起海面的涨落。潮汐的周期性,首先就是垂点向西运行的周期性,特别是月球垂点向西运行的周期性。因此,月球在地球上的两个垂点及其周围的海水,以太阴日为周期在地球上的中低纬度地带向西运行。它们向哪里接近,那里就是涨潮,从哪里离开,那里就是落潮。同理,它们到达哪里,那里就是高潮;离开哪里最远,那里就是低潮。这样,在一个太阴日里,一地就有涨潮和落潮,高潮的低潮各两次。太阴日相当于太阳时24时50分,所以,高低潮出现的时间,每天比前一天推迟50分钟。同样,由于地球的自转和公转,太阳在地球上的两个垂点以太阳日为周期,在地球南北回归线之间的地带向西运行,从而使聚集在两个垂点及其周围的海水发生周期性的运行。但是,由于太阳的引潮力远不如月球的,这两部分海水的运动并不特别明显。因此,太阴潮是海洋潮汐的主体,太阴日是海面升降的基本周期。每太阴日两次高潮和低潮,即半天中(6小时左右)出现一次涨潮或落潮现象叫半日潮,它是海洋潮汐的基本类型。由于海水还受太阳和其他星体引潮力的作用,以及海湾形态、海底地形和自然地理因素等综合影响,海洋潮汐除了有半日潮外还有全日潮和混合潮。在一个太阴日里,一个地点的海水出现一次高潮和一次低潮的现象叫全日潮。在一个太阴月里,一个地方的海水有些太阴日出现半日潮,另些太阴日出现全日潮的现象叫混合潮。我国渤海湾沿岸,除秦皇岛、北戴河和莱州湾为全日潮外,其余多是半日潮;东海、黄海沿海地区属于典型的半日潮;南海地区的潮汐比较复杂,除北部湾多为全日潮外,其余多是混合潮。

2.每朔望月两次大潮和小潮

什么是朔望月呢?月球同地球一样,本身不会发光也不透明,只靠反射太阳光而发亮。因此,月球在太阳光的照耀下,迎着太阳的半球永远是亮的,背着太阳的半球永远是暗的。但是,在地球上看起来,月球有时光明部分较多,有时黑暗部分较多,有时光明部分在扩大,有时黑暗部分在扩大。月球明暗两部分不断变化着的状况,叫作月相。月相的变化,决定于两个因素:太阳照耀月球的方向和观测月球的方向。如果在月球的背日方向观测月球,月球几乎全部是黑暗的,这时的月相叫新月。反之,如果在月球的向日方向观测月球,月球几乎全部是光明的,这时的月相叫满月。当新月出现的时候,月球和太阳位于地球的同侧,这叫日月相合,也叫朔。当满月出现的时候,月球和太阳位于地球相反的两侧,这叫日月相冲,也叫望。因此,新月和满月的变化就是朔望的变化。由于月球绕地球公转具有周期性,因此新月和满月、日月相合(朔)和日月相冲(望)也产生了周期的变化。从这一次新月到下一次新月,或者从这一次满月到下一次满月,这样一段时间就是月相变化的周期,这个周期=29.53日,叫作朔望月。海洋潮汐的每一次海面升降运动决不是前一次的简单重复,而具有一些新的特点。如:高潮不是同样地高,低潮也不是同样地低。相邻高潮和低潮的水位差叫潮差。潮差也有周期性的变化。在一个周期内,潮差由大变小,然后又由小变大。潮差最大时的海面升降叫大潮;潮差最小时的海面升降叫小潮。大小潮的形成是月球和太阳引潮力共同作用的结果。农历每月初一(也叫"朔"),以及农历每月十五或十六(也叫"望"),太阳和月球的垂点最为接近,即月球和太阳在地面上各点的引潮力叠加得最大,海水形成的高潮比其他日子的高潮更高,形成的低潮比其他日子的低潮更低,潮差最大的大潮,也叫朔望大潮。农历每月初七、初八(上弦)或二十二、二十三(下弦)的日子,月亮转到地球和太阳的连线的两侧,并大约与连线成90°时,太阳和月球的垂点相距最远,即月球和太阳在地面上各点的引潮力相互削弱得最多,海水形成的高潮比其他日子的高潮低,形成的低潮比其他日子的低潮高,潮差最小的小潮。对于一个具体地点来说,一个朔望月内,大潮和小潮各发生两次。

　　海洋潮汐现象具有明显的周期性。掌握了半太阴日和半朔望月这两个周期,海洋潮汐的周期就基本掌握了。但是,潮汐的周期远不止此,因为地球和月球的运动,而且月球和太阳的赤纬和距离的变化,都是海洋潮汐的天文因素。其中月球的赤纬直接造成以太阴日为周期的日潮不等现象。除天文因素外,海洋潮汐还受气流、水流、海水深度和海盆形状、摩擦力等因素的影响,所以,海洋潮汐远比这复杂得多。海水本身具有一定的黏性,存在着内摩擦;海水在运动过程中,海底也有一定的摩擦作用。因此,一日间的高潮一般都落后于月球的上中天和下中天的时刻,其数值称高潮间隔,它因地点而不同。同理,一月间的大潮,一般都落后于日月相合和日月相冲的日期,其数值一般是1～3日。

　　海洋潮汐是以太阴日和太阴月(农历月)为周期涨落的一种有规律的自然现象,可以预报任意海岸地点的潮时和潮高。国家海洋局和海军航保部每年都有编制《潮汐表》,利用它可以精确查取和预报任意港湾的潮时和潮高。此外,潮汐基本类型半日潮的高低潮时,还可以用简化的公式来推算,公式如下:上半月高(低)潮时=0.8×(农历日数－1)+高(低)潮间隔(上半月);下半月高(低)潮时=0.8×(农历日数－16)+高(低)潮间隔(下半月)。式中,高(低)潮间隔:指地球上各点在上、下月中天

(初一、十五,地方时零时)后,到高潮(低潮)出现的时间间隔,一般取多年的平均值,高(低)潮间隔可以从潮汐表中查取。还可以根据渔民流传的潮汐谚语来了解当地的潮时情况。例如宁波一带"初三、十八、子午潮";上海一带"初三、月半、午时潮";福建南部一带"初一、十五、满潮正午,初八、二十三、潮在早晚"等等。

四、海平面上升后中国近海潮汐的变化

海平面上升可影响海洋环境的各个方面,其中最显著的是使潮汐特征发生变化。

1. 海平面上升后,中国近海潮差的变化

未来边界海平面上升 0.90 米以后,辽东湾、渤海湾顶、辽东半岛东海域、海州湾至鲁南沿海、苏北沿海、台湾海峡至浙东沿海以及整个南海平均潮差将有所抬升;其中,台湾海峡至浙东沿海潮差变化幅度最大,最大增幅达 0.40 米左右,其次,为苏北辐射沙洲海域增幅在 0.20 米左右,海州湾、辽东湾增幅在 0.10 米左右,南海海域潮差增幅在 0.02 米左右。长江口、杭州湾至对马海峡、朝鲜西海岸和莱州湾海域潮差将减小,其中,长江口外潮差减幅最明显,最大减幅在 0.20 米左右。图 4-9 为未来边界海平面上升 0.90 米后部分站位平均潮差变化。

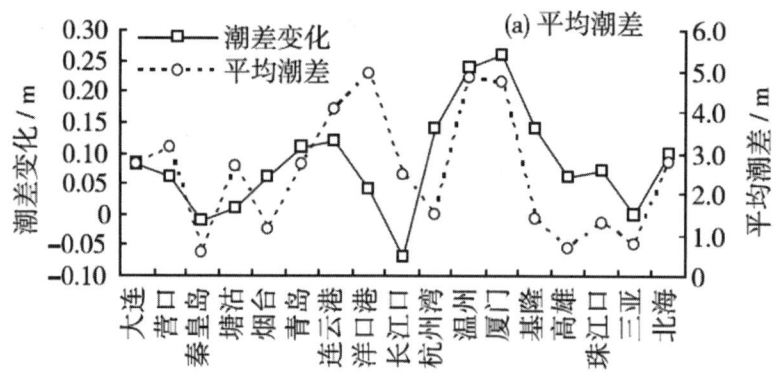

图 4-9 未来边界海平面上升 0.90 米后部分站位平均潮差变化

2. 海平面上升后,中国近海平均高水位的变化

中国沿海部分站位平均高潮位随边界海平面上升而上升,平均高水位的变化与潮差变化相对一致。潮差增加的站位高水位抬升幅度超过平均海面的上升幅度,如连云港、温州、厦门等;潮差减小的站位,高水位抬升值稍小于海平面上升值,如长江口。表 4-2 为边界海平面上升 0.15 米、0.30 米、0.45 米、0.60 米、0.90 米、1.50 米后中国沿海部分站位平均高水位变化。

表 4-2　边界海平面上升后中国沿海部分站位平均高水位变化

站位	平均高水位/米	平均高水位变化/米					
		0.15	0.30	0.45	0.60	0.90	1.50
大连	1.34	0.16	0.31	0.47	0.62	0.93	1.56
营口	1.57	0.16	0.32	0.48	0.63	0.93	1.54
秦皇岛	0.31	0.15	0.29	0.44	0.59	0.88	1.47
塘沽	1.30	0.15	0.30	0.44	0.59	0.88	1.46
烟台	0.54	0.15	0.31	0.46	0.61	0.92	1.53
青岛	1.33	0.16	0.32	0.47	0.63	0.95	1.61
连云港	2.08	0.16	0.32	0.48	0.64	0.97	1.64
洋口港	2.72	0.15	0.30	0.44	0.58	0.86	1.43
长江口	1.28	0.14	0.26	0.39	0.53	0.83	1.35
杭州湾	0.90	0.15	0.31	0.46	0.61	0.91	1.50
温州	2.43	0.18	0.36	0.53	0.71	1.04	1.71
厦门	2.35	0.17	0.34	0.51	0.68	1.02	1.71
基隆	0.69	0.16	0.32	0.48	0.65	0.97	1.62
高雄	0.34	0.15	0.31	0.46	0.62	0.93	1.55
珠江口	0.68	0.16	0.32	0.47	0.62	0.93	1.53
三亚	0.39	0.15	0.30	0.45	0.60	0.90	1.51
北海	1.43	0.16	0.32	0.48	0.64	0.96	1.69

3. 海平面上升后，中国近海潮时的变化

未来边界海平面上升 0.90 米以后，渤海和黄海除无潮点附近以外海域和长江口至台湾海峡以及南海大部海域相位均前移，其中渤海莱州湾、苏北辐射沙洲、杭州湾和北部湾海域相位变化幅度明显，最大约前移 20～30 分钟，东海和南海大部分海域相位变化为 2～5 分钟。渤、黄海无潮点附近、长江口至济州岛、台湾岛东海岸、汕头至吕宋海峡海域相位后移，其中汕头附近潮汐相位变化幅度最明显，最大后移幅度 20 分钟左右。图 4-10 为未来边界海平面上升 0.90 米后部分站位平均潮时变化。

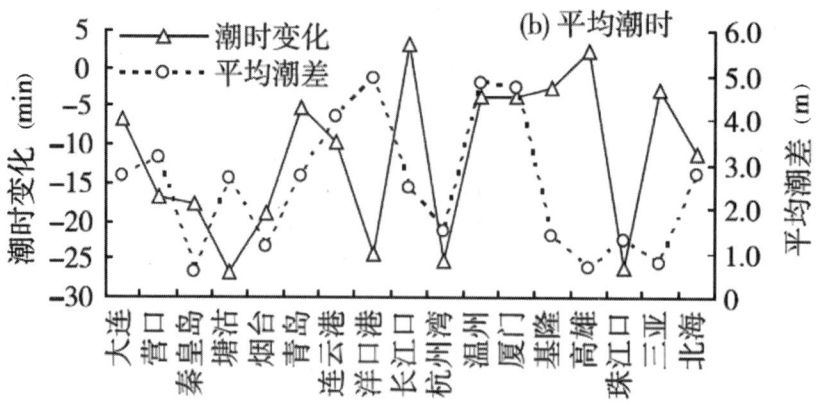

图 4-10　未来边界海平面上升 0.90 米后部分站位平均潮时变化

五、建议

外海海平面上升以后,辽东湾、渤海湾顶、辽东半岛东海域、海州湾至鲁南沿海、苏北沿海、台湾海峡至浙东沿海以及整个南海海平面上升以后平均潮差增加,其中台湾海峡至浙东沿海潮差变化幅度最大,边界海平面上升 0.90 米时,最大增幅达 0.40 米,南海海域潮差增幅较小。长江口、杭州湾至对马海峡、朝鲜西海岸和莱州湾海域的潮差减小,其中长江口外潮差减幅最明显,边界海平面上升 0.90 米时,最大减幅 0.20 米左右。平均高水位的变化趋势与潮差基本一致,潮差增加的区域,高水位抬升幅度超过边界海平面上升幅度。渤海和黄海除无潮点局部外、长江口至台湾海峡以及南海大部海域相位均前移;渤、黄海无潮点附近小海域、东海长江口的济州岛、台湾岛东海岸、汕头至吕宋海峡海域相位后移。中国沿海地区是经济发达、人口密度最大的地区。海平面上升引起高水位的超幅变化,会加剧风暴潮灾害,需引起海岸工程设计者的注意。

第四节　海平面上升对福建沿海的影响及建议

一、海平面上升对福建沿海的影响

海平面上升不但会淹没滨海低地,破坏海岸带生态系统,而且会不同程度地加剧风暴潮、海岸侵蚀、洪涝、咸潮、海水入侵与土壤盐渍化等灾害,威胁沿海基础设施安全,给福建沿海地区经济社会发展带来多方面的不利影响。

1. 淹没滨海低地

福建海域面积 13.6 万平方千米，比陆地面积大 12.4%；水深 200 米以内的海洋渔场面积 12.51 万平方千米，占全国海洋渔场面积的 4.5%；滩涂面积 2068 平方千米。有闽东、闽中、闽南、闽外和台湾浅滩 5 大渔场；海洋生物种类 2000 多种，其中经济鱼类 200 多种，贝、藻、鱼、虾种类数量居全国前列。陆地海岸线长达 3752 千米，位居全国第二；海岸线曲折率 1∶7.01，居全国第一位。沿海岛屿星罗棋布，大于 500 平方米的岛屿 1321 个（其中有居民岛屿 98 个），居全国第二位，占全国的 1/5。大小港湾 125 个，其中深水港湾 22 处，可建 5 万吨级以上深水泊位的天然良港东山湾、厦门湾、湄洲湾、兴化湾、罗源湾、三沙湾、沙埕港等 7 个，港口开发潜力大。

海平面上升对福建省带来的灾害是显而易见的，突出的是：淹没滨海低地。如晋江市深沪湾、石狮市伍堡村等地近海农田被淹没，村庄内迁。福建东部沿海海拔高度多在 5 米以下，如福州盆地海拔高度在 1～3 米的就有 38 平方千米，1 米以下的面积有 40 平方千米，如果海面上升 1 米，这两部分地区都将受淹。

2. 风暴潮

高海平面抬升了风暴增水的基础水位，风暴潮高潮位相应提高，水深增大，波浪作用增强，河流排水受阻，加大了致灾程度；反之，低海平面使风暴潮的影响减弱，致灾程度相对降低。2013 年 9—10 月，福建沿海海平面异常偏高，强台风"天兔"和"菲特"先后影响福建沿海，期间恰逢天文大潮，季节性高海平面、天文大潮和风暴增水三者叠加，给福建沿海农林渔业、堤防和交通设施等带来严重损失，直接经济损失近 18 亿元。2014 年，台风"海贝思"（热带风暴级）带来的暴雨造成福建省中南部及沿海部分地区受灾较重（图 4-11）。据省民政厅统计，全省 16.16 万人受灾，紧急转移安置 2.49 万人，农作物受灾面积 13.77 千公顷，直接经济损失 3.3 亿元。台风"麦德姆"带来的暴雨给福建省造成严重灾害，导致多条河流出现超警戒水位洪水、多地出现内涝、山洪等灾害（图 4-12）。据民政厅统计，全省 54.67 万人受灾，农作物受灾面积 31.69 千公顷，直接经济损失 12.7 亿元。

2015 年，共有 6 个台风登陆或影响福建省（表 4-3），较常年（6.9 个）略偏少。其中 2 个登陆台风，分别为 13 号台风"苏迪罗"（超强台风级）和 21 号台风"杜鹃"（超强台风级），登陆个数略偏多（常年 1.6 个）；4 个影响台风，分别为 9 号台风"灿鸿"（超强台风级）、10 号台风"莲花"、15 号台风"天鹅"（超强台风级）和 24 号台风"巨爵"（超强台风级）。2015 年，台风共造成福建省 26.63 万人受灾，因灾死亡失踪 10 人，直接经济损失为 88.2266 亿元，占全年气象灾害总损失的 46.7%。其中 2 个登陆台风对福建省造成较严重影响，尤其是"苏迪罗"对福州城市建设造成严重危害，高达 76.34 亿

图 4-11　厦门北站北 2 出口变汪洋

图 4-12　福州城市内涝

元的直接经济损失也为 2007 年以来单个台风损失之最。

第四章 气候变化的影响及建议

表 4-3　2015 年登陆和影响福建省台风概况

台风号	名称	登陆地点	登陆时间	直接经济损失（亿元）	登陆气压（hPa）	登陆风速（m/s）
1509	灿鸿	浙江舟山	7月11日16时40分		955	45(14级)
1510	莲花	广东陆丰	7月9日12时15分		970	35(12级)
1513	苏迪罗	台湾花莲 福建莆田秀屿	8月8日04时40分 8月8日22时10分	76.34	940 970	48(15级) 38(13级)
1521	杜鹃	台湾宜兰 福建莆田秀屿	9月28日17时50分 9月29日08时50分	7.82	945 975	48(15级) 33(12级)

3. 咸潮入侵

高海平面使沿海地区潮水沿河上溯加强，其长期的累积也在逐渐显现。1994 年与 2003 年枯水大潮时，闽江下游均出现了较明显的咸潮上溯。2008 年 1 月，特别是 2009 年 2—3 月，再次发生了更为严重的咸潮上溯，水源地 Cl⁻ 浓度大大超过国家集中式生活饮用水地表水源水质标准（250mg/L），影响到福州琅岐、长乐、仓山数十万居民的饮水，给该地区的居民生活、工农业生产带来了不良影响。

4. 海水入侵和土壤盐渍化

2015 年，福建省海水入侵和土壤盐渍化的范围及变化（表 4-4），2011—2015 年，东海滨海地区福建长乐漳港镇近岸站位氯离子含量明显升高，海水入侵距离逐渐增加。

表 4-4　2015 年福建省海水入侵和土壤盐渍化范围及变化

监测断面位置	海水入侵		土地盐浸化	
	入侵距离（千米）	近 5 年变化	距岸距离（千米）	近 5 年变化
长乐市文岭镇	1.21	减少	/	/
长乐市漳港镇	3.91	增加		
泉州市泉港后龙镇	0.94	增加		
泉州市泉港界山镇	0.19	基本稳定	/	/
漳浦梅宅村	>2.68	基本稳定	0.57	减少

注："/"表示无监测数据；">"表示海水入侵距离或土壤盐渍化距离超过监测断面布控长度。

5. 海岸侵蚀

海平面上升使潮差和波高增大,加强了海洋动力作用,使海岸侵蚀加剧,特别是砂质海岸受害更大。福建省拥有的岸滩中,有相当部分是砂泥岸滩,抗蚀能力比较差。海面上升导致海水对堤岸下沙子冲刷的侵蚀力度越来越大,等到把海岸下层沙子掏空,整个海岸也就随之坍塌,如前几年的晋江围头湾北岸发生了海岸坍塌。侵蚀还危及港口码头的稳定与安全,深沪原渔业码头因海岸侵蚀后退而改建。2013年,福建霞浦高罗海水浴场岸线蚀退和岸滩下蚀明显,岸线平均蚀退宽度 1.81 米,最大蚀退宽度 3.09 米;岸滩平均下蚀高度 14 厘米,最大下蚀高度 30 厘米。海平面上升加剧岸线蚀退和岸滩下蚀,破坏滨海旅游资源和植被,应加强海岸带生态保护,实现固岸保滩。

二、建议

1. 保护和恢复湿地

湿地生态系统由于地表经常积水,土壤通气性差,地温低且变幅小,造成好气性细菌数量的降低,而嫌气性细菌较发育。植物残体分解缓慢,形成有机质的不断积累,湿地为 CO_2 的汇。全球湿地面积仅占陆地面积的 4%～6%,碳储量约占陆地生态系统碳储存总量的 12%～24%。如果这些碳全部释放到大气中,则大气中 CO_2 的浓度将增加,全球平均气温将因此升高 0.8～2.5℃。湿地经过排水后,改变了土壤的物理性状,地温升高,土壤通气性得到改善,植物残体的分解速率提高,植物残体的分解过程中产生了大量的 CO_2 气体,此时,湿地变为 CO_2 的源。所以,应保护和恢复湿地。福建省靠山面海,湿地面积达 $8\times10^5\,hm^2$,其中海岸滩涂、河口、红树林等湿地面积达 85% 以上,形成福建沿海涵养水源、净化水质、挡潮固岸的生态屏障。

加大湿地生态保护的投入。中央已将湿地保护与恢复、退耕还湿及湿地生态效益补偿试点、湿地保护奖励等纳入财政补贴范围,各地可根据《财政部 国家林业局关于印发〈中央财政林业补助资金管理办法〉》(财农〔2014〕9号)等文件规定,向省财政厅、林业厅申报湿地保护项目。各级政府也要把湿地保护纳入当地经济社会发展计划,加大扶持力度,增加对湿地保护的资金投入。

2. 大力营造沿海红树林

红树植物是一类生长于潮间带的乔灌木的通称。红树植物主要分布在我国华南和东南的热带、亚热带沿岸。我国海南岛红树植物最为丰富,种类最多;广西、广东、台湾次之;福建更次之。红树植物自然生长的北界在北纬 27°20′左右的福建省福鼎一带,但北纬24°27′的福建厦门也是一个界线,厦门以南,红树林发育很好;厦门以北,红树林稀少。世界气象组织《温室气体公报》显示,2014年全球温室气体浓度再次突破历史记录,其中,二氧化碳浓度达到397.7ppm,是工业化前(1750年)的1.43倍。大气中CO_2浓度增加会提高植物叶表面CO_2的浓度梯度,使得CO_2容易进入叶片内部而提高光合速率。CO_2浓度增加的另一效应是提高植物水分利用率。植物叶片的气孔是CO_2和水进入植物的窗口,CO_2增加会减小气孔的开度,从而降低蒸腾量,减小需水量,提高水分利用率。2倍CO_2浓度下可使C_3、C_4类植物的气孔孔径减小40%,降低蒸腾量23%~46%。Ellison等研究了增加6%~34%CO_2浓度对佛罗里达大红树、亮叶白骨壤、假红树和直立风车子4种红树林种类的影响,表明上述4种红树植物都降低了气孔导度和呼吸速率,以及显著增加水利用效率。因此,大气中CO_2浓度增加可能使红树植物生长在相对干旱的环境中。但增加CO_2浓度对红树林的影响随着物理、化学条件的变化而变化。红树林是嗜热的植物类群,气温升高可能促使红树林分布范围将扩展到较高纬度盐湿地区,使原先没有红树林的地区变为适宜红树林生长,原有红树林地区的种类变得更丰富。据报道如果气温升高2℃,则白骨壤分布的最北界将从福建莆田扩展到浙江温州。

3. 加强海洋环境的监测和预警能力

中国已初步完成台湾海峡及其毗邻海域海洋环境立体监测示范网建设,并投入业务化运行。一是初步建成由岸站、浮标、潜标、海床基、地波雷达及卫星遥感组成的区域性海洋环境实时立体监测网,并投入业务化运行。目前该网在位运行的有5套大浮标、14套生态浮标、1对中程高频地波雷达、1套海床基、1套实时传输潜标、1套卫星遥感监测系统、8个沿海岸基台站,获取大量海洋环境监测数据,为海洋防灾减灾应用提供数据支撑,福建省海洋灾害监测预警能力也显著提升。二是示范网的数据处理与辅助决策系统研制成功并投入业务化运行,开始在福建海洋灾害预警预报及台风应对决策中发挥重要作用。同时,在海洋环境立体监测示范网建设的基础上,863计划支持研发的风暴潮漫堤预警辅助决策、赤潮灾害预警、海上突发事件应急辅助决策、信息集成服务等系统先后研制成功并投入业务化运行,已在近两年台风期间的防灾减灾中发挥重要作用。

4. 开展海平面变化影响评价和脆弱性区划

高度重视海平面变化影响调查工作,根据沿海各地的海平面变化影响特点,采集海平面变化影响信息,对海平面变化影响的重点区域和典型事件开展实地调查,掌握海平面变化对沿海地区的影响状况。开展海平面变化影响评价和脆弱性区划,科学、准确地评价海平面变化影响的范围和程度,为编修沿海发展规划和有效应对海平面上升灾害提供决策依据。

5.采取防护、后退和顺应等适应策略

在经济社会发达岸段,应通过筑堤和海滩喂养等海岸稳定措施应对海平面上升。沿海地区经济发达,占国民经济比重大,应依据海平面上升高度和潮汐波浪等海洋环境变化情况,提高沿海工业区、航运港口区、矿产与能源区等区域的防护标准;沿海历史名城有大量古迹和自然景观,在设防时既要保护城市安全,又要考虑城市景观的完整性;在海滩旅游区通过补砂和修建潜堤等方式,保护沙滩资源。

在海平面上升高风险的重点生态功能区,应通过统筹规划土地资源、有计划搬迁、预留后退空间等措施应对海平面上升。海滩和湿地是重要的旅游资源,通过区域规划、合理布局,预留后退空间,保证风景旅游区的完整性;海水养殖和水产种植资源高度依赖滩涂资源,通过向陆地方向的搬迁、岸线自然化等手段,实现滩涂资源的自然后退,保护渔业资源;海洋保护区能够实现生物多样性和自然景观保护,通过加强核心区、缓冲区和实验区的管理,保证海洋保护区面积和功能的稳定。

在不宜采取防护和后退策略的区域,应通过提高基础设施设计标准和改变土地利用方式等措施应对海平面上升。在渔业基础设施区,提升渔港码头和锚地等设施的高程;在海岸侵蚀和海水入侵与盐渍化等灾害影响的农业区,改变土地利用方式,由农业生产向海洋渔业生产转型;在河口区通过建闸和加强流域水资源管理等措施减缓咸潮入侵的影响;在文体休闲娱乐区加强生态保护,增加游船、垂钓和野生动植物观赏等内容,顺应海平面上升后的环境变化。

第五节 气候变化对福建旅游业的影响及建议

一、福建旅游的基本情况

"山海一体、闽台同根、民俗奇异、宗教多元"是福建旅游的鲜明特色。2015年,福建省累计接待游客2.67亿人次,比增14.0%;实现旅游总收入3141.51亿元,比增16.0%,累计接待游客数和总收入两项指标均比2010年翻了一番。

2016年,福建省力争新增20家A级景区,创建2家省级以上旅游度假区。同时,支持平潭培育发展邮轮游艇、滨海度假、石厝民宿(图4-13)等新业态,做大平潭赴台旅游黄金通道,开辟更多连接金马澎并延伸至台湾本岛的水上旅游航线。

"十三五"期间,福建省将着力建设全域生态旅游省、全国生态旅游先行区,海峡两岸旅游交流合作先行区,21世纪海上丝绸之路旅游核心区"三大旅游区";构建蓝色

图 4-13 平潭石厝

海丝、绿色生态和红色文化"三大旅游带";打造福州省会城市、厦门国际门户、武夷新区"三大旅游核"。力争到 2020 年实现全省年接待游客总量突破 5 亿人次,旅游总收入突破 7000 亿元。福建省还将开展"个十百千万"行动计划,力争到 2020 年,建成厦门、福州 2 个国际旅游城市、10 个全域旅游县(市)、100 个休闲集镇、1000 个乡村旅游特色村、10000 个具有福建特色的观光、休闲、度假、康养、研学等产品。

二、气候变化对福建旅游业的影响

旅游业是严重依赖自然环境和天气条件的产业,受到气候变化的负面影响仅次于农业。

1.海平面上升,滨海旅游资源受损

福建山多海阔,山海兼容,优越的亚热带海洋性气候,多种多样的海岸类型,景色秀丽的岛屿,千姿百态的海蚀景观,加之沿海众多富有宗教、文化、军事、历史内涵的名胜古迹和新兴的港口城市,构成理想的观光度假胜地,其中有被列为国家重点风景名胜区的鼓浪屿、清源山、太姥山、海坛岛和国家旅游度假区的湄洲岛以及"海上绿洲"东山岛等。海平面上升,滨海旅游资源将受淹,若海平面上涨 1 米,福州平潭、莆田湄洲岛、厦门鼓浪屿等景区将有多半海滩及基础设施将被淹没。

2.物质文化遗产受损变质加快,寿命缩短

文化遗产包括物质文化遗产和非物质文化遗产。物质文化遗产是具有历史、艺术和科学价值的文物,包括古遗址、古墓葬、古建筑、石窟寺、石刻、壁画,近代现代重要史迹及代表性建筑等不可移动文物,历史上各时代的重要实物、艺术品、文献、手稿、图书资料等可移动文物,以及在建筑式样、分布均匀或与环境景色结合方面具有突出普遍价值的历史文化名城(街区、村镇)。物质文化遗产是实在的文化景观、重要的文化旅游资源。根据2014年2月,住房城乡建设部、国家文物局关于公布第六批中国历史文化名镇(村)的通知。至此,福建省已拥有泉州(第一批)、福州(第二批)、漳州(第二批)、长汀(第三批)4座国家级历史文化名城;上杭县古田镇等42个中国历史文化名镇名村(表4-5)。2013年3月,国务院印发了《关于核定并公布第七批全国重点文物保护单位的通知》(国发[2013]13号),核定公布了第七批全国重点文物保护单位1943处,另有47处项目与原有全国重点文物保护单位合并。福建省共有52处文物保护单位入选。至此,福建省已有全国重点文物保护单位137处291个点,省级重点文物保护单位674处,形成了国家、省和市、县(区)三级文物的有效保护体系。

表4-5 福建省42个中国历史文化名镇名村名单

序号	名称	公布批次	公布时间
1	上杭县古田镇	第一批	2003年12月
2	南靖县书洋镇田螺坑村	第一批	2003年12月
3	邵武市和平镇	第二批	2005年
4	连城县宣和乡培田村	第二批	2005年
5	武夷山市武夷镇下梅村	第二批	2005年
6	晋江市金井镇福全村	第三批	2007年5月
7	武夷山市兴田镇城村	第三批	2007年5月
8	尤溪县洋中镇桂峰村	第三批	2007年5月
9	永泰县嵩口镇	第四批	2008年10月
10	清流县赖坊乡赖坊村	第四批	2008年10月
11	屏南县甘棠乡际下村	第四批	2008年10月
12	福安市溪潭镇廉村	第四批	2008年10月
13	宁德市蕉城区霍童镇	第五批	2010年11月
14	平和县九峰镇	第五批	2010年11月
15	武夷山市五夫镇	第五批	2010年11月
16	顺昌县元坑镇	第五批	2010年11月

续表

序号	名称	公布批次	公布时间
17	长汀县三洲乡三洲村	第五批	2010年11月
18	龙岩市新罗区适中镇中心村	第五批	2010年11月
19	屏南县棠口乡漈头村	第五批	2010年11月
20	连城县庙前镇芷溪村	第五批	2010年11月
21	长乐市航城镇琴江村	第五批	2010年11月
22	泰宁县新桥乡大源村	第五批	2010年11月
23	福州市马尾区亭江镇闽安村	第五批	2010年11月
24	永定县湖坑镇	第六批	2014年3月
25	武平县中山镇	第六批	2014年3月
26	安溪县湖头镇	第六批	2014年3月
27	古田县杉洋镇	第六批	2014年3月
28	屏南县双溪镇	第六批	2014年3月
29	宁化县石壁镇	第六批	2014年3月
30	龙岩市新罗区万安镇竹贯村	第六批	2014年3月
31	长汀县南山镇中复村	第六批	2014年3月
32	泉州市泉港区后龙镇土坑村	第六批	2014年3月
33	龙海市东园镇埭尾村	第六批	2014年3月
34	周宁县浦源镇浦源村	第六批	2014年3月
35	福鼎市磻溪镇仙蒲村	第六批	2014年3月
36	霞浦县溪南镇半月里村	第六批	2014年3月
37	三明市三元区岩前镇忠山村	第六批	2014年3月
38	将乐县万全乡良地村	第六批	2014年3月
39	仙游县石苍乡济川村	第六批	2014年3月
40	漳平市双洋镇东洋村	第六批	2014年3月
41	平和县霞寨镇钟腾村	第六批	2014年3月
42	明溪县夏阳乡御帘村	第六批	2014年3月

夏天天气炎热，食物易腐烂变质，但放在冰箱里情况就大不一样。常温下，氢气和氧气几乎不发生反应，如果温度升高至873K，它们之间的反应可在瞬间完成。这说明温度对反应速率的影响是很显然的。各种化学反应的速率和温度的关系比较复杂，但大多数化学反应的速率随温度的升高而加快。物质文化遗产在自然环境中起

化学反应这就意味着其受损变质。气候变暖将导致石刻风化剥离、青铜有害锈蚀、砖瓦酥碱粉化、壁画褪色起甲、木材干裂糟朽、织物粘接腐烂、纸张虫蛀霉变、牙骨龟裂翘曲、毛皮脆裂脱毛等反应速率增大,即气候变暖将导致物质文化遗产受损变质加快,寿命缩短。

3. 某些传染病的传播机会增大,旅游安全系数降低

大多数旅游者对旅游活动中的安全性要求越来越高,安全已成为影响旅游活动的最重要的因素之一,直接影响旅游活动过程和旅游愿望。旅游业极易受传染病流行的影响,原因之一就是旅游各个环节之间是高度依赖的,极易产生连锁反应。传染病的流行对旅游业的危害是巨大的,甚至是毁灭性的打击。许多病原性媒介疾病属于温度敏感型疾病,气候变暖会助长福建省某些媒介传染病的传播,如血吸虫病和疟疾。

2003年上半年爆发的SARS疫情令福建省的旅游业遭受了少有的沉重打击。2003年上半年福建省游客接待量高开低走(表4-6),1—2月福建省入境旅游市场发展迅猛,3—6月随着SARS疫情的到来和蔓延,福建省旅游业遭受的打击也逐渐加强,最重要的景区武夷山5月接待的游客不到3000人次,只相当于上年同期3%的水平。

表4-6　2003年上半年福建省入境旅游接待情况

	1月	2月	3月	4月	5月	6月
接待人数/人次	154314	178894	125824	48897	25092	48689
比上年同期增长/%	5.0	30.6	−8.9	−68.6	−81.3	−62.0

注:表中的数据来源于福建省旅游信息中心。

4. 作为旅游目的地其吸引力下降

旅游者对区域气候及气候变化的敏感性将影响到旅游目的地的吸引力,并最终对其旅游动机产生影响。气候变暖对目的地的旅游活动能够产生两方面的影响:首先,气候寒冷的旅游目的地当其气候变得较温暖时,就会更具旅游吸引力;而温暖地区的旅游目的地则会丧失一定的旅游吸引力。福建省属于典型的亚热带气候,作为旅游目的地其吸引力会因气候变暖而下降。其次,气候寒冷的国家或地区当其气候变得较温暖时,其出境游客的数量将有所减少,而气候温暖国家或地区的出境游客数量将上升。综合这两方面的效果,我们会看到气候变暖将导致旅游者寻求较高纬度和较高海拔的、气候凉爽的旅游目的地。

5.国际游客数量下降

气候变暖还会导致国际游客数量的下降。哈米尔顿的研究表明:长期以来,德国人和英国人一直是国际旅游的主要游客来源,气候变暖将导致这些潜在的国际游客选择在自己的国家度假,但气候变暖所导致的国际游客数量的下降会受到区域人口增长及经济发展等因素的制约。

三、建议

1.加强旅游资源的保护

旅游景区开发、酒店建设等项目要严格执行环境影响评价制度和污染物集中处理制度,合理确定景区游客容量,加强环境敏感区实景演艺活动的管理。采取必要的保护性措施,防止水、热、雨、雪等气候条件变化造成旅游资源进一步恶化,加强对受气候变化威胁的风景名胜资源及濒危文化和自然遗产的保护。

2.合理调整旅游业

把握气候变化条件下新的旅游市场需求特征,调整旅游设施建设与项目设计,开辟和增加沿海、山区、林区等避暑旅游场地,大力发展以回归自然与保护生态为特征的知识型生态旅游。积极挖掘闽南文化、客家文化、妈祖文化、朱子文化、茶文化等的深刻内涵,推动特色民俗、文化表演、时尚休闲、展览展会、美食购物等受气候条件影响较小业态的创新性发展。整合丰富的岛、景、渔和海洋文化等资源,提升滨海城市服务功能,增强滨海旅游等自然依托型业态的应对能力。改进旅游设施和信息服务,建立旅游场所应对极端天气及次生灾害的预警机制,加强防范措施,完善突发事件处置办法,提高旅游场所和设施的安全度。

3.旅游业减缓气候变化的措施

旅游业既是气候变化的受害者,也是"贡献者"。据世界旅游组织的一个研究报告,2005年旅游业的交通、住宿和其他活动所排放的二氧化碳约占全球人类二氧化碳排放量的5%。到2035年,旅游业的碳排放量将是2005年的1.35倍。旅游交通是旅游业温室气体排放的主要来源,其中,航空约占40%,汽车约占32%,旅游住宿约占21%。旅游业可通过以下措施来减少碳排放量:

(1)通过改变旅游交通方式(如开展短途旅游和广泛使用公共旅游交通等)及改变管理实践(如会务旅游尽可能用电视电话会议形式)减少能源消耗。因为旅游业温室气体的排放不断增加,主要原因就是旅游交通,特别是航空交通的大量排放。2011

年国际游客中,约51%是乘坐飞机。2011—2031年乘飞机出行的国际游客还将以每年约4.9%的速度增长。要减少航空交通的温室气体排放,比较有效的办法是增加座位的密度,以及减少甚至取消头等舱和商务舱,因为研究发现,增加座位密度,每个座位每公里可以减少能源消耗20%～30%,头等舱和商务舱的碳排放量分别是经济舱的250%和133%。

(2)通过使用新的、创新性的能源技术提高能源效率、减少能源需求。对于旅游航空业,可以通过提高引擎技术来提升能源使用效率,也可以采取市场的办法,比如征收碳税、排放权交易等来减少能源消耗。

(3)增加使用可再生的、碳中和的能源,比如使用生物质能、太阳能、水电等。有些人提议开发氢能。有些飞机制造商(如波音)致力于生物燃料的研究。对于汽车这一旅游者普遍使用的地面交通工具,电能是第一位的替代能源,也有人提议使用生物燃料和氢能。

第六节 气候变化对福建农业的影响及建议

一、气候变化对福建省农业的间接影响

1. 农作物病虫害危害范围扩大,危害程度加重

气候变暖可使大部分病虫害的发育历期缩短、危害期延长,害虫被冻死概率减小,害虫种群增长力增加、繁殖世代增加,发生界限北移、海拔界限高度增加,危害地理范围扩大,危害程度呈明显加重趋势。蔡文华等研究表明,年均气温升高1.0℃,福建褐稻虱将增加0.8代。生态、农业专家候学煜研究表明,气候变暖,水稻三化螟也将会随之呈平面延伸和垂直发展。

2. 福建农业气象灾情加大

气候变暖对农业最主要的影响是干旱、炎热、洪涝、风暴、龙卷风、冰雹、冷害、霜冻等极端气候条件。气温升高,大气层中气流交换增强,大风天气会增加,风暴频率和强度都会有所增强,从而对低纬度地区的福建省尤其是海岸带的农业有重大影响。1978—2007年福建省4种主要农业气象灾害表现出不同的变化趋势(表4-7),其中旱灾的受灾面积呈减少趋势,风雹、洪涝和低温冻害灾害的受灾面积呈增加趋势,尤其是风雹灾情进入20世纪90年代后期(突变点在1998年),灾情明显加重。农业气象灾害对福建农业生产的影响呈增加趋势,特别是进入20世纪80年代中期(突变点在

1986年)灾情持续扩大,这种变化势必造成福建省农业生产的风险加大。

表4-7 1978—2007年福建省主要气象灾情变化倾向率和趋势系数

要素	旱灾面积	风雹面积	水灾面积	低温冻害面积	总受灾面积
倾向率(10^4ht)	-1.795	7.041	3.330	1.061	12.152
趋势系数	-0.082	0.103	0.118	0.127	0.386*

注:*表示通过信度0.05的显著性检验。

3. 农田地力下降

气候变暖,土壤微生物对有机质的分解将加快,造成地力下降,这意味着需要施用更多的肥料以满足作物的需要。在高CO_2浓度下,虽然光合作用的增强能够促进根生物量的增加,但土壤一旦受旱,根生物量的积累和分解都将受到限制,干旱加剧后,植被减少,表土易沙化,使得耕地易受风蚀,风蚀的耕地一旦受到暴雨冲刷,又会造成严重的水蚀。

二、气候变化对福建甘蔗生产的影响

甘蔗是福建省的重要经济作物,以单位面积产量高、糖分较高的优势闻名于全国。甘蔗为喜温、喜光作物。福建省甘蔗生长期分为生长前期(4—7月)、关键期(8—10月)、生长后期(11—12月)。

1. 影响福建甘蔗产量的关键气象因子

为求取影响福建甘蔗产量的关键气象因子,分别统计了甘蔗生长前期、关键期、生长后期的日平均气温T、日平均日照时数S、气温日较差△T、降水总量ΣR和活动积温ΣT等,并选择了T、S、△T、ΣR、ΣT及其组合T^2、lnS、S/T、△T/T、TS等每个生长期各10项因子共30项因子,作为产量气候模拟的逐步回归筛选因子,求得通过信度α=0.05的甘蔗产量的逐步回归方程:y=-111183.0 + 2.7705X(1) + 91.4130X(2) + 44.8170X(3),式中y为甘蔗实际产量(kg/hm^2),X(1)为关键期内的光温积ΣTS,X(2)为生长后期ΣS,X(3)为生长前期ΣT。福建甘蔗产量y与生长前期ΣT、关键期内ΣST、生长后期ΣS正相关显著,其相关系数r分别为0.4732、0.7710、0.3911。影响福建省甘蔗产量的主要气象因素是温光条件,生长前期要求ΣT大,有利于幼苗生长和分蘖;关键期则要求高温与多日照相结合,即ΣST大;生长后期要求ΣS大,有利于蔗叶进行光合作用提高产量。降水量对福建省甘蔗产量的影响不大,说明福建省甘蔗区的降水量可以满足甘蔗的生长。

2. 1981—2000年福建甘蔗生长期光温的年代变化

甘蔗生长期各地平均气温20世纪80年代减少0.05℃,20世纪90年代增加

0.44℃,1981—2000年增加0.20℃,有利于甘蔗高产;甘蔗生长期各地平均日照时数20世纪80年代减少6%,20世纪90年代减少11.2%,1981—2000年减少8.6%,不利于甘蔗高产(表4-8)。生长期内各气候因子对产量影响的利弊是不一致的。

表4-8　1981—2000年各地甘蔗生长期光温的变化

地点	平均气温变化△T(℃)	日照时数相对变率△S(%)
莆田	0.24	-4.4
仙游	0.09	-10.8
漳州	0.31	-7.9
漳浦	0.15	-11.4
平均	0.20	-8.6

注:以上数据是相对于1961—1980年的变化。

3.福建甘蔗关键气象因子的年代变化

影响甘蔗产量的关键气象因子为生长前期积温ΣT、关键期光温积ΣTS、生长后期日照时数ΣS。生长前期积温80年代各站均减少,90年代各站均增加,1981—2000年增加3.2%;关键期光温积80年代、90年代各站均减少,1981—2000年减少10.2%;生长后期日照时数80年代各站均略增,90年代各站均减少,1981—2000年减少3.5%(表4-9)。生长前期积温增加对产量形成有利,关键期光温积减少、生长后期日照时数减少不利于甘蔗产量形成,各关键气候因子对产量影响的利弊不一致。

表4-9　1981—2000年福建甘蔗关键内气象因子的变化

地点	△T(%)	△TS(%)	△S(%)
莆田	9.0	-9.3	1.7
仙游	-12.5	-11.3	-3.6
漳州	19.6	-7.4	-4.5
漳浦	-3.2	-12.7	-7.7
平均	3.2	-10.2	-3.5

注:△T表示生长前期积温,△TS表示关键期光温积,△S表示生长后期日照时数相对于1961—1980的变率。

4.不同气候因子变化对福建甘蔗产量的影响

通过回归方程式分析1981—2000年相对于1961—1980年各关键气候因子变化

造成甘蔗产量的变化情况得出:20世纪80年代以后气候变化使福建省甘蔗减产。其中,生长前期积温增加造成的增产占7.3%;关键期光温积减少造成的减产占91.6%;生长后期ΣS减少造成的减产占15.7%。可见,关键期光温积减少是造成甘蔗20世纪80年代以后气候产量减少的主要因素(表4-10)。与1961—1980年相对比发现,1981—2000年关键期ΣT增加、ΣS减少,说明关键期内日照时数的减少是造成甘蔗气候产量减少的主要因素,甘蔗为C_4作物,20世纪80年代以后,关键期内日照时数减少直接影响其光合作用的能源。

表4-10 不同气候因子变化对福建甘蔗产量的影响

不同气候因子变化对产量的影响	莆田	仙游	漳州	漳浦	平均值	平均值所占比例
y_T	403.4	-558.6	878.4	-143.4	145.1	7.3%
y_{TS}	-3291.1	-4943.4	-3348.4	-5837.7	-4355.2	-91.6%
y_S	457.1	-1037.5	-1435.2	-2422.4	-1109.5	-15.7%
$y_T+y_{TS}+y_S$	-2430.6	-6538.9	-3905.2	-8403.5	-5919.6	-100%

5. 建议

福建甘蔗产量形成的关键期(8—10月),影响福建甘蔗减产最主要因子是关键期内光温积减少。福建可采取温室育苗移栽;地膜覆盖;提早播种,使甘蔗的关键期从8—10月提早为7—9月,充分利用一年中温光条件最好的时段(7—9月)的气候资源,弥补气候变化的不利影响。

三、气候变化对福建牧草生产力的影响

牧草气候生产潜力是指在土壤、品种及其他农业技术条件最适状态下,由现实自然气候条件决定的草地最高产量水平。

1. 1961—2007年福建省牧草气候生产潜力呈下降趋势

根据牧草气候生产力公式计算得出:1961—2007年福建省牧草气候生产力介于45.87~60.13 t/hm^{2}之间,平均为50.92 t/hm^2。2007年福建省牧草气候生产力比1961年降低了7.85%。除有些年份牧草气候生产潜力有增加外,1961—2007年福建省牧草气候生产潜力总体上呈下降趋势(图4-14)。

2. 2007年福建省牧草气候生产力的空间变化

根据2007年36个旬月报站的实时观测值,分别计算福建省各个地区的平均降

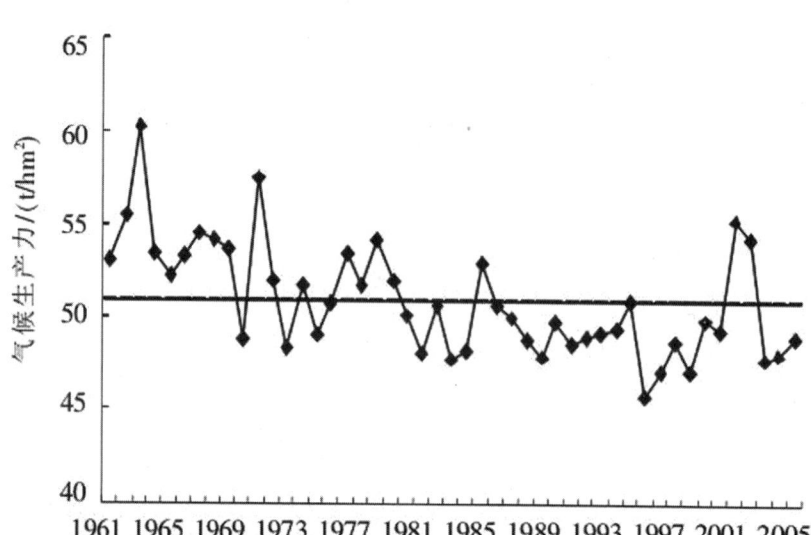

图 4-14　1961—2007 年福建省牧草气候生产力的年际变化

水量、平均气温和日照时数,并以此作为计算牧草气候生产潜力的基础。福建省以三明地区最低,比福建省平均牧草气候生产力低 5.9%;以厦门地区的牧草气候生产力最高,超过福建省平均牧草气候生产力 4.05%(图 4-15)。

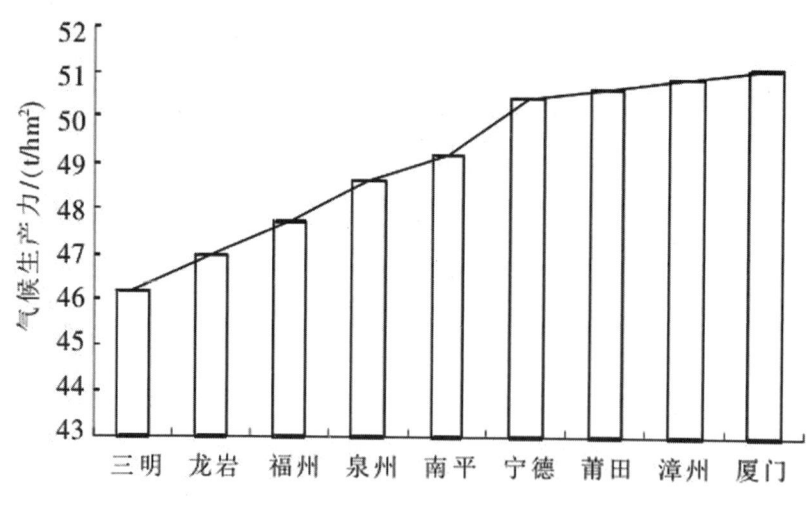

图 4-15　2007 年福建省牧草气候生产力的空间变化

3. 气候变化对牧草气候生产力的影响

通过对牧草气候生产力与年降水量和年均温的相关分析得知,福建省牧草气候生产力与年降水量的相关系数为 0.813,呈极显著相关,明显高于牧草气候生产力与年均气温的相关系数,说明降水是福建省牧草气候生产力的主要限制因子,这与国内外关于气候变化对草地生态系统的影响的结论相一致。利用估算的 1961—2007 年福建省牧草气候生产潜力(W)与年平均气温 T 年降水量 R 建立的回归分析方程,即 W=22.7003+0.0227R−0.3183T,r=0.813。根据牧草生产力气候预测模型的预测:未来温度每升高 1℃,福建牧草气候生产潜力减少 318.3 kg/hm²a;降水减少 1 毫米,福建牧草气候生产潜力减少 22.7 kg/hm²a。但该模型仅就降水和气温两个气象因子进行拟合,缺乏考虑土壤条件、生产技术、植被群落组成、生理生态的内在机制等因子。

4. 建议

1961—2007 年福建省牧草气候生产潜力为 45.87～60.13 t/hm²,明显高于牧草气候生产潜力小于 35 t/hm² 的中国北方和西部地区。福建省草业的发展潜力巨大,可利用大面积的草山草坡、疏林草地、果园隙地、冬闲田等土地资源发展不同类型的草地农业系统,作为中国重要的后备草食家畜生产基地。

第七节　气候变化对福建省水稻生产的影响及建议

一、气候变化对福建水稻生产的影响

水稻喜高温、多湿、短日照,对土壤要求不严格,水稻土最好。幼苗发芽最适宜温度 28～32℃,最低温度 10～12℃;分蘖期日均温 20℃以上;穗分化适温 30℃左右,低温使枝梗和颖花分化延长;抽穗适温 25～35℃;开花最适温 30℃左右,低于 20℃或高于 40℃受精受严重影响。

1. CO_2 含量提高有利于水稻增产

(1)CO_2 含量提高有利于水稻光合作用

CO_2 是植物光合作用的重要原料,CO_2 含量的提高增强了 CO_2 同 O_2 竞争 RUBP 羧化酶的能力,抑制光呼吸,同时提高了光系统 Ⅱ 的活性,有利于光能向化学能转化。以 450 mg/kg、350 mg/kg CO_2 处理水稻,在拔节期和孕穗期前者的光合能力分别比后者高 18.6% 和 21.1%,说明水稻光合能力随 CO_2 含量的提高而增强。

(2)CO_2 含量适当提高会促进光合产物向籽粒输送

光合产物是否有效输送到水稻籽粒中,对水稻产量有着重要作用。模拟大气中不同CO_2含量对水稻的影响表明,500 mg/kg 处理的水稻籽粒光合产物占全株的81.2%,350 mg/kg 处理的水稻籽粒光合产物占全株的71.4%,说明大气中CO_2含量适当提高会促进光合产物向籽粒输送。付凯等研究表明,在CO_2倍增条件下,矮香糯生长旺盛、根系发达,根系干重、株高及结实率均有不同程度提高。在不考虑其他气候因子变化的情况下,CO_2含量提高有利于水稻增产。

2. 温度升高不利于福建水稻生产

(1)温度升高,水稻营养生长期缩短

水稻属感温性作物,尤其早稻营养生长期对温度特别敏感,该时期的温度若偏高,则发育进程加快,营养生长期缩短,甚至出现早花现象,对产量不利。

(2)温度升高,水稻灌浆籽粒充实期缩短

温度升高,加快枝梗老化和颖花脱落,促使水稻灌浆速度加快,缩短灌浆籽粒充实期,从而使空秕粒增加,结实率下降,千粒重减少,产量降低。

(3)温度升高,水稻呼吸消耗增大

呼吸消耗和温度呈指数关系,温度升高,使呼吸消耗增大。若超出适宜范围,呼吸消耗的增大将超过光合作用的提高,并且夜温升高可使呼吸大大加强,使净光合产物减少,转化合成的生物量下降,抽穗后向穗部转移的同化物减少,产量受到影响。因此,气温升高将不利于福建水稻的生产。

3. 紫外线辐射增强对水稻产品及品质造成不利

平流层中O_3含量每下降1%,UV-B生物有效辐射将增加2%。林文雄等研究表明,UV-B辐射增强会改变水稻的形态特征,如株高降低、叶面积缩小、干物质产量减少。UV-B辐射的增强,水稻叶片自由基增加,细胞膜保护系统受到破坏,透性增大。因此,UV-B辐射增强将对水稻产量及品质造成不利影响。福建省水稻生长期(3—10月)正是UV-B辐射较强的时期,尤其是在早稻秧苗期(水稻对UV-B辐射响应敏感期)增加幅度较大,这对福建水稻生产是一个潜在的威胁。由于内部保护酶活性及类黄酮等保护物质含量的差异,不同品种对UV-B辐射增强的抗性不同,因此有望筛选出抗UV-B辐射的种质资源。林文雄等分析认为,水稻抗UV-B的性状为数量遗传性状,受多对隐性基因控制。

二、未来气候变化对福建水稻生产的影响

江敏等在福建省选择19个样点,利用GCM Transient Run的输出值生成了2030年及2050年的气候渐变情景,再结合气候学上的蒸散比(β)、经济学中的产量波动系数(F)等指标,定量评价了未来气候渐变过程对福建省水稻生产的影响。

1. 福建省稻区的划分

根据福建省农业气候资源分布特征,将福建省划分为 3 个水稻种植区域(表 4-11)。

表 4-11 福建省稻区的划分

稻区(编号)	主要稻作类型	生长季	样点
闽东南双季稻区	早稻 后季稻	3—6 月 6—10 月	福州、平潭、漳州、厦门、东山
闽西北双季稻区	早稻 后季稻	3—6 月 6—10 月	邵武、建瓯、福鼎、南平、宁德、上杭
闽西北山地气候单季稻区	单季稻	4—10 月	浦城、泰宁、长汀、永安、漳平、屏南

2. 未来气候变化过程中气温及降水的变化

未来福建省各稻区水稻生长季气温分别增加 1.97～4.56℃,除了闽东南早稻生长季降水减少外,其他稻区降水也均有所增加(表 4-12)。

表 4-12 福建省各稻区基于 2 种 GISS 情景下水稻生长季内的月均温增幅及降水比率

稻区	稻作类型	气温增幅(ΔT)/℃		降水比率(R')/%	
		2030 年	2050 年	2030 年	2050 年
闽东南双季稻区	早稻 后季稻	2.12 1.97	3.58 3.46	0.8 1.01	0.85 1.03
闽西北双季稻区	早稻 后季稻	2.73 2.54	4.56 4.46	1.01 1.15	1.02 1.29
闽西北山地气候单季稻区	单季稻	2.68	4.47	1.11	1.19

3. 气候变化对水稻生长季土壤干湿状况的影响

福建省各稻区水稻生长季内的蒸散比在未来气候渐变过程中都下降了,原因是较大幅度增温导致的蒸散量增大超过了降雨量的增加(表 4-13)。

表 4-13　基于 2 种 GISS 情景下不同稻作制度水稻生长季内蒸散比的变化

稻区	稻作类型	2009 年 β	2030 年 β	2050 年 β
闽东南双季稻区	早稻	0.720	0.703	0.694
	后季稻	0.706	0.679	0.665
闽西北双季稻区	早稻	0.954	0.945	0.946
	后季稻	0.905	0.886	0.862
闽西北山地气候单季稻区	单季稻	0.809	0.802	0.768

4. 气候变化对水稻生育期的影响

水稻发育的上限温度为 34℃，一旦超出 34℃就会对水稻发育起抑制作用。后季稻生长季是全年温度最高的季节（6—10 月），未来超过 34℃的天数逐渐增多，所以，后季稻生育期缩短得少，甚至延长。早稻、单季稻的生育期均随着未来增温幅度的加大而逐渐减少，说明生育期的长短主要取决于生育期温度的高低（表 4-14）。

表 4-14　基于 2 种 GISS 情景下水稻模拟生育期较之 BASE 生育期的变化天数

稻区	稻作类型	雨育水稻		灌溉水稻	
		2030 年	2050 年	2030 年	2050 年
闽东南双季稻区	早稻	−8.0	−11.0	−7.8	−10.9
	后季稻	−5.3	−2.9	−5.1	−2.6
闽西北双季稻区	早稻	−10.3	−13.6	−10.5	−13.7
	后季稻	−3.4	1.1	−3.2	1.6
闽西北山地气候单季稻区	单季稻	−11.4	−12.1	−11.5	−11.8

5. 气候变化对福建省水稻产量的影响

早稻在未来气候变化条件下产量下降，且在灌溉条件下的产量变化与雨育条件下相似，主要原因是早稻生长季内（3—6 月）雨水较丰沛，基本能满足水稻生长的需要，故灌溉条件的改善对早稻产量影响不大。后季稻、单季稻在灌溉条件下产量均比雨育条件下增加，说明未来高温对后季稻、单季稻的肆虐可以通过良好的灌溉条件得以缓解。单季稻由于地势较高、生长季温度较低，增温后生育期温度反较 BASE 下适宜,加上 CO_2 的增益效应,故增产幅度最大(表 4-15)。

表 4-15　基于 2 种 GISS 情景下福建省水稻总产量的变化(%)及各区贡献(%)

稻区	稻作类型	雨育水稻		灌溉水稻	
		2030 年	2050 年	2030 年	2050 年
闽东南双季稻区	早稻	−0.02	−0.03	−0.02	−0.02
	后季稻	−0.06	−0.16	−0.01	−0.12
闽西北双季稻区	早稻	−1.02	−1.37	−1.01	−1.31
	后季稻	0.02	−0.23	0.23	0.28
闽西北山地气候单季稻区	单季稻	0.98	0.53	0.98	0.99

6. 气候变化对水稻稳产性的影响

在未来气候变化过程中,不同稻作类型的产量波动系数均略有上升,高温将导致水稻稳产性进一步变差。雨育条件下,闽东南双季稻区的产量波动系数最大,闽西北山地气候单季稻区次之,闽西北双季稻区最小,且后季稻波动系数大于早稻。闽东南双季稻区气温较高,极端高温出现频次较多,加之东南沿海遭遇台风等自然灾害,导致暴雨出现频次增多,故造成产量不稳。闽西北山地气候单季稻区生育期较长,生长季内遭遇高温、季节性干旱及暴雨的可能性增多,加上山地垂直气候带变异较大,故产量波动系数次之。早稻波动系数略小是因为早稻生长季内雨水较丰沛,且≥35℃高温日数较少。灌溉条件下,后季稻、单季稻的产量波动系数明显小于雨育条件下,说明良好的灌溉条件可以增加后季稻、单季稻产量的稳定性(表 4-16)。

表 4-16　基于 2 种 GISS 情景下水稻模拟产量的波动系数(F)

稻区	稻作类型	雨育水稻			灌溉水稻		
		BASE	2030 年	2050 年	BASE	2030 年	2050 年
闽东南双季稻区	早稻	0.21	0.22	0.22	0.18	0.19	0.19
	后季稻	0.25	0.25	0.27	0.07	0.07	0.08
闽西北双季稻区	早稻	0.08	0.08	0.09	0.08	0.09	0.09
	后季稻	0.09	0.10	0.11	0.06	0.07	0.07
闽西北山地气候单季稻区	单季稻	0.14	0.15	0.16	0.06	0.07	0.08

三、建议

1. 改革品种布局和种植制度

未来气候变化情景下,水稻生长季相应延长,研究区域内,除闽西北后季稻在 2050 年情景下有所延长外,其他稻作类型生育期都将不同程度地缩短。福建省可适当早播,并选择生育期较长、产量较高的中晚熟品种代替生育期较短产量潜力较低的早中熟品种,以充分利用未来日益丰富的热量资源,提高产量。闽东南地区在灌溉及水肥条件较好的地区可种植三季稻。闽西北山地气候单季稻区,当前热量条件下种植一季水稻热量有余,两季不足,随着未来气温升高,一些海拔较低的县、市可扩种双季稻。

2. 改善灌溉条件

比较研究区域两种气候变化情景下雨育水稻与灌溉水稻的模拟产量结果可见,除某些样点早稻的两种模拟产量基本持平外,所有样点的后季稻、单季稻灌溉条件下的产量都不同程度地高于雨育条件下,尤其是闽西北地区的后季稻,产量可以提高 1~2 倍以上,说明改善灌溉条件可以很大程度地缓解补偿气候变化带来的不利影响,加之 CO_2 的增益效应,甚至有望使当地产量明显提高。从模拟产量的波动系数也得出,灌溉条件下,后季稻、单季稻的产量波动系数明显小于雨育条件下。因此,未来气候变化时,可以通过完善灌溉设施、合理灌溉、以水调温,减轻高温热害的威胁。

3. 引进和培育耐热、抗病虫害新品种

未来高温及暴雨出现频次可能增多,高温及降水增多可形成有利于病虫繁殖的生态环境,福建应引进和培育耐高温、大水、具有高速同化 CO_2 的能力、对主要病虫害有更稳定抗性的新型品种。

未来福建省水稻生长季的土壤水分条件将变得不如目前湿润。早稻及单季稻生育期将不同程度地缩短,闽西北后季稻由于过高温度对水稻生长发育的抑制,2050 年后反有所延长。雨育条件下,闽东南及闽西北双季稻区均表现为减产,且减产幅度随温度升高而加大,良好的灌溉条件可缓解后季稻的减产幅度,甚至使减产转为增产,说明 CO_2 的增益效应和灌溉条件的改善可以补偿增温带来的负效应。闽西北山地气候的单季稻区则由于目前基础温度较低,故在未来气候变化中由于热量资源的改善加之 CO_2 的增益效应表现为增产。未来气候变化中水稻稳产性将变差,良好的灌溉条件可以减缓产量的年际波动。总之,全球气候变化对福建省未来水稻生产的影响将利弊并存,但弊大于利。只要在品种和熟制布局等方面做出适当调整,大力改善灌溉条件,培育生育期较长的耐热新品种,可以有效地缓和气候变化带来的不利影响。

第五章

大力发展碳汇林业

第一节　森林碳汇、林业碳汇与碳汇林业

为了防止气候变暖对人类生存和生态系统造成不利影响,国际社会制定了《联合国气候变化框架公约》和《京都议定书》。强调人类应减少向大气中排放温室气体并增加对大气中温室气体的清除,以稳定大气中温室气体浓度,减缓气候变化的速率,避免给人类和自然生态系统带来不可逆转的负面影响。根据《联合国气候变化框架公约》的定义,将"从大气中清除二氧化碳的过程、活动和机制"称之为"碳汇";将"向大气中释放二氧化碳的过程、活动或机制"称之为"碳源"。碳汇与碳源是两个相对的概念。

一、森林碳汇、林业碳汇

森林是陆地生态系统的主体,与海洋和湿地并称为地球三大生态系统。森林碳汇是指森林植物通过光合作用将大气中的二氧化碳吸收并固定在植被与土壤当中,从而减少大气中二氧化碳浓度的过程。林业碳汇是指利用森林的碳沉降、固碳及储碳功能,通过植树造林、加强森林经营管理、减少毁林、保护和恢复森林植被、以木材进行原材料替代、以林木生物质能源进行能源替代等活动,吸收、固定大气中的二氧化碳,减少二氧化碳排放量,以及按照相关规则与碳汇交易相结合的过程、活动或机制。森林碳汇侧重森林吸收碳的物理特性,属自然科学范畴;林业碳汇侧重其社会特性,强调人的参与,与碳汇交易结合,与碳汇交易机制相关。

土地是有限的,林业用地受到人口增长、城市扩张等各种因素影响,使提高森林覆被率有一个相对合理的比例,这会影响到森林总活立木蓄积的总量增长,使森林碳汇的发挥空间受到增长的制约。但森林采伐和森林的可再生性使森林的碳沉降、固碳及储碳功能得到大大的加强和延伸,即通过林业碳汇,森林发挥碳沉降、固碳及储碳功能的空间几乎可以达到人类所要求的任何水平。可见,森林碳汇容量大小与森林蓄积直接相关,现有立木蓄积是已经固定的碳,要增加森林碳汇主要取决于两点:一是增加森林蓄积,二是合理采伐利用资源,而这最终又取决于林业碳汇的水平。一方面,森林蓄积增长主要靠造林和合理经营森林,通过森林蓄积增长可以带来新的固碳量。另一方面,当造林面积和森林单位面积蓄积达到一定水平的时候,合理采伐利用森林资源就成为决定森林碳汇增长的主要因素。合理采伐利用森林,可以充分发挥木材的继续固碳作用,等于无形中扩大了森林碳汇的作用;合理采伐还可以为新的造林活动提供充足的土地资源,有利于形成新的碳汇。林业碳汇分为直接固碳和间接固碳两部分。森林中树木固碳、林下植物固碳和土壤固碳(森林有机体的各类碳沉降)属于直接固碳;森林产品固碳作用的延伸,以及森林产品代替其他材料从而带来其他材料生产过程中能源节约、减少二氧化碳排放两个方面属于间接固碳。林业碳汇功能发挥主要有两个渠道:一是通过造林、抚育、管护等活动,强化森林资源培育,增加森林资源存量,从而森林碳库容积和容量得以增加,使森林更多、更快地吸收二氧化碳,降低大气中二氧化碳浓度;二是合理采伐利用森林资源。这样既可以创造新的造林地和森林生长空间,延伸森林固碳作用,又可以通过林木产品(如家具等)、林木生物质能源的利用继续达到固碳、减排的目的。

二、碳汇林业

以充分发挥森林的碳汇功能,降低大气中二氧化碳浓度,减缓气候变暖为主要目的的林业活动,称为碳汇林业。

碳汇林业虽然和传统林业有着密切联系,但又是对传统林业功能的进一步深化。碳汇林业的发展应包括以下几层含义:

(1)碳汇林业的发展,始终与气候变化的国际国内政策密切联系,应符合国家经济社会可持续发展要求和应对气候变化的国家战略。

(2)碳汇林业实施过程中,不仅仅考虑碳汇积累量,还要充分考虑项目活动对提高森林生态系统的稳定性、适应性和整体服务功能,对进生物多样性保护、流域保护和社区发展的贡献,即碳汇林业追求森林的多种效益,同时,要促进公众应对气候变化和保护气候意识的提高。

(3)碳汇林业要对项目积累的碳汇进行计量和监测,以证明对缓解气候变化产生真实的贡献。因此,要制定符合国际规则和中国林业实际的技术支撑体系。

(4)碳汇林业发展要借助市场机制和法律手段,通过碳汇贸易获取收益,推动森林生态服务市场的发育,提高植树造林的经济效益,调动更多的企业和社会力量,参与应对气候变化的林业行动。

碳汇林业可概括为:遵循各国应对气候变化国家战略和可持续发展原则,以增加森林碳汇功能、减缓全球气候变暖为目标,综合运用市场、法律和行政手段,促进森林培育、森林保护和可持续经营的林业活动,提高森林生态系统整体固碳能力;同时,鼓励企业、公民积极参与造林增汇活动,展示社会责任,提高公民应对气候变化和保护气候意识;充分发挥林业在应对气候变化中的功能和作用,促进经济、社会和环境的可持续发展。

我国政府多年来重视森林植被恢复和保护,使我国成为全球人工林面积最多的国家,这就是发展碳汇林业的举措。中国多年来大规模植树造林不仅提高了我国森林面积和蓄积量,也吸收固定了大量的二氧化碳。据专家估算:1980—2005年,我国通过持续不断地开展植树造林和森林管理活动,累计净吸收二氧化碳46.8亿吨;通过控制毁林,减少排放二氧化碳4.3亿吨,两项合计51.1亿吨。全国森林净吸收的二氧化碳,相当于同期工业排放总量的8%,对减缓全球气候变暖做出了重要贡献。

第二节　林业在应对气候变化中的重大作用

应对气候变化的手段,一是减缓;二是适应。减缓是指通过减少排放和增加碳汇,降低大气中温室气体浓度,从而降低气候变化速度和频率;适应就是采取一系列措施,趋利避害,减少气候变化的不利影响。林业具有多种效益,兼具减缓和适应气候变化双重功能,是未来30～50年增加碳汇、减少排放成本、经济可行的重要措施。

一、森林是陆地生态系统中最大的储碳库

森林以其巨大的生物量储存着大量的碳,是陆地生态系统中最大的储碳库。2000年,联合国政府间气候变化专门委员会报告指出,森林面积占全球面积的27.6%,森林植被的碳储量约占全球植被的77%,森林土壤的碳储量约占全球土壤的39%,森林生态系统碳储量占陆地生态系统碳储量的比例为57%。

二、森林碳汇潜力巨大

全球每年森林固碳15亿吨左右,海洋吸收碳量为20亿～30亿吨,另外有20亿～30亿吨碳漂浮在大气中,增加了大气二氧化碳的浓度。研究表明,森林碳汇潜力巨大,通过加强对森林资源的合理经营利用,可以增加森林碳汇容量,使森林吸收更多的二氧化碳。据估计,2000—2050年全球最大森林碳汇潜力为每年15.3亿～24.7亿吨碳,其中造林约占28%,再造林约占14%,农用林约占7%。

毁林和森林退化以及灾害导致森林遭受破坏后,储存在森林生态系统中的碳会被重新释放到大气中,而成为温室气体的排放源。联合国《2000年全球生态展望》指出,全球森林已从人类文明初期的约76亿公顷减少到38亿公顷,减少了50%,难以

支撑人类文明的大厦。联合国粮农组织监测表明,2000—2005年间,全球年均毁林面积为730万公顷。IPCC评估报告认为,全球毁林排放的二氧化碳比全球所有交通部门的排放总量还要多。研究显示:2004年,全球因森林砍伐和退化导致的碳排放约占当年碳排放总量的17.4%。而对森林进行合理采伐和利用,发挥木材的原材料替代作用、林木生物质能的能源替代作用,会扩大森林的固碳能力(木材使用继续起到固碳、提供林地进行再造林、减少碳排放的作用)。因此,增加林业碳汇、减少林业排放是减缓气候变暖的重要手段。

三、森林是减缓气候变化最经济、最现实、最有效的重要途径

针对导致气候变化的两大主要因素,国际社会在减缓气候变化中,正在采取两项战略措施:一是直接减排。即通过工业、能源领域的技术改造,提高能源利用效率,来减少二氧化碳等温室气体排放;二是间接减排。即通过以森林为主体的生物吸收大气中的二氧化碳,将已排放到大气中的温室气体吸收固定下来,以达到减少大气中温室气体含量的目的。直接减排十分重要,必须坚持;而通过森林来实现间接减排,成本低、易施行、综合效益大,是目前应对气候变化最经济、最现实、最有效的生物固碳方式。

科学研究表明:林木每生长1立方米蓄积量,平均吸收1.83吨二氧化碳,放出1.62吨氧气。国内专家研究指出,在中国种植1公顷森林,每储存1吨二氧化碳的成本约为122元人民币,这与非碳汇措施减排每吨碳成本高达数百美元形成了鲜明反差。工业直接减排不仅成本较高,而且推行难度较大。据测算,如果我国将煤的使用比重降低1个百分点,尽管二氧化碳排放量可以减少0.74%,但同时会造成GDP下降0.64%,居民福利降低0.60%,减少470多万个就业岗位。

四、森林固碳持久而稳定,还可获得巨大的生态效益

森林不仅固碳量大,而且固碳时间长,只要不腐烂、燃烧,木制品固碳就会长期、稳定地持续下去。家具等木制品固碳的时间可达几十年、上百年,北京故宫等许多的古建筑所用的木材,固碳的时间长达几百年、上千年,新疆的胡杨林有"活着一千年不死,死了一千年不倒,倒了一千年不朽"的特点,固碳的时间则更长。因此,木材及木制品也是十分重要的碳库。

森林作为生态要素、发挥生态效益所创造出的良好环境,人类在生活中享受了,在生产上也利用了,只是长时间内没有自觉地意识到。到了20世纪70年代,人们终于认识到保护生态的重要性,并且逐步在如何实现生态保护推动可持续发展方面取得了共识,认为森林作为环境要素的价值要远大于其作为物质资源的价值。1970年,联合国《人类对全球环境的影响报告》中首次提出生态系统服务功能的概念,自此,森

林具有的涵养水源、保持水土、防风固沙、抵御灾害、吸尘杀菌、净化空气、调节气温、改善气候、保护物种、保存基因、固碳释氧等强大的生态功能逐步被社会所认知。以固碳释氧为例,据测算,一亩森林每天能吸收67公斤二氧化碳,释放出49公斤氧气,足可供65个成年人呼吸使用;城市居民每人需要10平方米的林地供氧,而由长势良好的草坪提供氧气则需要25平方米。还有人测算过,一棵正常生长50年的平原普通树种,按市场上的木材价值计算,最多不到2000元,但它每年创造的生产氧气、净化空气、涵养水源、调节气候等生态价值高达120多万元,50年能达到6000多万元,而且天然林的生态功能更为强大。由此可见,森林不仅是人类生存发展的基石,而且在维持生态平衡、促进人与自然和谐、护佑人类生存与发展中具有决定性和不可替代的作用。

五、森林是适应气候变化的重要领域

由于气候变化减缓方面的努力的有限性,很多气候变化带来的影响将不可避免。因此,各个国家地区及各个经济部门如何"适应"日益加剧的气候变化的影响,逐渐成为新的研究重点。林业工程尤其是防护林工程建设,可提高海岸带、沙化地区和农业等对气候变化的适应能力。同时,森林生长自始至终受到光照、温度、水分、土壤等自然因素的影响,这些因素都和气候有着紧密联系。气候变暖对森林生态系统产生的影响包括有利和不利两个方面,总体上,不利影响大于有利影响。气候变化将会对森林生态系统的稳定、结构和功能产生不利影响,导致植被分布发生迁移、动物生境出现恶化、森林灾害频率和强度及范围扩大、旱涝区域分化等。随着工业化、城镇化进程加快,加之气候变暖,森林资源保护压力加大,将给植树造林和生态恢复带来巨大挑战。采取有力措施,提高森林适应气候变化的能力,减少气候变化对森林的不利影响,维持森林良好的生态功能。森林适应气候变化能力的提高,又会增强森林减缓气候变化的能力。

第三节 林业应对气候变化的国际进程

应对气候变化的国际行动主要包括科学报告与政策行动两个方面,林业都占有十分重要的地位。科学报告是指联合国政府间气候变化专门委员会(简称IPCC)评估报告,这是气候变化问题最具权威性和影响力的科学报告。政策行动是指从1992年制定《联合国气候变化框架公约》(以下简称《公约》),到1997年签署《京都议定书》(简称《议定书》),2007年形成的《巴厘路线图》,2009年年底达成的不具法律约束力的《哥本哈根协议》,以及2015年签署的《巴黎协定》这5份重要的政策协议,也就是气

候变化国际谈判的五个非常重要的发展阶段。

一、IPCC评估报告肯定林业的重要作用

IPCC主要目的是收集科研成果和知识，研究气候变化的影响，并提出应对气候变化的建议和措施。截至2014年，IPCC已经发布了5次评估报告。IPCC历次评估报告就是一个评估范围不断扩大、情况分析不断深入的过程，每一次评估报告的出台都有力地推动气候谈判进程积极向前发展。IPCC先后于1990年、1995年、2001年、2007年、2013—2014年发布了5次评估报告，分别推动了《公约》的制定、《议定书》的签署、《巴厘路线图》的确立以及《巴黎协定》的签署。IPCC第4次评估报告在论述林业增汇固碳功能时指出：林业具有多种效益，兼具减缓和适应气候变化双重功能，是未来30~50年增加碳汇、减少排放成本、经济可行的重要措施。同时指出：增加林业碳汇的主要途径是：保持或扩大森林面积、保持或增加林地层面的碳密度、保持或增加景观层面的碳密度、提高林产品的异地碳储量和促进产品和燃料的替代。2014年4月，IPCC第5次评估报告指出，通过采取各种技术措施以及行为改变，有可能将全球平均温度升高幅度限制在超出工业化前水平的2℃以内。但是，只有通过重大体制和技术变革，才更可能将全球变暖幅度控制在上述阈值之内。土地是2℃目标的另一个重要组成部分。减缓毁林并种植森林已阻止甚至逆转了因毁林产生的排放增加。通过造林，土地可用于吸收大气中的二氧化碳。这也可通过生物质发电与二氧化碳捕获和储存技术相结合的方式实现。

二、从《气候公约》到《议定书》突出林业增汇减排的作用

1992年，在首届联合国环境与发展大会上，国际社会共同签署了《公约》。《公约》确立的目标是"将大气中温室气体的浓度稳定在防止气候系统受到危险的人为干扰的水平上"，并指出"应对气候变化的政策和措施应当讲求成本效益，确保以尽可能最低的费用获得全球效益"。《公约》于1994年正式生效。然而，《公约》未能就温室气体减排问题做出具体规定。为了实现《公约》目标，各国经过艰苦谈判，于1997年形成了《议定书》。《议定书》首次以法律形式规定附件Ⅰ国家（包括主要工业化国家和经济转轨国家）在第一承诺期内（2008—2012年）的量化减排目标，即在1990年排放水平的基础上平均减少5.2%。在《议定书》通过后，各缔约方就如何利用林业活动来帮助发达国家完成减排任务进行了长时间谈判，最终形成了一系列缔约方大会决定。考虑到工业减排成本高、难度大，《议定书》规定附件Ⅰ国家除了主要在国内工业和能源领域进行实质性减排外，还可通过以下两方面的途径进行减排：一方面可在国内利用林业碳汇抵减其在工业、能源领域的排放量。具体而言就是，发达国家可以利用本国1990年以来的林业活动产生的碳汇来抵消其2008—2012年间的部分温室气体排

放量。另一方面,也可通过排放贸易、联合履约和清洁发展机制(简称CDM),到境外开展减排增汇项目。其中,与发展中国家直接相关的林业活动是CDM造林、再造林项目。具体而言,发达国家可以通过CDM项目,购买发展中国家造林、再造林项目产生的碳汇,来部分抵消其在2008—2012年期间的温室气体排放量。按照缔约方会议有关规定,附件I国家利用林业碳汇约可完成《议定书》为本国规定的减排任务,只能占到购买国1990年温室气体排放量的1%。由于林业碳汇成本较低,减轻了发达国家履行《议定书》减排承诺的压力。

三、《巴厘路线图》进一步重视林业碳汇的作用

IPCC评估报告表明:全球毁林排放的二氧化碳多于交通部门,是位居能源、工业之后的全球第三大温室气体排放源,约占全球温室气体总排放量的17.4%左右。由于《议定书》第一承诺期到2012年就结束,第二承诺期谈判在《议定书》2005年生效后就摆上了议程。在《议定书》第二承诺期谈判中,发达国家如何继续利用林业碳汇来实现未来减排承诺成为谈判中的难点,受到了发达国家和发展中国家的密切关注。与此同时,热带地区的一些发展中国家长期以来面临着严重的毁林困扰。2007年年底,在印度尼西亚巴厘岛召开的《公约》第13次缔约方大会通过的《巴厘路线图》中,将减少发展中国家毁林和森林退化导致的碳排放,以及通过森林保护、森林可持续管理、森林面积变化而增加的碳汇(简称REDD PLUS),作为发展中国家减缓措施纳入气候谈判进程,要求发达国家要对发展中国家在林业方面采取的上述减缓行动给予政策和资金支持。《巴厘路线图》进一步提升了林业在应对全球气候变化中的重要地位。

四、《哥本哈根协议》对林业的表述

2009年12月,在丹麦首都哥本哈根召开了《公约》第15次缔约方大会。此次会议形成的《哥本哈根协议》进一步明确:"减少滥伐森林和森林退化引起的碳排放至关重要,需要提高森林碳汇能力以及立即建立包括REDD PLUS在内的正面激励机制。"

五、森林及相关内容作为单独条款纳入《巴黎协定》

2015年12月,在法国巴黎召开了《公约》第21次缔约国大会,大会顺利通过一项全面、包容、有力度、涵盖所有国家、有法律约束力的全球应对气候变化新协定——《巴黎协定》。《巴黎协定》指出,各方将加强对气候变化威胁的全球应对,把全球平均气温较工业化前水平升高幅度控制在2℃之内,并为把升温控制在1.5℃之内而努力。全球将尽快实现温室气体排放达峰,本世纪下半叶实现温室气体净零排放。

大会期间,缔约国代表就2020年后如何继续发挥林业在应对气候变化中的独特作用进行了分组磋商。各国代表一致同意继续将森林作为2020年后减缓气候变暖的重要手段,最终森林及相关内容作为单独条款纳入了《巴黎协定》。根据《巴黎协定》中有关森林的条款,2020年后各国应采取行动,保护和增强森林碳库和碳汇,继续鼓励发展中国家实施和支持"减少毁林和森林退化排放及通过可持续经营森林增加碳汇行动(REDD+)",促进"森林减缓以适应协同增效及森林可持续经营综合机制"。《巴黎协定》森林相关条款同时强调,在实施这些行动时应当关注保护生物多样性等非碳效益。

第四节 福建省林业建设的主要成就

"十二五"期间,福建省全省上下围绕"生态省"和"森林福建"建设目标,按照"三保、两推进、两提升"(保发展、保覆盖率、保民生林业、推进依法治林、推进深化林改、提升林业生态文明水平、提升森林综合保护能力)的要求,持续推进现代林业先行区建设,大力实施五大生态工程,建设十大资源基地,打造五大产业集群,顺利完成"十二五"规划主要任务和目标,为"十三五"时期林业改革发展奠定了良好基础。

一、林业资源培育有新成效

"十二五"期间,福建省全面开展"大造林"活动,形成五级书记抓造林机制,完善造林补贴政策,大力推进防护林体系、重点水土流失区治理、生物防火林带等重点工程建设,以及速生丰产林、珍贵树种用材林等十大基地建设,掀起了新一轮造林绿化高潮。全省共完成植树造林1686.8万亩,比"十一五"增长50.0%,省林业厅被全国绿委授予"国土绿化突出贡献单位"。大力实施"四绿工程"(绿色城市、绿色乡镇、绿色通道和绿色屏障),调动各有关部门和全社会共同参与绿化美化,持续推进城乡绿化一体化进程。"十二五"期间,全省累计投入"四绿工程"绿化资金137.67亿元,城市建成区森林覆盖率达30.37%,人均公园绿地面积从10.8平方米提高到12.9平方米。大力实施森林科学经营工程,倡导林木主伐方式由皆伐逐步向择伐转变,全省商品材年产量570万立方米,比"十一五"期间平均减少17.1%。完善重点区位商品林限伐补偿政策。如,2015年,福建省级财政继续对重点"三线林"商品林择伐作业给予300元/亩补助,重点"三线林"以外的用材林择伐作业给予100元/亩补助,由市、县(区)财政予以配套。加大树种结构调整力度,建设国家木材战略储备基地127万亩、珍贵树种用材林基地48万亩,速生丰产林、短周期工业原料林等基地935万亩。

1. 不炼山造林的优点

不炼山造林具有诸多优点：一是防止水土流失，保持土壤肥力。据研究表明，炼山的水、土、肥流失十分严重，炼山后第一年，年径流量为 2743.5m³/hm³，年土壤流失量为 24.72t/hm²，分别是不炼山的 11 倍和 88 倍。二是保护生物多样性。炼山过程中，破坏了林地生态环境，使天敌、昆虫、鸟兽及土壤动物密度减少，一些耐荫植物，特别是珍贵树种消失，损失巨大。三是保护林区生态环境。炼山尤其是大面积林地炼山，造成大量水土流失，易发生泥石流等地质灾害，同时淤积下游河道，造成洪涝灾害；林地保水能力下降，危及林区人民生活及农业生产用水需要；炼山时排放的大量烟尘和热量，影响了林区的生态环境。四是延长林木生长期，提高林地产出。五是预防和减少森林火灾的发生。炼山造林给林业生产者带来方便的同时，对森林资源安全构成了严重的威胁。据统计，因炼山跑火引发的森林火灾占森林火灾的 1/3。

2. 科学的土地利用模式

山地开发要采用科学的土地利用模式，推行"山顶戴帽子，山腰缠带子，山脚穿靴子"的整地方式，保留山头顶部的林木和原生植被，形成"山顶戴帽子"布局，山场中部要预留原生植被草带，同时根据山场坡度、坡向不同需要，适度营造防护林带、行道树，并沿等高线开成梯层，保留梯层的原生植被。每个梯子内侧开设横蓄水沟，以利分段蓄水保墒灌溉。下方与农地交界处，要设立防洪排水的"横隔离沟"和防止山洪的蓄水池，减少地表径流和冲刷力。在营造林方面，提倡穴垦，即在栽植点周围进行块状翻垦，尽量减少山场动土范围。尤其在坡度25°以上的林地，栽植点应呈品字形排列。在幼林抚育，提倡小块状锄草松土，尽量减少林地翻土范围和深度，减少地表径流，防止水土流失。

3. 林木择伐方式的优点

林木择伐有以下优点：一是有利于提高林地生产力。择伐能够发挥树木生长潜力，充分利用地力，培育大径材，提高单位面积林地产出率，增强森林蓄积量。二是有利于保护生物多样性。择伐既避免了皆伐对生物多样性的直接破坏，又为植物、微生物营造良好的生存环境，增强生物多样性。三是有利于增强森林生态功能。择伐是近自然森林经营的一项重要内容，是国际先进的经营模式，能够克服皆伐所造成的林相破碎、景观破坏、水土流失和更新后形成林龄相同、结构简单的林分的缺点，促进培育复层林、异龄林、混交林，改善林分结构、林分质量和森林景观，提高森林生态整体功能。经营利益的最大化是经济人的基本特征，让经营者承担因采伐方式改变所引起的采伐成本和管理费用的增加不仅愚蠢而且不可持续，同时，增加的森林生态服务

功能具有极强的外部性,公共财政必须为此买单。建立科学合理的择伐补偿制度是保证择伐方式全面推行的重要保障。

4.加大树种结构调整力度

现代系统论认为,系统的结构对系统功能具有决定性意义,一个系统能否发挥其整体功能,取决于该系统的结构是否合理。对于森林生态系统来说,生态功能取决于林分结构。总体上说,天然林要优于人工林,成熟林要优于中幼林。以蓄水为例,据观测,每亩幼龄的人工松木林蓄水量为100多立方米,中龄的人工松木林为300多立方米,天然次生林则达560立方米,原始林达800立方米以上。在碳汇方面,大树的固碳作用尤为显著。据测算,南方集体林区生态林碳储量平均为每年每亩3.2吨,20年后可达每年每亩5.0吨。可见树龄越大、树种越丰富,其生态功能越强。砍伐森林将会降低森林的生态功能。长期以来,一些地方林业生产按照"砍树—种树—再砍树"的经营模式,结果是,天然林变少、树木变小、物种变少;河流变小、河床变高、河水变浑。尽管表面上满目青山,但实际森林质量已经下降。而且更为重要的是,这些大树、天然林一旦遭受破坏,要恢复其原貌,是十分困难、甚至是不可能的。从时间上看,至少要几十年、数百年时间,不是一朝一夕可以实现的。

福建森林覆盖率居全国第一,但森林树种以杉木、马尾松、桉树等3种传统树种为主。林种、树种结构单一,针叶林多、阔叶林少,纯林多、混交林少;龄组结构不够合理,中幼林多、成熟林少;群落结构简单,树种组成不合理,单层林多、复层林少;残次林多、优质林分少,林分单位面积生长量低,森林质量状况不容乐观,森林生态系统容易遭受病虫危害和森林火灾,并且易发生逆向演替。福建省在造林绿化中树种、林种结构应遵循"七化"要求,即造林良种化、"四绿"大苗化、树种多样化、品种珍贵化、色彩季相化、林分高质化、效益最大化,主要造林绿化树种应由过去的杉木、马尾松、桉树等3种传统树种为主增加到40多种,逐步调整树种结构。在造林中坚持适地适树原则,充分考虑树种的生态学特性和造林地的立地条件相适应,以充分发挥林地生产潜力;提倡营造混交林,以主要培育目的树种为骨架,以次要培育树种为补充,形成异龄、复层林分,达到可持续经营;同时要充分利用自然生态修复能力,积极推广封山育林和人工促进天然更新办法培育森林,促进林业可持续发展。

二、林业生态保护有新提升

"十二五"期间,福建省坚持把生态保护作为林业发展的基础。科学划定林业生态红线,编制省级和县级林地保护利用规划,区划界定沿海基干林带,加强自然保护区、重要湿地、沿海防护林、沿江沿路、环城一重山等重点生态功能区的强制性保护,加大森林公园、湿地公园等建设力度,推广长汀水土流失治理经验,有效保护国土生态空间,提升生态服务功能。建立森林资源保护问责机制,在全国率先对各县(市、区)开展森林覆盖率和森林蓄积量"双增"目标年度考核。不断提高森林火灾、林业有害生物科学防控水平,并对纳入森林防火重点县管理的县(市、区)实行"一票否决",全省森林火灾受害率、主要林业有害生物成灾率分别为0.3‰、0.77‰,均低于控制目标,松材线虫病防治顺利通过国务院目标责任制考核。强化林业综合行政执法,查处林业行政案件83027起,持续开展专项行动,严厉打击破坏森林资源违法犯罪行为。

三、林业改革有新突破

2002年,福建省在全国率先开展了以"明晰产权、放活经营权、落实处置权、确保收益权"为主要内容的集体林权制度改革。2006年,又率先推进综合配套改革,有效调动了广大林农和社会参与林业建设的积极性,增强了林业发展活力,初步实现了"山定权、树定根、人定心"和"国家得绿,林农得利"目标,成为全国林改的一面旗帜。2013年,省政府出台了《关于进一步深化集体林权制度改革的若干意见》,进一步全面深化改革,继续在林权收储中心建设、重点区位商品林赎买、设施花卉种植保险等方面先行先试,继续为全国林改探路子、做示范、出经验。特别是2015年省政府出台了《关于推进林业改革发展加快生态文明先行示范区建设九条措施的通知》,有效推动了林业改革与发展。

"十二五"期间,全省累计发放各类林业贷款948.19亿元,其中林业贴息贷款64.5亿元、林权证抵押贷款103亿元,森林综合保险年参保面积超过1亿亩,成立全国首家省级林木收储中心,组建林权收储担保机构30家。完善森林资源资产评估政策,全省125家丙级以上林业调查规划设计机构均可开展非国有森林资源抵押贷款项目评估,促进了林业资源资本化。积极培育林业新型经营主体,全省共有林业专业合作社3616个、家庭林场453家,促进了林业规模经营。2013年率先在全国开征森林资源补偿费,至2015年年末,累计征收森林资源补偿费37.36亿元,为林业生态建设投入筹集资金,促进集约节约使用林地。2014年,率先在全国开展林地"占补平衡"试点,探索林地保护管理新模式,规划补充林地18.5万亩,有力保障了全省林地要素供给。强化职能转变,深化行政审批改革,省级林业审批项目由22项精简为11项,下放10项审批权到自贸试验区,公布并落实"三个清单"(权力清单、责任清单、公共服务事项清单),提高审批效率和服务水平。

四、特色林业产业有新进展

"十二五"期间,福建省坚持改善生态与改善民生相结合,促进绿色增长和农民增收。实施现代农业(花卉、竹业、油茶)发展项目等,大力扶持发展林下经济、森林旅游等特色富民产业。至2015年年末,全省花卉苗木基地面积达110万亩、丰产竹林基地

600万亩、丰产油茶基地125万亩、林下经济种植基地750万亩,"森林人家"品牌被国家林业局在全国推广应用。促进产业转型升级,引导产业集聚,培育五大集群和龙头企业,有效带动和促进农民就业增收。全省现有境内外上市涉林企业27家、"中国驰名商标"36件、国家林业产业化龙头企业22家、省林业产业化龙头企业154家。

五、林业发展基础有新支撑

"十二五"期间,福建省坚持把基础建设作为推动林业发展的有力支撑。加快林业立法,先后通过了《福建省森林防火条例》《福建省森林公园管理办法》《福建武夷山国家级自然保护区管理办法(修订)》等法规规章。省政府先后出台了《关于进一步加快林业发展的若干意见》《关于推进林业改革发展加快生态文明先行示范区建设九条措施的通知》等政策文件,与国家林业局签署了《合作推进福建林业改革与发展合作框架协议》,持续加大投入力度。"十二五"期间,全省省级以上政府投入达到179.35亿元,是"十一五"期间投入50.12亿元的3.6倍。完成国有林场(含县属)危旧房改造10792套,建设林业标准站51个、林业站综合服务平台525个。实施林业科技推广与培训项目120项,获省级以上科学技术奖70项,审定、修订国家和地方(林业)标准20项。持续开展林木种苗科技攻关,选育林木良种85个,获得国家植物新品种权保护品种13个,新建林木良种基地1.7万亩,主要造林树种良种使用率达80.6%,良种优苗供应能力显著提高。努力提高电子政务和信息化水平,通过了全国林业信息化示范省建设验收。

第五节 福建省林业发展的挑战和生态空间布局

一、福建省林业发展面临的挑战

1.林业资源保护压力巨大

当前,福建省仍处于工业化、城镇化快速发展阶段,项目建设需要占用征收大量林地和湿地,特别是沿海基干林带、自然湿地等重点生态功能区被不断蚕食,非法占用林地、湿地现象仍较突出。既要服务保障好项目用地需求,又要保持森林覆盖率居全国首位,发展和保护统筹难度加大。为了保护生态环境,福建省对重点生态区位的商品林和天然林实行限伐、禁伐政策,给林权所有者造成一定的经济损失,广大林权所有者和社会各界对此反映强烈。

2. 林业发展方式亟待转变

在生产方式上,福建省长期依赖于数量扩张、重造轻管、人种天养的粗放式经营模式,忽视林业分类经营、集约经营、近自然经营。在生产要素上,福建省注重资金投入,忽视人才队伍建设、信息化的普及和高新技术的应用推广,且资金投入的重点仍放在资源培育上,生态保护的观念和投资力度有待进一步加强。在机制体制上,福建省与林业现代化要求仍有差距,林业经营组织化、规模化程度不高,林业公共服务体系不够健全,生态资源管护机制不够完善,投融资机制不活,金融服务保障不够有力等问题亟待解决。

"近自然林业"理论是19世纪末由德国林学家嘎耶从森林经营实践中创立,这是一种遵守自然法则,充分利用自然的综合生产力来经营森林的理论,即"人类尽可能地按照森林的自然规律来从事林业生产活动,强调尊重森林生态系统自身的规律,实现生产可持续和生态可持续的有机结合"。"近自然林业"森林经营活动是一种模仿自然、接近自然的森林经营模式,体现林分建立、抚育、采伐的方式同"潜在的自然植被"的关系相接近。在造林绿化树种选择时应坚持适地适树原则,充分考虑树种的生态学特性和造林地的立地条件相适应,以充分发挥林地生产潜力。在造林中提倡营造混交林,以主要培育目的树种为骨架,以次要培育树种为补充,形成异龄、复层林分,达到可持续经营。同时要充分利用自然生态修复能力,积极推广封山育林和人工促进天然更新办法培育森林,促进林业可持续发展。

3. 加强森林经营的要求迫切

福建省森林覆盖率全国第一,但森林质量总体不高、生态空间分布不均匀。具有清新空气、清澈水质和清洁环境的生态空间多在远离城市的林区山区,城区人均公共绿地面积、生态体验设施和生态公共服务供给不足,居民身边增绿、社区休憩、就近康养的需求越来越迫切。进一步加大投入,加强森林经营,提高林地生产力、增加森林蓄积量、增强生态服务功能的潜力还很大。

4. 林业发展基础薄弱

长期以来,林业基层站所建设投入不足,工作生活条件仍较简陋,对人才吸引力不足,基层林业队伍力量薄弱,专业人员老龄化和断层现象普遍,引发了政策落实难、科技推广难、服务跟不上等一系列问题。部分林区道路、水电、通信等民生基础设施建设长期未纳入地方发展规划,国有林场基础设施建设十分薄弱,影响了职工的生产生活和林区的可持续发展。林业综合执法、森林灾害防控、资源监测和管理等技术手段或装备设施仍显落后,科技创新能力、林业信息化水平等有待进一步提升。

二、福建省林业发展规划的生态空间布局

"十三五"期间,福建省着力构建以"一屏二廊三线多点"为主体的生态空间格局。其中,"一屏":沿海防护林体系屏障保护与修复;"二廊":闽西北武夷山脉—闽西玳瑁山脉、闽东鹫峰山—闽中戴云山—闽南博平岭山脉生物廊道建设与保护;"三线":江河沿线、道路沿线、环城沿线;"六江两溪":(闽江、九龙江、汀江、晋江、龙江、敖江、木兰溪、交溪)干流、一级支流、高速公路、铁路、国省干道两侧、环城市及城市周边一重山重要区域生态治理与修复;"多点":自然保护区、自然保护小区(点)、湿地公园、森林公园、重要饮用水源保护区、重要水源涵养区、重点水土流失区、重要水库周边一重山等生态安全点和重点区位的生态保护与治理(图5-1)。

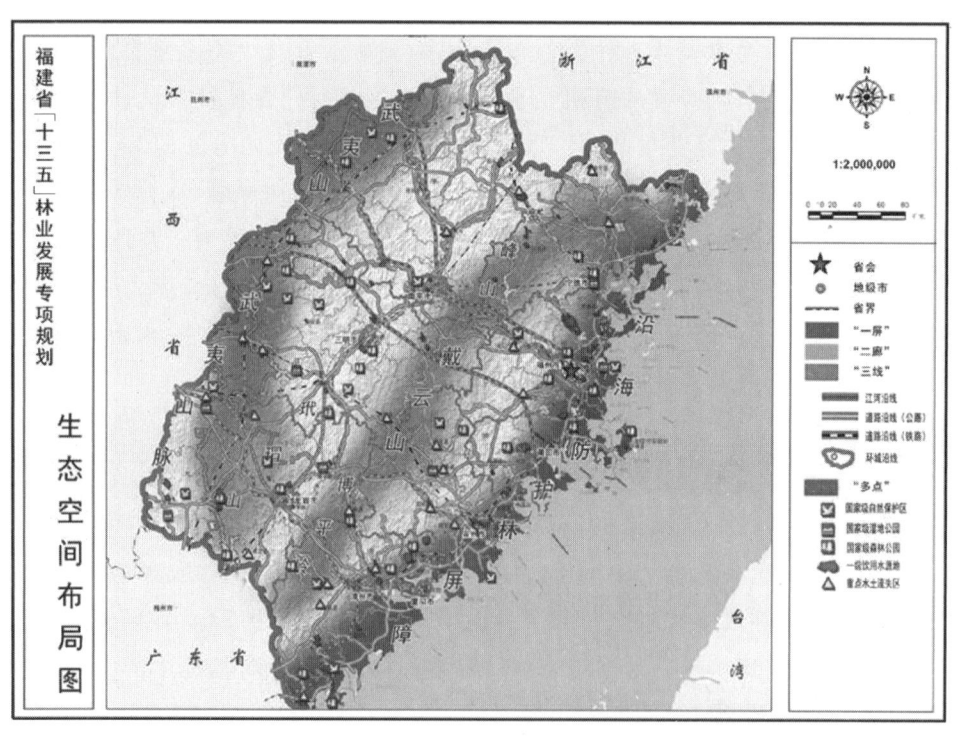

图 5-1 福建省"十三五"林业发展的生态空间布局图

第六节 福建省林业发展规划工程

"十三五"期间,福建省将全面落实深化林业改革、加强林业生态系统保护、强化森林科学经营、推进林业产业转型升级、夯实林业发展基础等六大任务,重点实施十大工程,进一步发展碳汇林业。在增强森林生态系统整体固碳能力,降低大气中的二

氧化碳浓度,减缓全球气候变暖趋势的同时,提升林业现代化水平,为建设生态文明先行示范区,全面建成小康社会,努力建设机制活、产业优、百姓富、生态美的新福建做出新的贡献。

一、天然林保护工程

将全省天然林和有培育成为天然林潜力的未成林封育地、疏林地、灌木林地全部纳入天然林保护范围,按照国家天然林保护工程实施保护和管理,并享受国家天保工程相关政策。科学开展天然林经营,按照"保育结合、宜抚则抚、宜改则改、宜补则补"的原则,人工促进与自然修复相结合,尽快提升天然林质量和生态功能,增加森林面积和蓄积量。开展天然林资源和生态功能监测,建立健全天然林管护体系,实现管护队伍专业化、管护手段现代化、管护设施标准化,基本建成比较完备的天然林保护制度体系。全面停止704.7万亩国有天然林商业性采伐,至2020年,全省天然林保护面积不低于6200万亩。"十三五"期间,福建省拟投资25.35亿元新建天然林保护工程(表5-1)。

表5-1 "十三五"天然林保护工程规划表

建设范围或建设单位	建设内容及规模
全省	将福建省现有天然林面积6230万亩全部纳入国家天然林保护工程实施范围。已纳入生态公益林保护的2765万亩按生态公益林管理,未纳入生态公益林的天然林3465万亩(其中国有183万亩,非国有3282万亩),争取中央财政补助。

二、造林绿化和森林经营工程

"十三五"期间,福建省拟投资135.00亿元续建造林绿化和森林经营工程(表5-2)。

表5-2 "十三五"造林绿化和森林经营工程规划表

建设范围或建设单位	建设内容及规模
全省	继续抓好造林绿化,加大森林抚育、封山育林力度,重点加强沿海防护林、江河流域防护林和退化防护林工程建设。 1. 完成造林绿化500万亩。重点抓好"三带一区"即沿海基干林带30万亩、生物防火林带30万亩、森林生态景观带15万亩建设和重点生态区位林分修复100万亩造林和林分修复;完成珍贵树种造林50万亩和其他造林275万亩。 2. 完成森林抚育1500万亩。 3. 完成封山育林1000万亩。

三、生物多样性保护工程

完善武夷山(玳瑁山)脉自然保护区群、鹫峰山—戴云山—博平岭自然保护区群、沿海湿地自然保护区群和闽江流域自然保护区群建设,重点实施国家级和省级自然保护区基础设施工程。"十三五"期间,福建省拟投资 2.20 亿元新建生物多样性保护工程(表 5-3)。力争新增国家级自然保护区 1 个,新增省级自然保护区 2 个,新增自然保护区面积 15 万亩。

表 5-3 "十三五"生物多样性保护工程规划表

建设范围或建设单位	建设内容及规模
国家级、省级 自然保护区 (不含湿地类型)	1. 实施国家级自然保护区保护工程。开展保护管理、科研监测、宣教、基础设施建设工程、信息化建设等。 2. 实施省级自然保护区基础设施建设。开展保护界桩、界碑、宣传牌等标识系统建设,管理哨卡、管理站业务用房等基础设施建设,巡护线路、监测线路、防火道路等保护工程,动植物标本馆、访客中心等宣教系统等。 3. 实施极小种群野生动植物保护项目。重点组织实施华南虎、猕猴、中华凤头燕鸥、黑脸琵鹭等珍稀濒危野生动物,闽粤苏铁、四川苏铁、长序榆、观光木、水松等珍稀濒危野生植物的保护救护。

四、自然湿地保护与恢复工程

重点对沙埕港、三都澳、罗源湾等 12 个沿海重要海湾和河口进行湿地生态修复,实施湿地保护与恢复、越冬水禽栖息地恢复、人工辅助自然恢复、红树林造林、有害植物控制等工程建设。实施湿地自然保护区和湿地公园等重要湿地生态功能区的湿地保护工程、恢复工程、科研监测工程、宣教工程、基础设施建设工程、信息化建设等。"十三五"期间,福建省拟投资 1.50 亿元新建自然湿地保护与恢复工程(表 5-4)。计划新增国家湿地公园 4 个,新增地方级湿地公园 4 个。

表 5-4 "十三五"自然湿地保护与恢复工程规划表

建设范围或建设单位	建设内容及规模
国家级、省级湿地自然 保护区、湿地公园	实施湿地自然保护区和湿地公园等重要湿地生态功能区的湿地保护工程、恢复工程、科研监测工程、宣教工程、基础设施建设工程、信息化建设等。

五、重点生态区位商品林赎买等改革试点工程

按照区位优先、集中连片的原则,采取赎买、置换等方式,逐步将重点生态区位内的商品林调整为生态公益林。按照结构调优、蓄积调高的原则,将商品林中的天然阔叶林逐步调整为生态公益林,建立重点生态公益林储备库。完善生态公益林定位监测体系及评价指标体系。"十三五"期间,福建省拟投资7.00亿元新建重点生态区位商品林赎买等改革试点工程(表5-5)。

表5-5 "十三五"重点生态区位商品林赎买等改革试点工程规划表

建设范围或建设单位	建设内容及规模
有关县(市、区)林业局	全省现有重点区位商品林林地977万亩开展赎买等改革试点20万亩以上。

六、战略性林木资源储备工程

继续实施国家战略性林木资源储备工程,通过集约人工林培育、现有林改培等措施,重点培育闽楠、福建柏、南方红豆杉等珍贵树种用材林,杉木、马尾松等大径级用材林和速生丰产林,加大省属国有林场森林资源保护和培育力度。"十三五"期间,福建省拟投资19.70亿元续建战略性林木资源储备工程(表5-6)。

表5-6 "十三五"战略性林木资源储备工程规划表

建设范围或建设单位	建设内容及规模
全省各市、县(区)林业局和国有林场	1. 国家木材战略储备基地建设。通过改造培育,建设国家木材战略储备基地50万亩,主要包括大径级用材和珍贵树种。 2. 速生丰产林等基地建设。通过改造培育,建设速生丰产林、工业原料林等基地250万亩。 3. 省属国有林场森林资源保护和培育。改造低产林分20万亩,针叶纯林营造混交林20万亩。

七、林下经济等富民工程

"十三五"期间,福建省拟投资52.30亿元续建林下经济等富民工程(表5-7)。

表 5-7 "十三五"林下经济等富民工程规划表

建设范围或建设单位	建设内容及规模
全省各市、县(区)和示范项目业主	1. 林下经济示范基地建设。新增各级林下示范基地 160 个,其中国家级 10 个,省级 50 个,市县级 100 个,带动建设林下经济示范基地 250 万亩。 2. 丰产竹林示范基地建设。开展竹山便道建设、竹林深翻垦覆与施肥和竹林喷(滴)灌设施建设,新建丰产竹林示范基地 75 万亩。 3. 丰产油茶示范基地建设:重点加强现有低产油茶林改造提升,适度新建丰产油茶林基地。建设丰产油茶示范基地 25 万亩。 4. 花卉苗木示范基地建设。新建花卉苗木示范基地 100 个,重点扶持智能温室,各类大棚和喷(滴)灌设施苗木基地等建设。带动建设花卉苗木基地 30 万亩。

八、林业产业转型升级工程

继续扶持一批林业龙头企业、重点林业专业园区建设,推进林产品电子商务等林产业公共服务平台建设,加快推进传统林产品的提升和竹(笋)制品的深度加工,加速新产品的研发,引导新业态发展,促进产业集聚,做大做优做强林产业。"十三五"期间,福建省拟投资 10.50 亿元新建林业产业转型升级工程(表 5-8)。

表 5-8 "十三五"林业产业转型升级工程规划表

建设范围或建设单位	建设内容及规模
福人集团、海峡股权交易中心	1. 福人集团林板一体化技改提升项目。完成福州分公司(马尾)年产 30 万立方米刨花板生产线异地改造提升,并通过省林木收储中心完成 10 万亩的基地收储。 2. 全省林业电子商务综合平台建设。分三期构建四大平台,包括:展示平台、林产品电子商务平台;林权和林业大宗商品交易平台和林企融资服务平台。

九、生态产品共享工程

继续推进国家(省级)森林城市创建工作,抓好城郊森林公园、乡村公园、乡村生态景观林建设。加强以森林公园、自然保护区、湿地公园为主要载体的生态环境设施、生态文化基础和生态产品供给能力建设。完成全省古树名木资源普查、建档和挂牌保护。"十三五"期间,福建省拟投资 4.50 亿元新建生态产品共享工程(表 5-9)。

表 5-9 "十三五"生态产品共享工程规划表

建设范围或建设单位	建设内容及规模
全省各市、县（区）森林公园、国家林场、森林人家和部分乡村	1. 省级以上森林公园能力建设。对全省 177 处森林公园（含县级）进行改造提升，通过改造森林公园景观，加强标识标牌、解说系统、宣教中心、标本展示中心、监测体系等建设。重点打造省级以上森林公园 50 处。 2. "森林人家"示范点建设。通过改善服务设施，美化经营环境，提升"森林人家"品牌效应，新增星级森林人家示范点 50 处。 3. 营造乡村生态景观林 1 万亩。在 1000 个行政村，建设生态和景观功能为主、能长期保存下来的长生林。每村营造 10 亩以上，每片 5 亩以上。

十、基础设施保障工程

"十三五"期间，福建省拟投资 21.82 亿元新建基础设施保障工程（表 5-10）。

表 5-10 "十三五"基础设施保障工程规划表

项目	建设范围或建设单位	建设内容及规模
基层站所和林区民生建设	全省县（市、区）林业局、国有林场、林业执法大队、森林公安及派出所	1. 林业站标准化建设。分 5 年实施 625 个基层林业站标准化建设，包括新建、改建和修缮基层站房及配备设施设备，建设信息化服务平台等。 2. 森林公安业务用房建设。新建森林公安业务技术用房 33 处，其中：省级 1 处，市级 3 处，县级 29 处；森林派出所 145 处。 3. 森林公安信息化建设项目。包括：森林公安应急指挥系统，林区主要道路卡口监控系统和公安执法场所规范化建设。项目投资 18965 万元。 4. 林业执法机构建设：完成 60 个林业行政执法机构装备设备配置，50 个行政执法机构办案场所规范化建设、20 个执法监督管理信息化平台建设。 5. 福建省林业行政执法综合管理平台建设，包括应用软件开发、省级指挥中心、视频监控系统、移动执法设备、服务器及存储系统、场地建设等。 6. 省属国有林场基础设施建设。修建林区道路 2000 公里，建设 100 个林场护林点。 7. 县属国有林场基础设施建设。实施林区道路和水、电网改造升级，新建或改建 50 个森林管护用房。

续表

项目	建设范围或建设单位	建设内容及规模
航空护林监测和森林消防能力建设	省森林防火指挥部,省航空护林总站,部分市、县(区)林业局	1. 福建省航空护林建设。建设省航空护林总站综合基地和7个分站综合基地,租用8架飞机开展航空护林;根据实际飞行任务安排飞行保障经费。 2. 福建省无人机森林监测巡护项目。航空护林总站和25个重点市(县、区)林业局实施,按标准配置各购置三种类型无人机各1台、通讯车1辆、地面接收器1套及相关设施设备等。 3. 地方森林消防队伍能力建设。全省新建及升级改造地方森林消防队伍100支,建设营房及训练设施建设、补充扑火机具、购置扑火人员机动及通信装备建设等。
重点生态区位重大林业有害生物防御工程	重点生态区位所在市、县(区)林业局	1. 预防与监控工程。建设检疫追溯系统、远程监控、数据采集与传输系统和监测报告平台,建立30个临时检疫检查哨卡,开展10个测报管理示范试点,配备现场检疫检验、航天遥感监测、快速检测、除害处理设施设备等。 2. 应急处置工程。建设应急防控体系,加强航空与地面防治能力,开展40个无公害防治试点,扶持5家生物制剂(天敌)厂建设。充实配备施药器械、防治药剂、通信设备、防治作业专用车、药剂药械库等设施设备。 3. 保障服务工程。扶持40家社会化防治服务组织,建立防治服务组织等级评定和防治效果评估系统,开展政府购买服务试点,加强宣传培训系统建设。

第六章

支持发展生态旅游

第一节 生态旅游

"生态旅游"一词最早是由国际自然保护联盟(IUCN)特别顾问墨西哥专家谢贝洛斯·拉斯喀瑞(Ceballos Lascurain)于1983年首次提出。1990年,国际生态旅游协会把其定义为:在一定的自然区域中保护环境并提高当地居民福利的一种旅游行为。作为对传统大众旅游导致生态环境损害现象的回应和反思,生态旅游迅速得到了各国政府、学界和社会人士的响应。据国际生态旅游协会(TIES)统计,21世纪生态旅游已成为整个旅游市场中增长最快的部分。

生态旅游自1992年引入中国以来,担当着生态文明思想传播者、可持续发展理念引领者、旅游产品开发创新者、旅游社区利益维护者、旅游环境保护示范者等多重角色,尤其是通过生态旅游能增强人们的生态文明意识,提高旅游行业建设生态文明的自觉性和积极性,促进人与自然和谐发展。因此,生态旅游在中国得到高度重视,继国家旅游局将1999年定为"中国生态环境旅游年"之后,又将2009年定为"中国生态旅游年",2016年3月发布的《中国国民经济和社会发展第十三个五年规划纲要》中更是明确提出要"支持发展生态旅游"。

一、生态旅游的定义和内涵

自1993年王献溥首次表述Ecotourism的中文释义后,不同的学者或者组织机构基于不同角度阐述生态旅游的内涵。比如,1996年,卢云亭认为生态旅游是以生态学原则为指针,生态环境和自然环境为取向所开展的一种既能获得社会经济效益,又能促进生态环境保护的边缘性生态工程和旅游活动;1997年,郭来喜认为生态旅游具有六大特征,分别对应自然性、独特性、文化性、高雅性、参与性、持续性等方面;2007年,吴楚材等认为,生态旅游是城市和集中居民区居民为了解除城市恶劣环境的困扰,为了健康长寿,追求人类理想的生存环境,在郊外良好的生态环境中去保健疗养、度假休憩、娱乐,达到认识自然、了解自然、享受自然、保护自然的目的。每个生态旅游定义表述都有一定的实践依据和理论背景,也都有不同的侧重和强调重点。尽管定义很多,但综其观点,可归纳出生态旅游概念的4个重要内涵:第一,旅游对象是自然生态及与之共生的人文生态。中国历史悠久和人地密切关系,生态旅游对象不局限于自然生态系统,还包括自然区域中具有地域特色的人文生态系统。第二,强调旅游责任。一方面,管理者、经营者和旅游者应承担保护资源环境和促进当地社区可持续发展的责任;另一方面,当地社区应承担保护资源环境和维护旅游氛围的责任。第三,重视环境教育。生态旅游要能提高甚至改变游客的环境资源观和生活方式。第四,旅游干扰的可控性。生态旅游活动对生态系统的干扰必须是可控的,使其对当地旅游资源、自然生态和社会文化的负面影响最小化。

二、生态旅游资源

生态旅游资源是指以生态美为核心吸引力,在保护的前提下,能够为生态旅游发展所利用,进而产生持续综合效益的客体。生态旅游资源的核心特质是生态美、吸引力和可持续综合效益。国内生态旅游资源评价内容主要包括两方面:一是生态旅游资源质量评价,包括自然景观评价、人文景观评价和环境质量评价;二是生态旅游资源外部开发条件评价,包括客源条件评价、建设条件评价和旅游对生态环境影响评价。

三、生态旅游市场

1. 生态旅游者

广义的生态旅游者指到生态旅游景区的所有游客,这类界定虽然具有统计上的可操作性,但并不能体现出生态旅游者的特征和内涵;狭义的生态旅游者,仅仅指到生态旅游景区的且对环保与经济发展负有一定责任的部分游客。生态旅游者的基本特征是:

(1)生态意识。相对于传统大众旅游者,生态旅游者具有生态意识。

(2)行为特征。生态旅游者进行旅游活动时,带有环境保护意识,在吃、住、行、游、娱、购6个环节中都很强调旅游与保护的和谐统一。

(3)旅游目的地偏好。走向自然是世界旅游发展的一个新趋势,生态旅游者喜欢前往自然区域进行旅游活动,如干扰相对少的自然保护区或森林公园,为了减少对当地自然环境和文化系统的影响,他们一般能自觉约束自己的旅游行为。

(4)组织特征。国内生态旅游者更喜欢以团队(单位组织、旅行社组织)形式进行旅游。

2. 市场营销

2004年,周笑源认为,生态旅游市场营销是一种在可持续发展思想和社会市场营销观念指导下的旅游绿色营销方式,包含传播生态理念和产品营销两大部分。2008年,彭蝶飞等认为市场营销应准确定位生态旅游市场、打造文化品牌、开发精品线路、实行多方位营销渠道和手段并完善生态旅游基础设施和服务水平。目前国内仅把生态旅游当作一种市场营销的手段和方式,在旅游开发实践和经营管理过程中,很少真正践行生态保护理念,存在旅游设施非生态、管理非生态、与社区利益冲突等问题,既使得生态旅游景区失掉了不少本色,又对当地生态旅游资源与生态旅游市场产生破坏。

四、生态旅游的作用

生态旅游作为一种资源可持续利用的方式,由于同时具备"保护自然"和"社区受益"两大特征,在社区受益方面比传统大众旅游作用更为显著,常常作为缓解自然保护区与社区居民生计之间矛盾与冲突的手段和工具;生态旅游发展能够缓解当地的就业,也是贫困地区脱贫的重要手段之一。与经济作用的直观明显不同,生态旅游对社会文化作用往往是隐性的,且易被人们所忽视。

五、生态旅游管理与政策

1. 生态旅游管理

生态旅游的管理是在保证生态旅游者愉悦体验的同时,把生态旅游的各种负面影响降低的过程。生态旅游管理包含内容较多,如景区管理、环境管理、游客管理、社区管理等。目前,国内生态旅游景区的功能分区以及分区原则等基本上借鉴了Gunn的分区模式,将旅游景区按照核心保护到开发利用划分为同心圆结构,符合国际上关于功能分区的通识。面对生态旅游开发可能带来的各种问题,运用技术、经济、法律以及教育和行政手段,通过环境监测、影响评估和调控技术,协调旅游经济发展和环境保护相互关系;或借助环境容量、生态承载力等测度,限制游客数量和游客行为等,作为游客管理的主要手段。环境教育是生态旅游环境管理的有机组成部分,目前,环境教育功能尚未得到应有的重视,不利于生态旅游的可持续发展。社区有效参与是生态旅游管理的重要目标之一,对生态旅游的可持续发展十分重要。

2. 生态旅游政策规范

生态旅游开发和管理主要依据的法律是《环境保护法》《森林法》《旅游法》等与生

态旅游密切相关的法律。要使生态旅游真正服务于自然保护、生态旅游景区及其周边社区是进行生态旅游认证。完善的生态旅游制度体系能使生态旅游管理过程和生态旅游的开发实践在相对严格的制度框架内进行。钟林生等认为中国应以政府为主导,研究制定出适合国情的生态旅游认证标准体系和相关政策法规。中国在《国家生态旅游示范区运营与建设规范(GB/T 26362—2010)》出台之前,缺少生态旅游标准以及相关指标认证的体系,而且大部分的旅游企业只关注经济效益,在旅游设施和设备建设中缺乏环保理念,这些都是制约中国旅游企业进行生态旅游认证的关键因素。虽然中国国家旅游局与环境保护部自2013年起在全国范围内推动国家生态旅游示范区创建工作,有力地推动了景区层面的生态旅游认证工作,但企业等层面的认证实践与研究还有待开展。生态文明建设已成为中国发展的重要政策,要求融入经济建设、政治建设、文化建设、社会建设各方面和全过程,其与旅游产业的融合备受关注。从某种意义上来讲,生态旅游是旅游业生态文明建设的重要途径,而生态文明是生态旅游发展的核心理念。

第二节 福建省的生态旅游示范区

生态旅游示范区是以独特的自然生态、自然景观和与之共生的人文生态为依托,以促进旅游者对自然、生态的理解与学习为重要内容,提高对生态环境与社区发展的责任感,形成可持续发展的旅游区域。

一、国家生态旅游示范区的发展

国家生态旅游示范区是生态旅游区中管理规范、具有示范效应的典型。凡经过相关标准确定的评定程序后,可以获得国家生态旅游示范区(以下简称示范区)的称号。该区域具有明确地域界线,同时也是全国生态示范区的类型或组成部分之一。

2001年,由国家旅游局、国家计委、国家环保总局共同提出,共同制定认定标准,经相关程序共同评定的荣誉称号。

2007年7月,国家旅游局、国家环境保护总局共同授予东部华侨城"国家生态旅游示范区"的荣誉称号,东部华侨城成为中国首个获得此项殊荣的旅游区。同年,发布了《东部华侨城国家生态旅游示范区管理规范》。

2008年11月,全国生态旅游发展工作会议在北京召开,当时国家旅游局在制定《全国生态旅游示范区标准》,并在会上发布了征求意见稿。

2010年,由国家旅游局提出,联合环保部和两家机构起草了《国家生态旅游示范区建设与运营规范》(GB/T26362—2010)。

2012年9月,由国家旅游局和环境保护部联合制定了《国家生态旅游示范区管理规程》和《国家生态旅游示范区建设与运营规范(GB/T26362—2010)评分实施细则》,并颁布实施。

2013年12月,国家旅游局、国家环保部公布了2013年国家生态旅游示范区名单,共39家。

2015年2月,国家旅游局、国家环保部公布了2014年国家生态旅游示范区名单,共37家。

2016年1月,国家旅游局、环境保护部发布了2015年国家生态旅游示范区名单,共35家。

二、福建省创建了6家国家生态旅游示范区

近年来,福建省旅游局全面贯彻国务院《关于支持福建省深入实施生态省战略加快生态文明先行示范区建设的若干意见》,发挥生态资源优势,丰富旅游产品体系,推动福建旅游业转型升级,截至2015年年底,已成功创建6家国家级生态旅游示范区(表6-1)。

表 6-1　福建6家国家生态旅游示范区名单

(截至 2015 年年底)

时间	国家生态旅游示范区
2013 年	1. 南平市武夷山国家生态旅游区 2. 龙岩市梅花山国家生态旅游区
2014 年	1. 厦门市天竺山旅游风景区 2. 龙岩市冠豸山生态旅游区
2015 年	1. 福州市鼓岭生态旅游区 2. 永泰云顶旅游区

南平市武夷山国家生态旅游示范区位于福建省武夷山市南郊,福建第一名山,属典型的丹霞地貌。地球同纬度地区保护最好、物种最丰富的生态系统,拥有2527种植物物种,近5000种野生动物;世界文化与自然双重遗产、世界生物圈保护区、全国重点文物保护单位(武夷山崖墓群)、国家重点风景名胜区、国家5A级旅游景区、国家级自然保护区、国家水利风景区、国家生态旅游示范区、全国文明风景旅游区示范点。

龙岩市梅花山国家生态旅游示范区位于福建西南部,地处上杭、连城、新罗三县(区)边界,为玳瑁山的主体部位。森林覆盖率高达89%,山峦耸峙,层林叠翠,有"回归荒漠带上的绿色翡翠"之美誉,梅花山还是现存华南虎数量最多、活动最频繁的区

域,被称为"华南虎的故乡"。徜徉在梅花山腹地,看流泉飞瀑、听虎啸山林、赏奇花异草,让游人沉醉其间。

厦门市天竺山景区位于厦门海沧区东孚镇,景区规划总面积37.05平方公里,其中,东、西山门以上26.51平方公里为森林公园,包含牛岗岭山、大尖山、白眉石山、仙灵棋山、天柱山等五座山体以及天竺湖、两二湖、皓月湖仙灵棋及天柱峰等自然景观和龙门寺、真寂寺、浴龙桥及栓马石等人文景观,为国家4A级旅游景区。

龙岩市冠豸山位于龙岩市连城县境内,以其主峰形似古代獬豸冠而得名,寓含刚正廉明之意,旧称"东田山""莲峰山"。山体于县城之东1.5公里处平地兀立,不连岗自高、不托势自远。景区方圆123平方公里。以其天生丽质于1986年荣膺"福建十佳风景区"。1994年,国务院公布其为国家重点风景名胜区。"平地兀立,不连岗自高,不托势自远。"景区方圆123平方公里,集山、水、岩、洞、泉、寺、园诸神秀于一身,雄奇、清丽、幽深,与武夷同属丹霞地貌,被誉为"北夷南豸,丹霞双绝"。

福建市鼓岭生态旅游区地处福州市东郊双鼓横断山脉,素有"左海小庐山"之美誉,被西方并称为中国四大避暑胜地。旅游度假区内山清水秀,美景如画,中西文化底蕴深厚,拥有300多个风景名胜点、15处各级文物保护单位、608方国宝级摩崖石刻、两处世界级模式标本原产地古树群、树龄长达1300年的柳杉王、2400多种被子植物等,荣获国家级风景名胜区、全国汉族地区佛教重点寺院、全国重点文物保护单位、国家4A级旅游景区、省级旅游度假区等称号。

永泰云顶旅游度假区位于国家重点风景名胜区青云山之巅,集观光休闲、度假养生、求知探险、科普教育为一体综合型的旅游目的地,这里打造成"福州人引以为傲的福建旅游新地标"和"中国省城唯一的高山休闲度假基地",被誉为"福建的香格里拉"。云顶旅游度假区分别由:花海梯田景区、天池草甸景区、高山峡谷景区(包括七彩瀑谷景区、红河谷景区及翡翠谷景区)三大风景区构成。旅游度假区内空气质量超优,PM2.5接近零,负氧离子含量20万个/cm^3,比世界清新空气标准值高出近20倍。

三、福建省评定了20家省级生态旅游示范区

为推动福建旅游强省和生态文明省建设,根据国家旅游局、国家环保部关于积极开展生态旅游示范区的建设和评定工作的部署,2013年7月,福建省旅游局与省环保厅联合下发《关于开展省级生态旅游示范区创建工作的通知》(闽旅产〔2013〕171号),在全省开展省级生态旅游示范区创建工作。评定依据为《国家生态旅游示范区建设与运营规范(GB/T26362—2010)》《国家生态旅游示范区建设与运营规范(GB/T26362—2010)评分实施细则》《国家生态旅游示范区管理规程》。根据有关要求,凡是符合以下条件的旅游景区均可积极申报:一是良好的自然生态系统为主及与之协调的人文生态系统;二是具有明确的生态功能和生态保护对象;三是生态旅游发展理

念与实践有较高的示范价值;四是具有明确的地域界限、管理机构和法人,原则上面积不少于5平方公里,不超过300平方公里,所有权与经营权明晰,多家经营时要有协议;五是根据"标准"和"细则"自我评估达到1600分以上;六是世界自然或文化遗产地、国家A级旅游景区、国家级和省级风景名胜区、自然保护区、森林公园、地质公园等相关景区开业满一年以上以及自然保护区批准建立满一年以上,近年无生态破坏重大事件,近3年无环境污染或旅游安全等重大事故。

截至2015年年底,福建省已评定20家省级生态旅游示范区(表6-2)。

表6-2 福建省20家省级生态旅游示范区名单

(截至2015年年底)

时间	省级生态旅游示范区
2013年(首批)	1. 厦门天竺山旅游风景区 2. 平和县三平风景区 3. 邵武市瀑布林生态旅游区 4. 连城县冠豸山生态旅游区
2014年	1. 永安桃源洞—鳞隐石林生态旅游区 2. 将乐玉华洞生态旅游区 3. 南平顺昌华阳山生态旅游区 4. 漳平九鹏溪生态旅游区 5. 武平梁野山生态旅游区
2015年	1. 福州鼓岭生态旅游区 2. 永泰云顶景区 3. 漳州东南花都生态文明旅游区 4. 莆田九鲤湖生态旅游区 5. 莆田九龙谷生态旅游区 6. 三明格氏栲生态旅游区 7. 三明闽江源生态旅游区 8. 福建土楼永定景区 9. 宁德霍童古镇景区 10. 柘荣九龙井生态旅游区 11. 柘荣县鸳鸯草岭旅游区

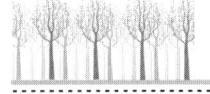

第三节　福建发展森林生态旅游的优势及建议

一、福建发展森林生态旅游的优势

1. 森林生态旅游资源丰富

福建省是我国南方重点集体林区，林地面积1.39亿亩（926万公顷），占全省陆域土地面积76.2%。林业是福建省的一大优势、一大保障、一大潜力。根据全国第八次森林资源清查结果，全省森林面积801.27万公顷（1.2亿亩），其中，竹林面积106.75万公顷（1601万亩），且以毛竹林为主，森林覆盖率65.95%，居全国首位；森林蓄积60796.15万立方米（其中：天然林蓄积35942.92万立方米，人工林蓄积24853.23万立方米）。全省共有木本植物1943种、脊椎动物1693种，均占全国三分之一，高等植物4703种，其中属国家重点保护的珍稀树种有50多种，国家二级保护树种10多种，三级保护树种20多种。昆虫1万多种，野生动物有云豹、华南虎、蟒蛇、黄腹角雉、白颈长尾雉等157种，是我国生物多样性最为丰富的省份之一。特别是拥有世界同纬度带最典型、面积最大、保存最完整的亚热带原生性森林生态系统，以"世界生物之窗"闻名于世的"双世遗"武夷山。境内有武夷山、戴云山两大山系，在山峦起伏中，分布着许多奇山异石，构成森林旅游的重要景观之一。

2. "森林人家"建设初见成效

发轫于福建省的"森林人家"，是以良好的森林环境为背景，以有较高游憩价值的景观为依托，充分利用森林生态资源和乡土特色产品，融森林文化与民俗风情为一体的健康休闲型品牌旅游产品。自创立以来因其特色和个性化的理念，受到了广大经营者和旅游者的追捧，现已在全国推广。"森林人家"按统一规划、统一标准、统一促销的原则，将"森林人家"建设与社会主义新农村建设相结合。如龙岩洋畲"森林人家"、建宁高峰"森林人家"就是典型的成功例子，让广大林农认识到绿色、生态也可以生钱，变生态公益林的被动保护为主动保护。浦城双同"森林人家"2012年接待游客4万多人次，村民人均纯收入9350元，带动村民生产加工土特产全年产值达到160多万元，真正让双同村的村民尝到了保护生态的甜头。永安市青水乡龙头村村民罗春典依托天宝岩国家级自然保护区，投资300万元办起"森林人家"，带动林农致富，实现了从原来卖笋竹原材料到卖森林景观的跨越。福建省首创的森林旅游品牌"森林人家"建设初见成效，截至2015年年底，全省已拥有"森林人家"396户，其中星级"森林人家"示范点达155户。

3. 生态环境优良

福建省生态环境质量评比连续多年居全国前列,是全国生态环境、空气质量均为优的省份。好空气谁都希望呼吸到,2013年年初,雾霾天气举国关注之际,福建各城市却空气质量优良。森林公园构筑了生态旅游框架,与自然保护区、"森林人家"等形成合力,共同推动了福建生态旅游的发展。据统计,2014年,全省森林公园投入建设资金7.6亿元,接待游客2295万人次,直接旅游收入达13.2亿元;全省"森林人家"接待人数1444万多人次,收入达9.8亿元,全省森林旅游产值超过100亿元。

4. 气候舒适度高

自然环境中,气象因素是影响人体舒适度的主要因子,主要包括温度、湿度、风以及气压等。温度又是影响人体舒适与否的首推气象要素,是最直接的气象要素。为了保持肌体温度与外界温度的平衡,人体必须通过热辐射和汗液蒸发等方式与环境温度协调体温恒定。温度高时,人汗流浃背,排放热量;温度低时,人要穿上厚厚的棉衣抵御寒冷,防止热量散失。研究表明,当温度在18~20℃,相对湿度在50%~60%时,人体感觉最舒适。福建省位于东经115°50′~120°47′,北纬23°30′~28°19′的中国东南沿海,属中、南亚热带海洋性季风气候,气候条件得天独厚,年平均气温17~21℃,年平均降雨量1400~2000毫米。气候温和,冬无严寒,夏无酷暑,雨量充沛,光照充足,气温年较差不大,气温日较差较小,气候舒适度高,十分适合旅游。

5. 政府重视并大力支持

党的十八大把大力推进生态文明建设独立成章,提出必须树立尊重自然、顺应自然、保护自然的生态文明理念,把生态文明建设放在突出地位,并对推进生态文明建设做出了全面战略部署。国家领导人多次强调"生态资源是福建最宝贵的资源,生态优势是福建最具竞争力的优势,生态文明建设应当是福建最花力气抓的建设"。2014年3月,国务院正式印发《关于支持福建省深入实施生态省战略加快生态文明先行示范区建设的若干意见》,福建成为全国第一个列入生态文明先行示范区建设的省份。

2015年3月,经国务院授权,国家发展改革委、外交部、商务部联合发布了《推动共建丝绸之路经济带和21世纪海上丝绸之路的愿景与行动》(以下简称《愿景与行动》)。《愿景与行动》提出,加强福州、厦门、泉州等沿海城市港口建设,积极打造成为"一带一路"特别是21世纪海上丝绸之路建设的排头兵和主力军。《愿景与行动》明确支持福建建设21世纪海上丝绸之路核心区,这对福建旅游业来讲,是扩大"清新福建"品牌影响力的一个重要契机。

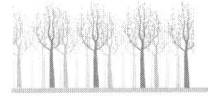

2014年,全省投入旅游专项资金1300万元,支持省内50家3A级以上(含3A)生态景区设立空气质量监测点,在全国率先发布50个生态景区清新指数(涵盖PM2.5指数、负氧离子指数),让"清新福建"以权威的数据享誉全国,如今"清新指数"已成为福建生态旅游新卖点。"十三五"期间,福建省旅游业发展确定了"坚持生态引领,坚持生态立省,以生态文明引领全省旅游产业发展"的基本思路和原则。为响应国家"美丽中国·生态旅游"的号召,把福建建设成为生态环境优良、综合效益显著的全国生态文明先行示范区,省旅游部门在全省范围内先后开展了"福建省生态旅游示范区"评定工作、"森林人家"评选活动,构筑了生态旅游框架,推动了生态旅游发展。

6.区域经济发达,居民生活富裕

经济是旅游的物质基础。一方面,经济发展水平决定着人们的收入水平,经济收入是孵育旅游的首要因素,对人们的旅游行为有着决定性的影响;另一方面,经济发展水平又决定着旅游开发的能力,旅游业要持续发展,必须要有强有力的经济做后盾。2016上半年,福建生产总值(GDP)同比增长8.3%,达到11812亿元,高于全国1.6个百分点。2016上半年,福建省城镇居民人均可支配收入19267元,同比增长8.5%,扣除价格因素后实际增长6.4%;农村居民人均可支配收入7145元,同比增长9.6%,扣除价格因素后实际增长7.9%。福建无论是城镇居民还是农村居民生活均为富裕水平,已达到大量出游的经济条件。

7.林业产业发达

2015年,商品材产量497万立方米;竹林面积1601万亩(其中毛竹1504万亩),居全国首位,年产竹材7.16亿根(其中毛竹4.66亿根)、鲜笋176.8万吨;油茶林面积341.8万亩,年产油茶籽18万吨、茶油3.8万吨;花卉种植面积114.04万亩,产值439.03亿元,实现销售额224.78亿元;人造板、松香、木质活性炭、木制家具等主要林产品产量均居全国前列。省级以上林业产业化龙头企业154家、境内外上市林业企业27家。中国名牌产品2个、中国驰名商标36枚、省名牌产品208个、省著名商标104枚。2015年,全省林业产业总产值达4277亿元,位居全国前列。重点林区涉林收入已成为当地农民脱贫致富的重要途径之一。

二、福建森林生态旅游的发展战略布局

根据旅游资源分布状况和不同地理区域,福建森林旅游将形成五区、三线、三中心分布格局。

1.五个森林生态旅游区域

"五区"指的是在旅游资源区划的基础上形成各具特色的五个森林生态旅游

区域。

一是以福州为中心,以城郊森林、名木古树、海滨海鸟为主要景观,以福州省会为主体的森林旅游区。二是以厦漳泉为中心,以亚热带雨林、名花名果、海滨海鸟为主要景观,以闽南文化为主体的闽南森林旅游区,包括厦门市、漳州市、泉州市、莆田市。三是以龙岩、三明为中心,以林涛竹海、岩溶地貌、平湖秀色为主要景观,以客家文化为主体的闽西森林旅游区,包括龙岩市、三明市。四是以武夷山双遗文化、朱熹文化为主体的闽北森林旅游区,以林涛竹海、珍禽猛兽、丹霞地貌为主要景观。五是以太姥山为中心,以森林景观、溪潭瀑布、石景地貌为主要景观,以闽东畲族文化为主体的闽东森林旅游区。

2.三条森林生态旅游线路

"三线"指的是山区、沿海、闽东三条森林生态旅游线路。一是山区线。以武夷山、泰宁金湖、将乐玉华洞、连城冠豸山等国家重点风景区为依托,以猫儿山、三元、仙人谷、龙岩、上杭等国家级森林公园,以及自然保护区为主要载体,发挥旅游媒体和旅游接待单位的作用,形成具有特色的山区森林生态旅游线路。二是沿海线。以厦门特区和福州省会为依托,以福州、旗山、灵石山、平潭、天柱山、东山等国家森林公园、厦门白兰饭店等为主要载体,发挥旅游媒体和旅游接待单位的作用,形成独具特色沿海森林生态旅游线路。三是闽东线。以太姥山为依托,以森林公园、自然保护区、风景名胜区、畲族村寨为主要载体,发挥旅游媒体和旅游接待单位的作用,把区内分散旅游点连成一片,并与浙江雁荡山风景区联手,形成跨省闽东森林生态旅游线路。

3.三个森林生态旅游中心

"三中心"指的是以福州、厦门、武夷山为福建森林生态旅游中心。

福建具有丰富的森林旅游资源、独特的地理区域,闽台交往频繁,森林旅游异军突起,方兴未艾,21世纪森林生态旅游业必将成为林业新兴产业和林业新的经济增长点。

三、建议

1.加强对生态旅游人才的培养和引进

宣传环保意识,引导民众认识生态环境的重要性,主动加入保护生态环境队伍,提高民众参与度。引导旅游者在欣赏美好生态环境的同时吸收自然文化知识,用自身行动保护生态。生态导游和服务人员队伍是实现游客高质量旅游经历的重要组成部分,除了具有一般旅游接待的服务技能和知识外,最重要的是具备生态意识和环境

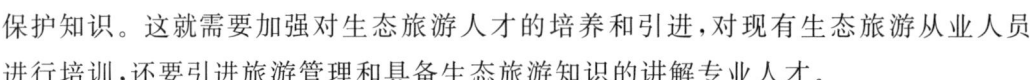

保护知识。这就需要加强对生态旅游人才的培养和引进,对现有生态旅游从业人员进行培训,还要引进旅游管理和具备生态旅游知识的讲解专业人才。

2．加强政府主导,合理开发生态旅游资源

首先,应根据不同类别的生态旅游区的功能、承受能力和具体环境特点,编制开发与保护规划,重点抓好武夷山世界自然和文化遗产生态旅游度假区、大金湖生态旅游区、湄洲岛妈祖文化旅游区、平潭东山等海岛生态旅游区、闽东山海生态旅游区的规划和旅游资源开发工作。其次,应鼓励各地选择资源条件优越、特色明显、处于著名旅游线路和旅游景点辐射范围内、交通便利的旅游区,开展生态旅游示范区创建活动。示范区建设要坚持绿色开发与消费,建立绿色旅游管理机制和经营理念,实现环境管理与国际标准接轨。同时,注重建设和提升旅游区的生态品位。

3．加大区域旅游合作,提高品牌影响力

加强区域联合促销,联合浙皖闽赣,构建国家东部生态旅游实验区,四省共同打造生态、遗产高地,形成国家东部生态屏障,强化区域联合生态旅游线路的辐射力,建设国际一流的生态旅游目的地。以节、会、展、演、赛等项目营销作为引爆点,做好宣传与服务的对接工作,策划特色项目,使福建生态旅游精彩不断。借助智慧旅游的平台,通过建立福建生态旅游网页、微博、微信以及在线旅游服务商等网络营销手段进行全方位营销。

4．改善基础设施条件,提升公共服务能力

生态旅游区一般都面临着旅游基础设施不完善、可进入性差等先天劣势。一要突破交通瓶颈。旅游交通是连接旅游地之间游客市场的主要途径,对于福建多山地形特征来讲,加快旅游交通建设显得尤为重要。应加快对外交通建设,如建设高速、高铁、机场等,提升对外通行能力。二要提升公共服务能力。抓紧制作旅游标识标牌,加强游客集散中心、酒店、旅游购物场所等配套设施的建设及标准化管理,改善景区内医疗条件,加强旅游从业人员培训,全方位提升旅游接待能力。

5．创新发展模式,多方利益主体合作开发

在生态旅游发展中,可由政府牵头,协调各方面的资源,建立健康安全的旅游发展投、融资平台,引导社会资本、国际资本和民间资本参与生态旅游资源的开发利用,投资旅游项目和基础设施建设。多渠道筹集旅游发展专项资金,争取设立福建省生态旅游产业发展基金,集合各方财力构建稳固的资金链,推动我省生态旅游业又好又快发展。特别需要指出的是,福建民营经济表现优秀,引进民营经济参与生态旅游开发有着重要的意义。一是引进民营资本参与生态旅游市场投资,使投资主体多元化,能够尽快建成一批有规模、高档次的生态旅游示范点;二是引进民营资本参与公共服务设施和旅游服务设施建设,提高接待能力,提升服务水准,增强生态旅游的整体竞争力。

6. 创新培育新型生态旅游产品,提升市场竞争力

首先,推出清新生态体验性旅游产品。继续推动国家级、省级生态旅游示范区建设,引领带动一批生态旅游景区向休闲度假功能优化。积极引导泰宁、永定、惠安、东山、永泰、邵武、德化等地打造生态旅游品牌市县。创新培育武夷山、戴云山、湄洲岛等一批全生态体验旅游基地。其次,在保持生态原真性和完整性的前提下,对现有旅游产品进行深层次开发,适度开发科考教育、山水运动、研学采风、清新养生等新产品,构建新的生态体验旅游吸引物。再次,实施旅游运营生态化。旅游业涉及食、住、行、游、购、娱等多个要素,要想实现生态旅游就必须实现旅游运营的生态化,生态化运营必须贯穿旅游活动的每个要素、每个节点。

7. 挖掘人文旅游资源,加强生态旅游发展内涵

福建文化生态旅游资源内容丰富,内涵深刻。妈祖文化、海丝文化、宗教文化、客家文化、民俗文化、名人文化、农耕文化、建筑文化及少数民族文化交相辉映。要把握国家大力支持文化创意产业发展的历史机遇,做好文化与生态旅游结合文章,组织专门力量,对福建独特的地域文化进行深度挖掘,大力开发文化旅游产品和乡村度假产品,将其原生态地融入旅游产品中去,丰富生态旅游的文化内涵,打造"文化+精致"型的旅游产品,实现福建旅游内涵式永续发展。

8. 构建生态经济管理机制

生态经济管理是生态管理和经济管理的有机统一,把生态环境与旅游资源保护纳入旅游开发体系,并确定其引领地位,建立健全生态环境系统监测体系,旅游环境承载量评估体系,游客行为控制体系,生态环境恢复治理体系,以及生态环境政策保障体系等。

(1)构建综合保障机制

保障机制的内容主要包括:政策保障,即制定相关政策扶持生态旅游业发展,鼓励低碳旅游消费方式;科技保障,即重视绿色科技创新,支持绿色科技研发,促进相关成果在生态旅游中的运用;资金保障,即加大对生态旅游产业的扶持力度,除了直接的财政支持外,还应当综合运用税收、金融、价格等经济手段,引导民间资本参与生态旅游建设。

(2) 创新生态旅游产业管理

注重运用经济、行政、法律等手段，推动生态旅游区管理创新。以国家生态旅游示范区建设为导向，实施福建生态旅游区精品示范工程，发挥精品生态旅游区的示范带动作用。积极构建福建生态旅游产业体系。构建生态旅游产业体系是福建旅游发展方式转变的主要体现。推动酒店、旅行社、景区等旅游企业利用绿色科技，从资源利用上的"精益化"、生产过程的"生物链化"和生产后的"循环化"等方面，对福建旅游产业体系进行生态化创新及提升。旅游区生态管理是福建旅游发展方式转变的具体体现。推动旅游区从资源、环境、游客、社区等方面实施生态管理研究，促进旅游资源合理开发和生态环境有效保护，并在此基础上，创新旅游区生态管理与运营管理的协调运行机制。

(3) 加大生态旅游监管力度

政府相关部门应监督相关法律法规的执行，切实维护各方权益。对生态旅游资源开发、生态旅游设施建设、旅游市场经营等各方面依法实行全面监督，大力倡导依法治旅，对违规操作的企业和个人按规定给予惩处，确保生态旅游有序、健康发展。

第四节　福建发展竹文化生态旅游的优势及建议

一、福建发展竹文化生态旅游的优势

1. 竹资源赋存丰富，竹产业发达

亚洲太平洋、非洲和美洲世界三大竹区中，亚洲太平洋竹区最重要，无论是竹子的种类、栽培面积，还是竹子的蓄积量都占世界总量的80%左右，尤其是素有竹子王国之称的中国，中国是竹子资源最丰富的国家，无论是竹子的栽培面积、种类，还是竹子的蓄积量，在世界都是第一的，全世界竹子的种类有70多属1200多种，中国达48属500余种。

福建省竹林资源优势突出，是中国竹子分布的中心区，竹林产量高且笋竹质量好。2014年，竹林面积106.75万公顷（1601万亩），其中毛竹100.3万公顷（1504万亩），约占全国竹林面积601万公顷的1/6。武夷山、戴云山、博平岭和鹫峰山脉中低山山地，是中国毛竹分布区自然生产力最高的区域。"世界双遗"武夷山自然保护区及周边大面积毛竹林胸径可达12～15厘米，最大胸径可达20厘米，竹高25米以上，通直圆满、竹壁厚，加工利用率高，在市场上具有极强的竞争优势和潜力。2006年，福建省的建瓯市、永安市、沙县、顺昌县、武夷山市、尤溪县等六个县（市）被评选为中国

竹子之乡,占总数的1/5(表6-3)。

表6-3　2006年国家林业局命名的30个"中国竹子之乡"名单

省(直辖市、自治区)	中国竹子之乡
福建省	建瓯市*、永安市、沙县、顺昌县*、武夷山市、尤溪县
浙江省	安吉县*、临安市*、龙游县、德清县、余杭区
湖南省	桃江县*、绥宁县、安化县、桃源县
江西省	宜丰县*、崇义县*、奉新县、安福县
安徽省	广德县*、霍山县、黄山区、宁国市
四川省	长宁县、沐川县
广东省	广宁县*、怀集县
贵州省	赤水市*
湖北省	赤壁市
广西壮族自治区	兴安县

注:＊为1996年原林业部命名的中国十大竹乡。

福建农林大学主持完成的"竹纤维制备关键技术及功能化应用"获2014年度国家科学技术进步奖二等奖,该成果获奖说明福建省在竹材精深加工,特别是竹纤维制备技术及其功能化材料的研究与产业化开发方面达到国际先进水平。福建笋竹加工业正在向产业集群化、现代化和正规化方向发展。福建竹业牢固地奠定了山区经济持续发展的支柱产业地位。2015年,福建竹材产量7.16亿根(其中毛竹4.66亿根)、鲜笋176.8万吨,活性炭等竹产品产量均居全国前列。涌现出了一批在全国具有一定影响力的特色企业,如建瓯华宇竹业与圣象集团、美国居奇公司合资成立居怡竹木,成为全国竹木地板领军企业之一;政和祥福集团主攻的竹茶盘(茶具)系列产品亮相央视《新闻联播》;龙泰竹业成为全国首家竹业新三板企业。

2. 竹文化积淀深厚

7000多年前的新石器时代,竹子就为人类所用。6000年前仰韶文化时期就有竹的符号。从殷商至南北朝,中国的祖先们在竹简上刻字,使中国汉文字以方块的形式固定下来。其中的竹部汉字历经3600余年演绎发展,从最初发现的6个(商代的甲骨文)发展到现在1038个(汉语大字典)。"胸有成竹""青梅竹马""竹报平安""势如破竹"等无数含有"竹"字的成语典故,都蕴含着许多寓意深刻的故事。竹简典册是中国最原始的文字书籍,为后人留下了丰富的典籍史料,使中华民族的悠久历史文化得以流传至今。3000多年前的西周时代就有了竹乐器,2200多年前的秦代发明了竹竿制作的毛笔,公元9世纪中国就发明用竹浆造纸的技术(欧洲最早用竹造纸是在19世纪70年代)。竹简、竹纸、毛笔的发明和使用,使得中华文明史与竹子水乳交融。古往今来,青青翠竹,依依修篁,引发了多少历代文人墨客为它赋诗作画。中国最早的诗歌文集《诗经》中咏竹的诗句多达四五十处。晋代诗人王子猷曾发出"何可一日无次君"的感叹!宋代大文豪苏轼也写下"可使食无肉,不可居无竹"的诗句。中国绘画艺术自唐代始创墨竹,此后画竹名家层出不穷,尤以清代郑板桥不仅创作了许多美妙绝伦的墨竹丹青,还留下了《题画竹六十九则》的诗集。千百年来,人们借竹寓意,以竹抒情,诸如将"松竹梅"喻为"岁寒三友",将"梅兰菊竹"寓意"四君子",用竹子"青翠洒脱的风姿、昂首挺拔的气势、虚心有节的情操、刚柔相济的品德"相互勉励等,构成了丰富多彩的中华竹文化,对人类文明进步产生了深远的影响。

3. 经济效益、社会效益和生态环境效益相得益彰

发展竹文化生态旅游能产生多方面的效益。首先,它具有发展旅游业的经济效益和社会效益,能够促进产业结构调整和优化;为社会提供大量就业机会,提高人们的物质文化生活水平;增进国际交流的同时促进招商引资;加快社会主义新农村建设步伐。其次,竹林还具有森林的生态功能、经济功能和社会功能,对涵养水源、防风固沙、保护物种、调节温湿度、改善小气候、维护生态平衡具有不可替代的作用。再次,竹林的固碳能力超过树林。科学研究表明:森林每生长1立方米的蓄积量,平均能吸收1.83吨CO_2,释放1.62吨O_2。浙江林学院周国模教授研究得出,竹林的固碳能力超过树林,1公顷毛竹的年固碳量为5.09吨,是杉木的1.46倍、热带雨林的1.33倍,竹子对减缓气候变暖的作用超过林木。

二、福建竹文化生态旅游的现状

1. 专业旅游人才缺乏,服务质量不高

福建竹文化生态旅游景区的从业人员大部分由林业局、场、站其他专业岗位转岗而来,生态旅游相关专业知识知之甚少。游客来了只是简单象征性地介绍,致使旅游景点不能引起游客的兴趣,有乘兴而来、败兴而归的感觉,从业人员整体服务意识不浓,服务质量不高。

2. 竹文化旅游商品缺乏特色性、体验性和品牌性等问题

福建省笋竹加工高端产品不多,以竹胶板、竹地板、竹凉席、清水笋、软包装笋等传统产品为主,竹纤维、竹家具、竹工艺品等附加值高的产品没有形成集聚优势,福建应开发具有文化性、特色性、体验性、纪念性、品牌性的竹文化旅游商品。

3. 竹文化生态旅游以观光型为主

旅游者品尝竹文化佳肴、购买竹旅游商品基本上处于被动地位,缺乏体验性。

三、建议

1. 大力开发竹文化旅游商品

具有景区标志性的独有的旅游商品是旅游景区的形象代表和宣传媒介,能使购买者的旅游体验在时空上得到延续。为了使竹文化生态旅游在森林生态旅游中凸显特色,一定要在竹文化上下足功夫,加大力度开发竹文化旅游商品。

(1) 竹工艺品

竹工艺品的旅游开发价值较大,具有文化品位高、资源消耗少、增值率高且购买收藏市场潜力大等特点。应用高科技,使现代加工技术与传统加工工艺技术完美结合起来,开发出实用价值与工艺观赏价值兼有的竹茶(餐)具、竹雕工艺、竹篾编织和莆田留青竹刻等竹工艺品,占领国际市场。竹工艺品在包装和加工上要实现新突破,提升艺术水平,提高竹材利用率。

(2) 笋竹加工高端产品

福建应加大笋竹生化产品研发投入,开发竹叶黄酮、竹叶多糖和竹笋甾醇等科技含量高的笋竹生化产品,打造竹生物医药集群。加工产品由一般竹产品向竹炭、竹纤维服饰、竹饮料等精深加工产品转变。木炭比表面积在300平方米,竹炭目前在林学院测试后有700平方米。竹炭有非常好的吸附能力,所以竹炭如果做成装饰材料,可以净化空气,可以调节水分。加强技术研发,充分发挥厦门大学化学化工学院、福建农林大学等的带动作用,积极调动社会各方力量特别是竹产品加工企业和科研院所的积极性,整合科研资源,认真组织重点课题攻关,切实抓好竹产品加工和竹资源培育等两个重点环节的技术研发。加快成果转化,加强科研院所和加工企业的对接,及时将最新涉竹科研成果转化为现实生产力,不断强化高新技术和先进实用技术的应用。

(3) 竹文化佳肴

充分发挥饮食特色,围绕竹笋制作各类笋宴,如油焖鲜笋、排骨炖鲜笋、雪菜炒冬笋、腊肉笋干煲等美食佳肴。竹笋做成菜肴不仅味美爽口,其中所含的营养也异常丰富。《本草纲目》中记载,竹笋有消渴、利水道、益气的功能。现代科学研究表明,竹笋含有多种氨基酸和微量元素,纤维含量高、脂肪含量低,可以促进肠胃消化和排泄,减少有害物质在体内的滞留和吸收。《云笈七签》说,服日月之精华者,欲得常食竹笋。竹汁为饮料中之珍品,竹荪为山珍之首。

(4)将莆田留青竹刻打造成福建的拳头产品

2014年12月,国务院公布了第四批国家级非物质文化遗产代表性项目名录,莆田市留青竹刻在传统美术一类中榜上有名。留青竹刻始创于唐代,明朝中期真正成为一门独立的艺术。它是利用薄似纸张的竹皮(包括竹青、竹筠、竹底)的不同层次颜色表面,应用刀法创造出立体与平面透视相结合的竹青层雕刻艺术形象,铲去空白处的竹青,露出肌层作为画面底色。由于雕刻时留着具体物象的竹青,故名留青,竹刻史上也称皮雕。其所用的竹料经工艺处理后,竹青层变成淡淡的米黄色,近似象牙其底层的竹肌变成淡赭色,洁净光滑,时间愈久色泽愈雅。由于青皮与竹肌在质地、色泽上的明显差异,所以作品能取得水墨神韵般的艺术效果,且时间越久,作品也会越发神奇、古朴。清代乾隆中期,莆田刘氏第36代裔孙刘材成创作的一个笔筒,用于雕刻的竹筋没有一点杂质,年份够久,看起来又红又透,简直达到了玉的质地。2001年以来,莆田留青竹刻的代表性传承人刘志高的作品先后荣获杭州西湖精品博览会、中国国家级艺术大师精品创新金奖等56项大奖。《爱的呼唤》《觉悟》《数尽飞鸿》等6件作品入围中国唯一竹刻博物馆——上海嘉定竹刻博物馆收藏行列。2006年,明末竹刻名家张希黄的一件留青臂搁,拍出了165万元的高价,以十几万价格成交的留青竹刻,更是屡见不鲜。取材于高雅的竹,又能雕刻出水墨画般的效果,这两大优点让留青竹刻深受文人雅士的喜爱。做大、做强莆田留青竹刻,打造成福建独有品牌,有利于福建竹文化生态旅游特色挖掘和形象塑造。

2. 提高竹文化生态旅游活动的体验性

目前,旅游者在旅游区尝竹文化佳肴、购买竹旅游商品基本上处于被动的接受地位。让旅游者参与竹旅游商品生产的全过程,如,采挖竹笋、了解笋干制作工艺、学习并烹饪竹文化佳肴、学习并亲编竹编工艺品,将半成品的莆田留青竹刻提供给旅游者,让旅游者在师傅的指导下亲自雕刻完成或竹刻师傅根据旅游者的意愿刻上旅游者的姓名、属相、游览时间、情侣双方的姓名等,或节节高升、竹报平安、青梅竹马等竹文化。半成品的莆田留青竹刻可以是臂搁、屏芯、笔筒、香筒、诗筒、扇骨、虫具,文具、镇纸、折扇等。在竹文化旅游商品购买过程中为旅游者提供烹饪、绘画、竹工艺品等物质创造的机会,为旅游者构建展现技能、情感、个性的创意空间,能够刺激旅游者购买行为,实现旅游商品销售与旅游活动的融合,融合旅游者个体感受提升旅游者旅游体验,赋予旅游商品个性化的观念价值,赋予竹旅游商品新的价值,形成具有地域特色和文化个性的旅游商品。在生产销售过程中实现买卖双方的互动交流,旅游者在商品形制内涵上拥有更多的决定权,由于旅游商品寄托了旅游者的个体情感,得到的购买体验是独一无二的。

3. 建一个竹子博物馆

建设一个集竹类品种和竹产品展示、竹科研培训、竹旅游地产等功能为一体的竹子博物馆,以竹子为建筑原料,体现绿色、低碳、环保的建设理念。竹子博物馆可由竹史厅、竹资源厅、竹业厅、竹萃厅等组成。竹史厅可展示竹子从 7000 年前的新石器时代以来,它在人类文明史中的地位和作用,涉及农、林、牧、副、渔等,包括书画、文字、日用品等诸多方面,如国家级非遗莆田留青竹刻的整个艺术加工流程;竹资源厅可展出竹子在世界上的分布、区划、分类和国内、省内的竹种、面积等资源状况及大量标本;竹业厅可展出竹子在经营、培育、加工和生产、科研等方面所取得的成就;竹萃厅可展出各种竹产品。

4. 建立一批大毛竹天然氧库

天然氧库以浩瀚的大毛竹景观为主体,结合休闲、养生、温泉、探险等多种形式,开发竹海漂流、竹海探幽、竹海演艺等旅游项目。充分利用竹林空间,种植铁皮石斛、金线莲等名贵中草药和套种无患子等阔叶树,养殖鸡、鸭、鹅等家禽和孔雀、山鸡等丰富旅游商品。

大毛竹天然氧库分为竹景区、竹戏区、竹健区、竹艺区、竹食区等功能区,设立竹海迎宾、竹苞松茂、竹源问溪、竹海探王、竹楼观海和竹雕园、竹缘林、竹戏道、竹健场等景点与游娱点。游客可在景区内观竹王、望竹海、嬉竹泉、赏竹艺、听竹乐、玩竹戏、享竹疗、看竹业、购竹品、食竹宴、住竹居,并可在规定区域自行刻写题咏、留言,自制竹工艺品,尽情观光、游娱、学习、憩息、健身,享受回归大自然的无穷乐趣。

绿是生命之色、希望之色,竹把这种色彩体现得既长久又彻底。竹子它性刚品柔、幽静淡雅、密密麻麻、整整齐齐、坚韧挺拔、刚正不阿,笔直的枝干、翠绿的叶子,一年四季常青不败,生命力极为顽强,谦虚不张扬,特别是盛夏时节走进竹林,静寂优雅,阳光从缝隙中透过,给那片浓绿披上了外衣,竹林中飘着淡淡的清香,心中满是安逸舒适。君子是中华传统文化中对人的美好品德的最高定位,竹明丽的色彩、俊逸的风姿、虚心有节的品格、抗霜傲雪的意志,成为君子品格中气节与胸怀的物化象征。

发展竹文化生态旅游业依赖于良好的自然生态环境,而被称为绿色旅游、生态旅游,其发展又有利于生态环境的改善和生态文明的建设。因此,发展福建竹文化生态旅游,对实现福建省"生态美"和"百姓富"战略目标具有重要的理论意义和现实意义。

第七章

推进生态文化建设

加强气候变化全民教育,坚持把培育生态文化作为重要支撑,充分发挥人民群众的积极性、主动性、创造性,倡导勤俭节约、绿色低碳、文明健康的生活方式。

第一节 加强气候变化全民教育

气候变化是国际社会普遍关注的全球性问题。近年来,全球酷暑、干旱、洪涝等极端气候事件频发,气候变化影响日益显现。各国应携手应对气候变化,共同推进绿色、低碳发展已成为当今世界的主流。在全球积极应对气候变化的过程当中,关于气候变化教育问题由不被重视、被边缘化到渐渐受到人们的关注,引起全民关于气候变化教育的积极思考。

一、气候变化的性质

如何认定气候变化的性质?气候变化是一个多面体,一个综合性的问题,它既包含环境问题,也包括灾害问题,还有能源问题,更关乎发展问题。面对气候变化不同的属性,则需要以不同的处理方式去应对。如果将气候变化问题作为能源问题,应对气候变化工作则相应地被称为"低碳"。但应对气候变化工作还有防灾减灾等性质,所以,应对气候变化工作应该是低碳排放与比较好的防灾减灾能力的相辅相成,用不同组合的词汇来表达,包括低碳排放和低气候风险。联合国开发计划署(UNDP)曾提出一个概念:low carbon economy and climate resilient society,即低碳经济与气候弹性社会。

二、气候变化教育至关重要

社会意识决定社会行动,公众是社会发展的动力。过去言及教育是教育公众改变自己的日常行为,从一点一滴做起。现在也一样,如果没有通过全民教育,使全社会有强烈气候变化意识,就无法争取更大力度促进低碳发展的稳定政策。大家都迫切地希望国家能够完善低碳政策,促进低碳技术的进步,进而促使低碳社会的发展,但只有落实了气候变化教育才能促成全民对低碳的重视,低碳社会的发展建设才得以加快推进。在应对气候变化的行动中,教育必须先行,只有以气候变化教育作为行动铺垫和理论基础,才能更好地为应对气候变化做出贡献。

三、气候变化教育的现状不能够令人满意

放眼全球,当公众一提及气候变化,首先想到的是联合国气候变化公约以及秘书处的约束条件和规范。事实上,关于气候变化问题的工作力量不仅仅局限于这一个方面,联合国环境署还承担了应对气候变化的全球教育任务。由于公众过分关注气候变化的法律问题,其他机构的声音就容易被遮盖,注意力被消减,从而影响了联合国环境署的气候变化教育工作效果。

以北极熊的形象作为气候变化问题所带来的影响及后果的象形联想物是一个严重的误导。倘若气候变化只能影响到诸如北极这样无人或者人少的地方,如何让人们引起对气候变化所带来影响的真正重视。2012年10月,美国桑迪飓风给美国人带来了巨大的损耗,这就是由于气候变化所引发的灾害,它发生在人口最密集和财富最集聚的地方,这说明气候变化带来的影响和后果就在你我身边,它与人类的生活紧密相连。向公众宣传气候变化的出发点必须从以人为本的角度出发,必须从身边的例子引入。

目前,各国政府采取了大量力量来应对气候变化带来的影响,但民众对气候变化的认知仍有不足,尤其在气候变化教育方面,不仅缺乏必要的教材、师资,也还没有全面的气候变化教育政策和战略。尽管我国政府时常提及气候变化战略的重要性,强调我们的发展遇到资源不足、能源不足的重重障碍,但并没有重视这些问题的起点,即气候变化是一种灾害,气候的变化引起了各种资源的锐减。谈论气候变化时,应立足于气候变化是场灾害这个起点,不要绕过灾害而泛谈低碳发展。这是从战略的表述以及宣传角度为应对气候变化教育所能做的一些事情,并能够对应对气候变化教育产生一定的影响。

四、气候变化教育的措施

1. 制定气候变化教育法律法规

对气候变化问题,我国政府已经十分关注。近几年,我国开展了适应气候变化国家战略专题研究,并且已经制定《国家适应气候变化战略》和《国家应对气候变化规划(2014—2020年)》。同时,我国政府也出台了一些关于气候变化教育的政策,如2007

年出台的《节能减排全民行动实施方案》,于2009年、2011年、2013年、2014年、2015年发布的《中国应对气候变化的政策与行动》等,倡导全面采取各种行动(如学校行动、家庭行动、社区行动、科技行动等),利用各种媒介(如网络、图书、音像等),对气候变化的相关问题展开宣传并将气候变化教育纳入全国各级各类的教育之中。但是,这些政策对于开展全面的气候变化教育的规定还不够,尤其是缺乏实施气候变化教育的法律法规。制定完善的气候变化教育法律法规势在必行。

2.在各级各类学校中设置气候变化教育课程

了解、缓解和适应气候变化是公民从小就应该学习和秉持的一种素养。在我国的中小学课堂中,相关课程的开设并不普遍,也缺乏相应的教材和气候变化教育的高素质教师。我国一些高校的环境类专业中,开设了与气候变化相关的课程,学生对气候变化的知识了解较多。但非环境类专业的学生对环保知识、气候变化等了解较少,大学生也普遍缺乏环境意识。此外,进行气候变化教育的主要方式是以教师的课堂讲授为主,学生很少有机会真正亲身参与其中,教学的过程往往流于形式。气候变化教育应该贯穿于基础教育、中等教育、高等教育、职业教育、成人教育中,各级各类学校应设置相关课程,配备相关教师,将气候变化主题与其他学科的教学结合起来,从而保障气候变化教育在学校中的有效实施。

3.加强对教师、教育专家等关于气候变化教育的培训

教师是学校气候变化教育的主要承担者,是实施教学活动的关键。目前,我国很多高校对于教师这方面能力并不十分重视,认为没必要花费时间和精力进行专门培训;对于非环境类专业的学生进行气候变化教育,更需要进行渗透式教育,但教师本身的环境知识缺乏,无法对于已有的知识进行更新,也不能在课堂上教给学生正确的环保知识与理念。我国应为教师设计关于气候变化教育与培训的模板,从气候变化教育、环境教育、自然灾害的预防和应对等角度开展关于气候变化的教师教育与培训,提高教师的气候变化教育素养。

4.将气候变化教育与职业教育、非正规教育结合起来

气候变化问题不是单独发生作用的,它与能源、发展、生态系统、消费方式等问题紧密相关,对学生进行气候变化教育,可以提高他们对未来生活的应对能力及可持续发展的意识。因此,开展气候变化教育不仅需要正规的课堂教学,还需要在广泛的社会大环境下进行非正规的教育活动。例如,在街道、社区开展的气候变化教育宣传活动和气候变化志愿者活动,在博物馆、动(植)物园、自然保护区、自然教育中心开展的参观学习活动等。气候变化教育是我们必须付诸实践的行动,且需要社会团体、相关

利益群体等开展非正规的教育活动,努力把单一的课堂教学变成丰富多彩的教学活动,以激发学生对气候变化问题的兴趣和关注,从而真正有效地提高学生及社会大众关于气候变化的知识、素养和能力。

五、联合国教科文组织呼吁各国切实推进气候变化教育

2015年7月21日,联合国教科文组织发布了主题为"行动起来:开展气候变化教育实践"的研究报告,该报告涵盖了多米尼加、圭亚那、毛里求斯、图瓦卢、南非等国家的案例研究,简要介绍了全球16个国家在应对气候变化及可持续发展方面的概况,并就教育如何进一步应对气候变化这一议题提出多项政策建议。建议主要集中在以下五方面:第一,在政策制定方面,政府需在各级各类教育机构开设的课程中整合可持续发展教育(ESD)和气候变化教育(CCE);第二,在资源整合方面,政府需明确建立一个全国性的协作框架,有效推动ESD与CCE的整合;第三,在课程制定方面,各国教育部及教育规划人员应当评估和改进课程体系,确保包含ESD和CCE,这也对开发新型教学法、重点培养批判思维和问题解决的能力提出了更高要求;第四,在教师与教育规划者能力建设方面,教师与非教职人员应当理解气候变化议题,同时开发和利用适应本地情况的教材;第五,在提高公众意识与参与度方面,政府应当支持社区、民间组织、媒体等提供非正式的教育机会,宣传减缓和适应气候变化的相关信息。联合国教科文组织进一步表示,气候变化教育是帮助人们了解气候变化起因和后果的重要工具,能帮助人们及时适应气候变化,并针对不良起因及时采取行动。

第二节　夯实福建省森林生态文化载体建设

一、加强自然保护区建设管理

截至2016年5月,福建省已建成近百个自然保护区,其中,国家级自然保护区16个(表7-1)。自然保护区在生物多样性保护、维护生态安全、水源涵养、净化空气等方面发挥了重要作用,有效保护了全省90%以上的珍稀、濒危野生动植物种和70%以上的典型生态系统、70%以上的主要江河源头森林植被。武夷山等6个自然保护区被列为"全国野生动植物保护教育基地""中国林业科普教育基地",闽江源等25个自然保护区被列为"福建省科普教育基地""福建省保护母亲河生态教育基地""爱国主义教育基地"等。

表 7-1 福建省 16 个国家级自然保护区名单

（截至 2016 年 5 月）

序号	自然保护区名称	行政区域	总面积（hm²）	保护对象	类型	始建时间	主管部门
1	雄江黄楮林	闽清县	12513.3	福建青冈、中亚热带南缘常绿阔叶林及两栖爬行动物	森林生态	19850802	林业
2	厦门珍稀海洋物种	厦门市	33088	中华白海豚、白鹭、文昌鱼等珍稀动物	海洋海岸	19910101	海洋
3	君子峰	明溪县	18060.5	中亚热带原生性常绿阔叶林、南方红豆杉	森林生态	19951220	林业
4	龙栖山	将乐县	15693	中亚热带森林生态系统，金钱豹、云豹、黄腹角雉、白颈长尾雉、南方红豆杉等珍稀物种	森林生态	19840911	林业
5	闽江源	建宁县	13022	大面积的钟萼木和南方红豆杉原生种群、福建闽江源头森林	森林生态	20011008	林业
6	天宝岩	永安市	11015	长苞铁杉林、猴头杜鹃林、南方山间盆地泥炭藓沼泽、野生兰科植物及中亚热带常绿阔叶林生态系统	森林生态	19881226	林业
7	戴云山	德化县	13472.4	南方红豆杉、长苞铁杉及东南沿海典型的山地森林生态系统	森林生态	19850516	林业
8	深沪湾海底古森林遗迹	晋江市	3100	海底古森林遗迹和古牡蛎海滩岩及地质地貌	古生物遗迹	19911009	海洋
9	漳江口红树林	云霄县	2360	红树林生态系统和东南沿海水产种植资源	海洋海岸	19920701	林业
10	虎伯寮	南靖县	2650	南亚热带雨林森林生态系统	森林生态	19990209	林业
11	福建武夷山	武夷山市、建阳市、光泽县、邵武市	56527	中亚热带森林生态系统	森林生态	19790703	林业
12	梅花山	上杭县、连城县、新罗区	22168	以华南虎为代表的珍稀动植物和典型森林生态系统	森林生态	19850402	林业
13	梁野山	武平县	14365	南方红豆杉林和钩栲林、观光木林生态系统及珍稀动植物	森林生态	19950101	林业

续表

序号	自然保护区名称	行政区域	总面积（hm²）	保护对象	类型	始建时间	主管部门
14	闽江河口湿地	长乐市、福州市马尾区	2100	河口湿地生态系统及水禽	内陆湿地	20030820	林业
15	茫荡山	南平市延平区	9442.3	杉木原生种群和典型的中亚热带沟谷森林生态系统	森林生态	19870201	林业
16	峨嵋峰	泰宁县	5418.16	中亚热带山地森林生态系统及珍稀野生动植物	森林生态	20010609	林业

二、加强森林公园建设管理

2015年4月16日，《福建省森林公园管理办法》颁布，2015年7月1日起施行。《福建省森林公园管理办法》共五章51条，包括总则、规划建设与认定、保护管理与利用、法律责任、附则五章，具有以下亮点：一是森林公园公益性质定位明确。二是简政放权、注重实效。三是重视保护、多措并举。四是规范经营、合理利用。五是强化追责、威慑力强。它的出台，将促进森林公园建设管理更加规范，有法可依。截至2015年年底，福建拥有森林公园178个，其中，国家级30个（表7-2）、省级127个、县级21个。福建省首创的森林旅游品牌"森林人家"在全国推广，全省拥有"森林人家"396户，其中，星级"森林人家"示范点达155户。

表7-2　福建省30个国家森林公园名单
（截至2015年年底）

序号	国家森林公园名称	批建时间	面积（公顷）
1	福建福州国家森林公园	1993年5月	41814.5
2	福建天柱山国家森林公园	1995年11月	2983
3	福建平潭海岛国家森林公园	1999年8月	1295.7
4	福建华安国家森林公园	2000年2月	8153.33
5	福建猫儿山国家森林公园	2000年2月	2560
6	福建三元国家森林公园	2000年12月	4572
7	福建龙岩国家森林公园	2000年12月	2200
8	福建旗山国家森林公园	2000年12月	3586.9
9	福建灵石山国家森林公园	2001年2月	2275
10	福建东山国家森林公园	2002年12月	874.6

续表

序号	国家森林公园名称	批建时间	面积（公顷）
11	福建德化石牛山国家森林公园	2003年12月	8411
12	福建三明仙人谷国家森林公园	2003年12月	1488
13	福建将乐天阶山国家森林公园	2003年12月	939
14	福建厦门莲花国家森林公园	2003年12月	3824
15	福建上杭国家森林公园	2003年12月	4672.59
16	福建武夷山国家森林公园	2004年12月	3085
17	福建乌山国家森林公园	2004年12月	6920.2
18	福建漳平天台国家森林公园	2004年12月	3851.1
19	福建王寿山国家森林公园	2004年12月	1535.2
20	福建九龙谷国家森林公园	2006年12月	1091.5
21	福建支提山国家森林公园	2006年12月	2299.93
22	福建天星山国家森林公园	2008年1月	1861.9
23	福建闽江源国家森林公园	2008年1月	1182.52
24	福建九龙竹海国家森林公园	2008年12月	1704.6
25	福建长乐国家森林公园	2008年12月	1823.17
26	福建匡山国家森林公园	2009年12月	2175.13
27	福建龙湖山国家森林公园	2010年9月	2697.21
28	福建南靖土楼国家森林公园	2010年9月	2233.83
29	福建武夷天池国家森林公园	2013年1月	2525.27
30	福建五虎山国家森林公园	2014年7月	2668.78

三、加强生态文明教育基地创建管理

生态文明教育基地为促进人与自然和谐，传播和树立生态文明观念发挥了示范作用，对普及生态知识，增强全民生态意识，推动生态文明建设具有十分重要的现实意义。福建省生态文明教育基地创建工作开展以来，取得了显著成效。福建省永安市洪田村林权改革纪念馆、福建天柱山国家森林公园、福建灵石山国家森林公园、福建省上杭县古田镇、福建省九龙谷国家森林公园、福建农林大学等6家单位被授予"国家生态文明教育基地"称号；厦门大学等30家单位被评为"省级生态文明教育基地"。福建应继续开展生态文明教育基地创建管理工作，充分发挥其生态教育功能。

四、加强生态文化村、生态文化企业创建管理

自2009年开始,中国生态文化协会以"弘扬生态文化,倡导绿色生活,共建生态文明"为宗旨,已组织开展了多次全国生态文化村创建活动。全国生态文化村按照生态环境良好、生态文化繁荣、生态产业兴旺、村民生活富裕、人与自然和谐、典型示范作用突出6个方面的标准进行评选。2013年1月,经福建省林业厅、福建省生态文化协会评选审核,决定授予长汀县三洲镇三洲村等30个行政村首批"福建省生态文化村"称号、福建龙川集团有限公司等20个企业"福建省生态文化示范企业"称号。截至2015年年底,福建创建了全国生态文化村16个(表7-3),评选了3批省级生态文化村75个、省级生态文化示范企业41家。

表7-3 福建省16个全国生态文化村名单

(截至2015年年底)

创建年份	全国生态文化村
2009年	1.龙岩新罗区龙门镇洋畲村
2010年	2.漳州市云霄县云陵镇下坂村 3.泉州市永春县一都镇美岭村
2011年	4.宁德市寿宁县犀溪乡西浦村
2012年	5.龙岩市连城县莒溪镇太平僚村 6.永安市青水畲族乡龙头村 7.宁德市蕉城区金涵畲族乡上金贝村
2013年	
2014年	8.龙岩市永定县湖坑镇南江村 9.南平市浦城县富岭镇双同村 10.泉州市德化县南埕镇南埕村 11.漳州市南靖县梅林镇官洋村 12.宁德福安市溪潭镇对廉村村
2015年	13.福安市潭头镇棠溪村 14.莆田市荔城区西天尾镇林山村 15.武夷山市洋庄乡大安村 16.龙岩市新罗区万安镇竹贯村

五、继续开展森林城市创建管理

2010年,福建全面启动国家和省级"森林城市"创建活动,出台《福建省森林城市

(县城)申报与考评办法》和《福建省森林城市(县城)评价标准》,发布实施福建省地方标准《森林城市(县城)总体规划编制规程》。省绿化委员会、林业厅举办了全省森林城市规划与建设培训班,在有关媒体开展"让森林走进城市,让城市拥抱森林"专题宣传,并组织赴外省学习考察,加强技术指导。

党的十八届五中全会通过的"十三五"规划建议提出,支持绿色城市、智慧城市、森林城市建设。2016年1月,习近平总书记主持召开中央财经领导小组第十二次会议研究森林生态安全工作时,明确要求着力开展森林城市建设。《国家新型城镇化规划》《国家中长期改革实施规划》等也都把森林城市建设作为重要内容。森林城市建设已融入国家发展战略之中。让森林走进城市,让城市拥抱森林。森林作为城市中有生命的重要基础设施,生态效益明显,对保障城镇居民喝上干净的水、呼吸上清洁的空气、吃上放心的食物,有着不可替代的作用。森林城市创建显著增加了城市森林绿地面积,使老百姓出门能见绿、游憩在林下、休闲进森林,提高了市民的幸福指数,受到广大市民的热烈欢迎。

截至2015年年底,福建有厦门、漳州、龙岩3个设区市被授予"国家森林城市称号",三明、泉州、福州、莆田等4个设区市正在积极创建;还授予了5批共31个"省级森林城市(县城)"(表7-4)。今后福建省每年将继续评选6个省级生态文明城市,并配合有关地区做好国家森林城市创建工作。

表7-4 福建省"国家森林城市"和"省级森林城市(县城)"名单

(截至2015年年底)

年份	2011年	2012年	2013年	2014年	2015年
国家森林城市	—	—	厦门市	—	漳州市 龙岩市
省级森林城市	莆田市 漳州市 长乐市 永安市 长泰县 明溪县	沙县 泰宁县 将乐县 南靖县 长汀县 泉港区	龙岩市 三明市 晋江市 永春县 德化县 尤溪县 武平县	泉州市 建阳市 福安市 安溪县 永定县 建宁县	福州市 漳平市 闽侯县 宁化县 清流县 平和县

六、推进森林生态文化馆建设

2015年3月11日,福建省首个生态文明建设馆在永安正式开馆,生态文明建设馆总面积1600平方米,由形象序厅、生态理念源远流长、人与自然和谐发展、森林永安绿意盎然、转型发展创新机制、人人参与我在行动等六个部分组成。生态文明建设馆主体布局采用激光、投影、无线传输等声、光、电科学技术,展现"绿"的特征,利用图画、器物,深入浅出地向参观者讲述几千年来人类与森林的相互调节演进的脉络和线索。它开启了让广大市民了解生态文明知识、接受生态文明科普教育、参与生态事业建设的互动窗口。南平武夷新区正在筹建武夷山森林生态博物院,武夷山森林生态博物院占地2100亩,总投资10亿元,首期投资约4.8亿元,为福建省最大的森林生态博物院,项目建议书已获福建省发改委批复,项目规划设计招标准备工作及工程可行性研究报告编制工作正加快推进。福建省将配合南平市政府推进武夷山森林生态博物院筹建工作。

七、积极推进"福建树王"评选活动

为加强生态文明建设,弘扬森林生态文化,更广泛挖掘城乡古树名木珍贵资源,加大古树名木的宣传和保护力度,充分发挥森林的生态、经济、社会、文化功能,扎实推进生态省和美丽福建建设,省绿化委员会、省林业厅决定从2013年起,采取分期分批、分树种的方式,在全省开展福建省"树王"评选活动,每年评选10个树种的"树王"。根据评选办法,分布在福建省行政区域内、目前存活且树形完整的古树名木(不分城乡、不分权属)均可推荐参加"福建树王"评选。"树王"应是在原有生态环境下自然生长的完整树木(不是近期移植或盆栽),并且满足树龄最老、树木最高、胸径(胸围)最粗、冠幅最大、树形最奇特、保护价值最高等6项指标中一项以上。按照公众投票与专家评审相结合的办法,评选出"福建树王"。对被评为"福建树王"的古树名木管理单位给予10万元专项保护资金。目前,已评选三批30个树种的树王,并挂牌保护(表7-5、表7-6、表7-7)。

2016年3月17日,省绿化委、省林业厅在福州国家森林公园对2015年第三批福建树王进行授牌,并启动2016年第四批福建树王评选活动。福建省2016年将评选福建青冈、赤皮青冈、红锥、钩锥、格氏栲、细柄蕈树、红花香椿、南酸枣、蓝果树、香榧10个树种的"福建树王"。

表7-5 2013年首批福建省树王名单

树种	树王生长位置			
	设区市	县市区	乡镇	具体位置
杉木	龙岩市	连城县	曲溪乡	罗胜村大树兜
马尾松	宁德市	屏南县	岭下乡	葛畬村墓后
福建柏	南平市	建瓯市	迪口镇	中田村高村自然村水尾
柳杉	南平市	政和县	澄源乡	黄岭村村尾

续表

树种	树王生长位置			
	设区市	县市区	乡镇	具体位置
南方红豆杉	三明市	将乐县	白莲乡	龙栖山国家级自然保护区
樟树	泉州市	德化县	美湖乡	小湖村村部旁
榕树	福州市	闽侯县	青口镇	东台村下社自然村
闽楠	南平市	浦城县	水北街镇	翁村后门山
银杏	南平市	建瓯市	迪口镇	西坑村池丹自然村
桂花	南平市	浦城县	临江镇	水东村杨柳尖

表7-6　2014年第二批福建省树王名单

树种	树王生长位置			
	设区市	县市区	乡镇	具体位置
罗汉松	宁德市	福鼎市	管阳镇	西阳村马营自然村口
油杉	福州市	永泰县	同安镇	芹草村宫前
水松	龙岩市	漳平市	永福镇	李庄村官洋桥头
圆柏	泉州市	永春县	蓬壶镇	观山村致云庵旁
长苞铁杉	三明市	宁化县	治平乡	邓屋村背山
枫香	漳州市	龙海市	程溪镇	和山村枫头
木荷	龙岩市	武平县	十方镇	和平村树兰塘水口
秋枫	莆田市	荔城区	新度镇	凌厝村仙教祠
南紫薇	三明市	将乐县	万全乡	陇源村际头莲花山
荔枝	漳州市	漳州市台商投资区	角美镇	福井村培厝

表7-7　2015年第三批福建省树王名单

树种	树王生长位置			
	设区市	县市区	乡镇	具体位置
竹柏	泉州市	德化县	浔中镇	凤洋村村部桥边
山杜英	南平市	邵武市	水北镇	龙斗村巴坑小组
朴树	龙岩市	长汀县	南山镇	塘背村黄溪背
黄连木	泉州市	洛江区	马甲镇	潘内村顶道坝
观光木	南平市	建瓯市	小桥镇	大丘村大丘旁杉尾

续表

树种	树王生长位置			
	设区市	县市区	乡镇	具体位置
鄂西红豆树	宁德市	周宁县	咸村镇	芹村财转
樟树	三明市	沙县	高砂镇	上坪村大竹
柏木	龙岩市	长汀县	汀州镇	长汀县博物馆外侧
无患子	三明市	三元区	岩前镇	忠山村路口
龙眼	漳州市	云霄县	火田镇	火田村珍珠坂

第三节 加强福建省森林生态文化建设

一、加强森林生态文化宣传

1. 加大主流媒体宣传力度

CCTV、人民日报、福建日报、中国绿色时报、香港文汇报、香港商报、省电视台、人民网、新华网、东南网、省广播电台等有影响力的新闻媒体已成为福建森林生态文化主要宣传阵地。2015年初，CCTV 1《新闻联播》栏目头条播出"共建绿水青山 共享生态福利"，介绍福建省培育保护森林资源、促进生态建设的成效。省林业厅还在《福建日报》开辟"森林与生态"专栏，刊发20篇普及性强的森林生态文章，并汇编成册印发全省，有力宣传了林业在生态文明建设的重要作用，增强社会公众的参与意识和责任意识。

福建省将积极发挥声像媒体作用，加强与CCTV 7、《绿色时空》等重要栏目沟通与联系，拍摄播出福建省特色生态文化产业专题，扩大宣传面。强化平面媒体宣传效果，如邀请人民日报、福建日报、中国绿色时报等记者到基层采访，深入报道福建省森林生态文化建设情况。

2. 继续充分利用各种活动平台

多年来，福建省林业厅充分利用"世界湿地日""植树节""爱鸟周""海峡两岸林业博览会""海峡两岸花卉博览会""保护野生动物宣传月""世界野生动植物日""中国·福建首届观鸟博览会""海峡两岸（德化）首届生物多样性与森林保护文化暨中国第三届生物多样性保护与自然保护区管理建设研讨会""中国环境与健康宣传周"等平台，大力开展森林生态文化宣传活动,特别是2012年福建省首届生态文化高峰论坛召开,掀起了生态文化宣传高潮。

福建省应继续充分利用各种活动平台宣传森林生态文化知识,如借助"6·18"、"9·8"、林博会、花博会、植树节、湿地日、爱鸟周、野生动植物日等平台,开展群众喜闻乐见的宣传活动。

二、加强森林生态文化资源保护挖掘

1. 继续开展森林生态文化创作

2011年,为了让人们更好地从文化视角来诠释和看待林业,福建省林业厅成立"福建森林文化丛书"编委会,组织开展森林文化调研和丛书编辑工作,此次编写的福建森林文化丛书共分8册,内容涵盖面广,不但涉及竹、茶、花文化,还涉及树种、名木古树、森林休闲以及乡村森林、城市森林和动物文化等,几乎包含了森林文化的所有领域。2015年年底,已出版发行《森林与文化》《森林文化研究》《福建花文化》《福建树种文化》《林业谚语浅释》等福建森林文化丛书5部。同时,通过举办书法、美术、摄影等活动,如"戴云山采风"摄影展、迎春书画摄影展等生态文化活动。

福建将继续开展森林文化调查研究、资料收集和文稿整理等工作,编著出版福建森林文化丛书;充分发挥机关工会摄影、书法等兴趣小组作用,举办系列文学、书法、美术、摄影等生态文化活动。

2. 继续开展古树名木挂牌保护

借助"福建树王"评选等活动,充分挖掘城乡古树名木珍贵资源,每年继续评选10个树种的"福建树王",出版发行《福建树王》系列画册。

3. 打造一批生态文化创意园

在永安、邵武等地,以竹木等特色森林生态文化元素为主体,打造集生态、文化、休闲、商贸、教育、科研、度假、居住和旅游为一体的生态文化创意园。

4. 加强重要生态文化遗产地保护

以森林、湿地等生态文化为主要内容,通过加强建设林业自然保护区、湿地公园、森林公园等措施,搭建形式多样的森林生态文化保护平台。

5. 提升现有森林生态文化载体功能

对森林博物馆、宣教馆等森林生态文化场所进行维护、修缮、提升,融入现代科技,形成布局合理、功能完备、特色鲜明、类型丰富的生态文化载体,让人民群众充分享受到丰富多彩的生态文化内涵。

三、完善森林生态文化保障机制

近年来,成立了由福建省林业厅、福建省教育厅和共青团福建省委联合组成的省级生态文明教育基地领导小组,下设管理工作办公室挂靠在省林业厅,组织开展省级以上生态文明教育基地创建管理工作。成立了福建省生态文化协会,挂靠在福州植物园,组织开展生态文化高峰论坛,省级生态文化村、生态文化企业评选等工作。成立了"福建森林文化丛书"编委会,组织开展森林文化的挖掘和创作。

福建省林业厅、省教育厅、共青团省委共同印发《关于开展"省级生态文明教育基地"创建工作的通知》《省级生态文明教育基地管理办法》,完善评价标准和管理制度;省生态文化协会按照《福建省生态文化协会章程》开展系列活动,宣扬生态文化理念,普及生态文化知识。

1. 健全法制保障体系

2015年4月16日,《福建省森林公园管理办法》颁布,2015年7月1日起施行。福建应加快推进《福建省湿地保护条例》《福建省林业有害生物防治检疫条例》等与生态文化有关的立法工作,完善林业法律法规体系,为生态文化建设提供法治保障。

2. 建立健全考核机制

福建省在全国率先对各县(市、区)开展林业"双增"目标年度考核,将森林覆盖率作为各地生态保护财力转移支付激励资金的重要指标,并建立起森林资源保护问责机制,对责任主体实行一票否决。在全国率先实施江河下游补上游生态补偿政策,率先开征森林资源补偿费,率先开展林地占补平衡试点,加强自然保护区、重要湿地、"三沿一环"等重点生态功能区的强制性保护。

福建应完善地方政府森林"双增"目标考核体系;建立健全《省级生态文明教育基地评价指标》等生态文化载体创建管理考核体系;完成全省生态红线划定,建立健全管控机制,有效保护重要生态功能区域、重要生态系统、主要物种等。

第四节　生活方式低碳绿色化

联合国秘书长潘基文指出:气候变化是我们这个时代的关键性挑战之一,它已经成为全球问题。我们每个人都应尽自己一分力量来应对这个挑战,即使在我们的生活方式和行为中做出一些细微的改变,也会有助于气候问题的改善。让我们每一个公民行动起来,从我做起、从点滴着手、从现在做起、从身边做起。

一、全民节能减排

为贯彻落实全国节能减排工作电视电话会议和《国务院关于印发节能减排综合性工作方案的通知》(国发〔2007〕15号)精神,进一步动员全社会积极参与节能减排工作,形成政府推动,企业实施,全社会共同参与的节能减排工作机制,2007年8月,国家发展改革委、中宣部、科技部等十七个部委联合推动实施了节能减排全民行动。

2007年9月1日,在国家发改委、中宣部、科技部等17个部门联合举办的"节能减排全民行动"系列活动启动仪式上,科技部部长万钢向社会正式发布了由科技部组织专家编写的《全民节能减排手册(全民节能减排潜力量化指标)》和《全民节能减排技巧汇编》等两手册,引起了很大的社会反响,社会各界和地方纷纷表达了对以上小册子的迫切需求。为此,科技部社会发展科技司和中国21世纪议程管理中心在前期两本小册子的基础上组织专家编辑出版了《全民节能减排实用手册》。

《全民节能减排实用手册》由社会科学文献出版社正式出版,科技部部长万钢亲自为该书作序。该书列入"贯彻落实十七大精神"精品图书和"三下乡、进学校、进社区"精品图书。该书分三部分内容:一是公民36项日常生活行为节能减排潜力量化指标。该指标按照量大面广、贴近百姓生活、操作性强和不降低现有生活水平的原则,选取研究了百姓生活中衣、食、住、行、用等六个方面的36项日常行为,计算了公民个人或家庭每一项行为的节能减排潜力。36项日常生活行为分别为:(1)少买不必要的衣服;(2)减少住宿宾馆时的床单换洗次数;(3)采用节能方式洗衣;(4)减少粮食浪费;(5)减少畜产品浪费;(6)饮酒适量;(7)减少吸烟;(8)节能装修;(9)农村住宅使用节能砖;(10)合理使用空调;(11)合理使用电风扇;(12)合理采暖;(13)农村住宅使用太阳能供暖;(14)采用节能的家庭照明方式;(15)采用节能的公共照明方式;(16)每月少开一天车;(17)以节能方式出行200公里;(18)选购小排量汽车;(19)选购混合动力汽车;(20)科学用车,注意保养;(21)用布袋取代塑料袋;(22)减少一次性筷子使用;(23)尽量少用电梯;(24)使用冰箱注意节能;(25)合理使用电脑、打印机;(26)合理使用电视机;(27)适时将电器断电;(28)合理用水(29)用太阳能烧水;(30)采用节能方式做饭;(31)合理利用纸张;(32)减少使用过度包装物;(33)合理回收城市生活垃圾;(34)夜间及时熄灭户外景观灯;(35)在农村推广沼气;(36)积极参加全民植树。通过计算,如果大家都积极参与,36项日常生活行为的年节能总量约为7700万吨标准煤,可减少大量的二氧化硫和COD(化学需氧量)排放,相应减少二氧化碳约2亿吨,经济、社会和环境效益十分显著。二是节能减排技巧汇编。通过社会征集、网络收集、资料查阅、翻译引进等方法,汇总、梳理和筛选了近500个国内外各类生活节能减排实用技巧和小窍门,内容涵盖公民日常工作、生活的方方面面,供大家参考。三是节能减排文件目录汇编。此部分归纳和整理了近年来我国政府出台的节能减排领域政策文件目录作为附录,以方便社会公众更加全面地了解国家推进节能减排的各项方针政策和具体措施。该手册出版发行,将有助于带动社会公众参与节能减排行动中来,通过宣传普及节能减排的科学知识和方法,提倡崇尚节约、科学文明的生活方式,进而形成节约资源、减少污染、保护环境的良好社会风气。

二、推广低碳生活

低碳(low carbon)是指较低(更低)的温室气体(以二氧化碳为主)排放。低碳生活方式是指人们在日常的生活之中,树立正确的生态价值观,并以此来约束自己日常的活动行为,生活中尽力不使用产生二氧化碳的商品和服务,保护环境、节约资源从而减少碳排放的一种健康、简约、简单的生活行为模式。

为推动全社会形成资源节约、环境友好、低碳绿色的生产方式、生活方式和消费模式,普及气候变化知识,推广低碳生活方法和技巧,中国21世纪议程管理中心联合中科院地理所专门组织该领域专家,编写出《低碳生活指南》。2010年5月,《低碳生活指南》由社会科学文献出版社正式出版发行。全书分为常识篇、衣物篇、食物篇、居住篇、出行篇、商务公务篇、通信及购物篇和休闲娱乐篇八个部分,介绍推荐了低碳生活方面的最新知识和实用方法,旨在为社会公众认识和接受低碳生活提供科学生动的指导。

《低碳生活指南》目录如下:
第一部分　常识篇
温室效应
(1)温室效应的定义
温室气体
(1)温室气体的定义和种类
(2)温室气体的"源"与"汇"
全球变暖
(1)全球变暖的事实
(2)全球变暖的原因
(3)全球变暖的影响
低碳经济与低碳生活
(1)低碳经济
(2)低碳生活
第二部分　衣物篇

与衣物有关的碳排放

(1)生产衣物的碳排放

(2)衣物洗涤过程的碳排放

(3)烘干衣物的碳排放

(4)不同材质衣物的碳排放

低碳生活指南——衣物

(1)选择棉、麻等自然质地的衣料

(2)穿着"节能装"

(3)少买不必要的衣服

(4)尽量手洗衣物

(5)机洗注意节水节电

(6)适量使用洗衣粉

(7)降低洗衣频率

(8)选择自然晾干

(9)减少衣物干洗次数

(10)使用电熨斗注意节电

(11)旧衣服再利用

第三部分 食物篇

与食物有关的碳排放

(1)生产食物的碳排放

(2)运输食物的碳排放

(3)包装和储存食物的碳排放

(4)烹饪食物的碳排放

(5)不良饮食习惯增加的碳排放

(6)浪费食物增加的碳排放

低碳生活指南——食物

(1)选择本地食品

(2)减少肉类消费,多吃水果和蔬菜

(3)选择当季水果和蔬菜

(4)少喝瓶装水,选择软包装饮料

(5)减少一次性餐具的使用

(6)合理使用冰箱

(7)选择简单的烹饪方式

(8)选择低碳烹饪用具

(9)养成低碳的烹饪习惯

(10)利用太阳能烧水

(11)少抽或不抽烟

(12)适量饮酒

(13)"吃不了兜着走"

(14)适量烧开水

(15)节约厨房用水

第四部分　居住篇

与居住有关的碳排放

(1)生产住宅建筑材料的碳排放

(2)生产住宅装修材料的碳排放

(3)住宅取暖制冷的碳排放

(4)使用家用电器的碳排放

低碳生活指南——居住

(1)选择面积适宜的住宅

(2)选择节能砖建造住宅

(3)减少装修铝材使用量

(4)减少装修木材使用量

(5)合理使用空调

(6)合理采暖

(7)家庭节约用电

第五部分　出行篇

与出行有关的碳排放

(1)乘坐公共汽车的碳排放

(2)乘坐地铁的碳排放

(3)乘坐轿车的碳排放

(4)骑摩托车的碳排放

低碳生活指南——出行

(1)尽量选择步行或骑自行车

(2)搭乘公共交通工具

(3)选择低碳汽车

(4)注意保养汽车

(5)养成低碳驾车习惯

(6)每周少开一天车

第六部分　商务公务篇

与商务公务有关的碳排放

（1）使用电脑的碳排放

（2）使用纸张的碳排放

（3）乘坐飞机出差的碳排放

低碳生活指南——商务公务

（1）合理选择电脑配件

（2）合理使用电脑

（3）合理使用纸张

（4）选择低碳公务出行方式

（5）选择低碳办公方式

第七部分　通信及购物篇

与通信及购物有关的碳排放

（1）生产手机的碳排放

（2）使用手机的碳排放

（3）开车购物的碳排放

低碳生活指南——通信及购物

（1）合理使用手机

（2）手机合理充电

（3）合理安排开车购物

（4）选择低碳商品

（5）减少使用过度包装物

第八部分　休闲娱乐篇

与休闲娱乐有关的碳排放

（1）电视机的碳排放

（2）放映电影的碳排放

（3）生产音像制品的碳排放

（4）KTV的碳排放

（5）健身活动的碳排放

（6）外出旅游的碳排放

低碳生活指南——休闲娱乐

（1）减少不必要的电视机开启时间

（2）低碳享受视听娱乐

（3）选择低碳健身方式

(4)低碳旅游

三、减少肉类消费,多吃水果、蔬菜等素食

2006年,联合国发表的报告指出,畜牧养殖业的温室气体排放量比全球所有交通工具,包括飞机、火车、汽车、摩托车的总排放量还多。联合国政府间气候变化专门委员会(IPCC)主席暨2007年诺贝尔奖得主帕乔里博士(Dr. Rajendra K. Pachauri)呼吁全球民众:"请少吃肉!肉食是排碳量极大的产品。"肉类是碳密集型产品,而且吃太多肉对健康有害。每生产1千克肉类,就会排放出36.4千克的二氧化碳。另外,饲养和运输1千克牛、羊和猪肉所需的能源,可以让一个100瓦特的灯泡点亮三个星期。

美国参议院"营养问题特别委员会"最新最轰动最全面的营养报告:吃肉无异于吃毒。这份营养报告在美国曾引起近乎举国恐慌状态的巨大震撼。这项研究报告是以总统候选人麦克嘉文为主席,并以"美国国家癌症研究所""心脏肺血管研究所""国家营养研究所""保健福利部""农业部"等单位的专家、医生及科研者为中心,在英国皇家医学调查会议、北欧二国联合医学调查会议的协助下,以世界性的规模来调查饮食生活与疾病的关系,而做了人类有史以来最庞大的饮食健康报告,报告书长达5000多页。这项权威性报告最后得出的结论是:

(1)发达、先进国家地区的饮食方式是错误的(食肉太多)。
(2)饮食不当是癌症、心脏病、脑中风、糖尿病等疾病的主要原因。
(3)成人病与慢性病(文明病)根本无法靠医药或手术得到治疗。
(4)部分犯罪、家庭暴力、校园暴力是由于饮食偏差所导致。
(5)所有的成人病都可以仰赖饮食的改善得到治疗与复原。
(6)值得注意的事实:多吃蔬菜、水果、谷物的草食型饮食习惯者,健康情况比肉食型饮食习惯者好得太多。

四、倡导绿色殡葬

1. 从土葬到火葬

1956年4月27日,中央政治局扩大会议正在召开,会议休息的间隙,一份《倡导实行火葬》的呈报文递到了毛主席手上。倡议书历数了土葬的历史和弊端,简述了火葬的优点和倡议。毛主席看完倡议书,满意地点点头,挥笔写下了"毛泽东"三个大字。随后,朱德、刘少奇、周恩来、邓小平等在此参加会议的党和国家领导人都相继签上了自己的名字,一些未参加会议的领导人在会后也补签了名字,如、陈云等。弹指一挥间,迄今距离签名已有60周年,整整一个甲子。签名活动拉开了我国殡葬改革

的序幕,从此开始了由土葬到火葬,从厚葬久丧、重殓隆祭到丧事简办、移风易俗,从少数党员干部带头参与到广大群众积极参与的转变。据不完全统计,自1956年老一辈党和国家领导人签名倡议实行火葬到1978年,全国年均遗体火化率接近20%。改革开放以后,丧葬陋俗有所抬头,1982年全国遗体火化率降至14.5%。此后,中央采取一系列措施,1983年中共中央办公厅转发民政部党组《关于共产党员应简办丧事、带头实行火葬的报告》,1985年和1997年国务院先后颁布实施《关于殡葬管理的暂行规定》《殡葬管理条例》,我国殡葬改革再次进入快车道,2005年全国遗体火化率一度达到53%。60年来,殡葬改革在节约土地、保护环境、减少浪费等方面做出的贡献无法用准确和简单的数字来衡量。

2.从火葬到节地生态安葬

为进一步深化殡葬改革、倡导移风易俗,2016年2月,民政部、发展改革委、科技部、财政部、国土资源部、环境保护部、住房城乡建设部、农业部、国家林业局等9部门联合印发了《关于推行节地生态安葬的指导意见》,这是我国首个推行绿色殡葬的专门文件,标志着我国殡葬事业已经迈入殡葬生态文明时代。节地生态安葬,就是以节约资源、保护环境为价值导向,鼓励和引导人们采用树葬、海葬、深埋、格位存放等不占或少占土地、少耗资源、少使用不可降解材料的方式安葬骨灰或遗体,使安葬活动更好地促进人与自然和谐发展。推行节地生态安葬是减轻群众负担,保障基本安葬需求的重要途径;是移风易俗,弘扬社会主义核心价值观的重要举措;是促进生态文明建设,造福当代和子孙后代的必然要求。目前的当务之急是修订《殡葬管理条例》,推动制定《殡葬法》,用法律法规规范殡葬行为,强化殡葬管理,优化殡葬服务,为殡葬改革提供可靠的法律依据和保障,为广大干部群众参与殡葬改革创造良好的法治环境。

从土葬到火葬是一场革命,从火葬到节地生态安葬同样是一场革命。

附录一

美国轰动性的营养报告：吃肉无异于吃毒[①]

美国参议院"营养问题特别委员会"向全美提出的轰动性报告，全文长达5000页之多。

一、中毒

动物被杀之前极度恐惧和巨大痛苦，使体内的生化作用产生了极大的变异，致使毒素遍布全身，尸体完全被毒化。根据大英百科全书的记载，动物身体中的毒素，包括尿酸与多种毒性分泌物、激素、排泄物，遍布在血液与身体组织之内，因而提出中肯的见解：若是与牛肉中所含的56%不净的水分相比较，从坚果、豆类及谷类中所得到的蛋白质，显然要纯洁多了。正如我们的身体在恐惧、愤怒或紧张时会得病一样，动物在极度危险的情况下，体内会产生极大的生化异变。动物见到同类惨遭屠宰，为了活命而极度挣扎时，体内的多种荷尔蒙尤其是肾上腺素会异常分泌，死后大量的荷尔蒙便留在了肉中，随后毒化食用者的身体组织。美国营养机构早已指出：动物死尸是富含大量毒素的物质。

二、致癌物

一个以5万名素食者为对象的研究报告，在癌症研究领域引起巨大震撼。这个报告指出：这群素食者罹患癌症的比例之低，相当令人惊讶。与同年龄同性别的人比较，各类癌症在这群人身上发生的比例，显著地减少了。一个有关美国加州摩门教徒的报告也指出：这个团体中罹患癌症的比例，比普通人少50%，摩门教徒是以极少吃肉为其特色。

1. 苯基嘌呤。约1公斤的炸牛排所含的致癌物质（苯基嘌呤），和六百支香烟所含的一样多，实验证明：老鼠若喂以苯基嘌呤，就会得胃癌及白血病（亦称血癌或骨

[①] 美国轰动性的营养报告：吃肉无异于吃毒[EB/OL]. http://www.ipcc.cma.gov.cn/Website/index.php? ChannelID=11&NewsID=1741, 2013-09-04.

癌)。

2.甲基胆菲。肉类脂肪热至高温就会形成甲基胆菲,而烹调肉类一般需要热至高温,植物油即使加热过度也不会形成这种物质。将这种物质供给小动物就会使其罹患癌症,即使少量的甲基胆菲,也会促使动物对其他致癌物质敏感,而增加其患癌的机会。

3.化学添加物。动物的肉很快会自然腐变成病态的青灰色。肉商于是就在肉里加入硝酸盐、亚硝酸盐或其他防腐剂使肉类呈现出鲜红色。近年来不断有报告指出:硝酸盐、亚硝酸盐等防腐剂这些东西多是致癌物质。在田纳西国立欧克瑞则实验室,专门研究癌症的威廉李金斯克博士说:"含硝酸盐的东西,连喂猫我都不用。"

4.肉食致癌。英美两国的科学家曾以肉食者与素食者肠内的微生物做比较研究,发现明显的不同。肉食者肠内所含的微生物与消化液发生作用时,产生的化学物质被认为会导致癌症。这也说明了为什么肠癌在以肉食为主的地区,如北美、西欧等地非常普遍,而在以蔬粮为主的印度则很少发生。苏格兰人比英国人多吃百分之二十的肉,得肠癌的比例在全世界也是名列前茅。

三、化学毒物

纽约时报曾经报道:掩盖着的污染毒害对于肉类摄取者是一个相当大的潜在危机。残留的杀虫剂、硝酸盐、荷尔蒙、抗生素以及其他的化学物品都是隐藏杀手。这些化学药品大多被认定为致癌物。而且,事实上,许多动物,在它们被屠杀之前,就已经死于这些药物。

1.杀虫剂(农药)。吃肉是食物链中的最后一环。自然界食物的摄取可以用食物链加以说明:植物吸收阳光、空气、水、养分等以维持生命,动物吃植物,大动物(人类)吃小动物。全世界的农田大都用有毒的化学物品(杀虫剂与化肥、生长激素等)来防治虫害和增加产量。这些毒药就保留在吃植物与草的动物身上。例如,农田里喷DDT作为杀虫剂,这是种强烈的毒药,科学家认为它足以导致癌症、不孕或严重的肝病等。DDT及其他类似的杀虫剂会保存在动物及鱼类脂肪内,并且一旦储存便很难破坏。因此,当牛吃草或饲料时,不论它们吃下了哪种杀虫剂,大部分都保存在它们的体内。当你吃肉时,你把DDT的精华以及累积在动物体内的其他有毒化学物质都吃进了你的体内。由于吃者是食物链中最后一环,所以人类就变成各种杀虫剂、毒素高度富集的最后吸收者。爱荷华州立大学所做的实验显示:肉类中所含的DDT比起蔬菜、水果、青草所含的量至少要高出13倍。大多数人体中积累的DDT都是来自于食物中的肉类。

2.荷尔蒙和抗生素。为了加速动物的成长、肥胖,以及改进肉的色泽、口感以牟取最高的利润,提供肉类的动物往往被强迫喂食或注射荷尔蒙、开胃药、抗生素、镇定剂以及化学混合饲料以刺激生长。当农田被改成动物饲养场后,大多数动物从未见过阳光,它们的一生在狭窄、压抑、冷酷的环境中度过,最后的结局是凄惨地死亡。芝加哥论坛曾经报道过高效率养鸡场的情形:其最上一层是用来孵鸡蛋的,然后小鸡接受刺激成长:服药、强迫喂食,它们在狭小的笼子里狼吞虎咽,从来没有运动或吸收过新鲜空气。当它们长大些,就迁移到底下一层的笼子里,如此一层层下去,在到达最底下一层时,它们就被宰杀。像这种不自然的生长过程,不但把动物体内生化平衡状态破坏,同时也扭曲了它们天然的习性。更不幸的是,人类恶性肿瘤以及畸形胎儿的产生势必因无知食用它们而在所难免。

四、动物的疾病

肉食者所面临的另一项危险就是:动物经常会感染一些疾病,这些病往往是肉商或检验员无法察觉的。当动物身体的某一部分长了癌症或肿瘤,有病的部分切掉之后,剩余的部分还是被拿到市场卖掉。有些长瘤的部分混在肉里做成火腿或馅料等食品。美国有一个地区,每天检查的动物尸体中,竟有两万五千头患有肿瘤的牛尸被拿到市场贩卖。科学家在实验中发现,如果用有病动物的肝脏来喂鱼,鱼也会得癌症。集约化养殖场的动物没有一只是健康正常的,这话已成为事实而非危言耸听的夸张。闻乐格(Dr. J. H. Kellog)是一位有名的素食医生,当他坐下来吃素食晚餐时曾说:在吃饭时,不必担心你所吃的食物是死于何种疾病,真是件好事。

五、尸毒

当动物被杀之后,尸体中的蛋白质就会凝结并且产生自我分解的酵素(植物细胞壁坚硬且循环系统单纯,腐败很缓慢)。肉类中一种名为尸毒的变性物质很快就形成了。由于尸毒会在死亡后立刻释放,所以,肉类、鱼类、蛋类及动物类食品有一个共同的性质:很快就会腐败分解。动物被屠杀后,经存放、冷藏,然后运送到肉店,再被人买回家,再存放,至煮来吃时,可以想象这份晚餐已经腐坏到了什么程度。人类的消化系统先天就不适合用来消化肉类,肉类在胃肠中通得非常缓慢,大约要五天才能全部通过人体(素食只要一天半就可以全部通过)。在这期间,由腐肉所产生的肇病物质就不断地接触消化器官、肠道部分。生肉,由于它的易腐败性,会令厨师及任何接触到它的东西都受到污染。英国公共卫生局,在一次屠宰场爆发出中毒事件后,警告家庭主妇们:处理生肉时,要把它当成像牛粪一样不卫生。通常有毒的微生物即使经过高温烹饪也不会被消灭。尤其当这肉没有煮熟,或只是轻微加以烧烤,可想而知,它必然就成了感染的来源。

六、肾脏病、痛风、关节炎

肉食者体内所负荷的最显著的废物是尿素与尿酸。每磅肉约含有 14 克的尿酸。

一位美国医生曾将肉食者与素食者的尿液加以分析发现:为了排出氮化合物,肉食者肾脏的负担是素食者的三倍。随着年龄渐长,肾脏提前耗损过度,它们无法再有效作用时,肾脏病也就随之产生。当肾脏无力再处理因食肉所带来的过重负担时,无法排除的尿酸就储存在体内,肌肉就像海绵一样将它的水分吸干后,就变硬而形成结晶体。当它停留在关节里,痛风、风湿痛、关节炎等症状就产生了,当尿酸积聚在神经,就产生神经炎与坐骨神经痛。现在许多了解疾病真相的医生对于罹患上述病症的病人不是要求他们完全停止吃肉,就是严格限制他们的食肉量。

七、排泄困难、便秘

人的消化系统并不适合于吃肉,因此,肉食者经常抱怨排泄困难。肉类由于纤维质极少,所以,它在消化管道中移动得非常缓慢(比起谷类与蔬果食物要慢约四倍),因此,慢性便秘几乎成为共同的苦恼。许多最新的研究报告显示,促使正常排泄的纤维质只能从恰当的植物类食品中得到。与肉类相形之下,蔬菜、谷类与水果保有较多的水分而易于通过消化道。蔬菜拥有大量的天然纤维,而这种物质足以有效地防止盲肠炎、结肠炎、心脏病与肥胖症等。

八、高血压、心脏病

素食者最强有力的一个论点就是肉食与心脏病之间的关系。在美国(世界上肉类消耗量最大的国家),每两个人之中就有一个死于心血管疾病,而这些病在肉类消耗量低的国家发病率也低。美国政府因此设立了一个"心脏病病因研究委员会"以研究能遏止这种病的生活指导原则。这个委员会的研究报告结论是:若要维持适度的血胆固醇,人们自饱和性脂肪(动物类食物)所摄取的热量应少于总热量的百分之十。报告中极有意义的建议是:少吃肉类、蛋黄及猪油、牛油、羊油等动物性油脂。报告中更进一步地建议:吃东西要节制,必须少吃富于饱和性脂肪的食物,对富于胆固醇的食物也要严格节制,包括肝之类的动物器官、蛋类以及贝壳类的海鲜。美国医药学会会刊在1961年就曾报道:素食至少可以预防90%～97%的心脏病。动物肉中的脂肪,如胆固醇,人体无法将其完全分解,这些脂肪会附于肉食者的血管壁上。由于日积月累,血管内就变得越来越狭窄,能通过的血液量也就越来越少。这种危险的情况就叫心脏病变。它使心脏承受很大的负担,迫使它极为用力地将血液送到阻塞而紧缩的血管之中,高血压、脑充血、心悸等毛病就都出现了。最近哈佛的科学家们发现,素食者的血压一般都要比非素食者低,在韩战期间,两百具平均年龄22岁的美国军人尸体接受了检查,约有80%的人由于肉类废物的阻塞,而呈现动脉硬化的现象,同年龄的韩国士兵却没有这种现象(当时韩国人基本上是以蔬食为主)。

人类的杀手心脑血管疾病已经是相当普及。有越来越多的医生(如美国心脏学会)严格限制他们的病人摄取肉类,甚至要求病人完全不吃肉。素食中的粗糙纤维质确实能降低胆固醇。加州洛马琳达大学营养系主任瑞吉斯特博士(Dr. U. D. Register)实验证实:豆类中所含的物质仍能使胆固醇减少,这是素食者比肉食者更健康的另一重要原因。

九、综论

1. 动物被宰杀时,极端的恐惧、痛苦、愤恨、挣扎,使其体内的生化作用急剧异常,从而毒化了它们的尸体,进一步毒化食肉者的身体组织。

2. 肉类烹烧烤炸的过程,会产生多种极强的致癌物质。

3. 肉类中的化学添加物(硝酸盐等)及食肉者肠内微生物的变异,是致癌的重要原因。

4. 肉类中农药、杀虫剂等各种人工化学毒害物质的残留量,比蔬果类至少高出13倍。

5. 肉中含有抗生素、荷尔蒙、镇静剂等大量生化致病毒物。

6. 动物本身就患有多种疾病(不包括各种人类未知疾病)、传染病。

7. 动物尸体腐败产生的尸毒会使食用者中毒。

8. 肉类富含乳酸、尿酸等代谢物是肾脏病、痛风、风湿痛、关节炎等病变的主因。

9. 肉类因缺乏纤维而造成排泄困难、便秘,间接加重脏腑消化系统受毒素侵害的程度。

10. 动物脂肪的累积,造成心脏、血管病变,而罹患高血压、心脏病、中风、血栓等。

以上简述,已足以证明:肉食有百害而无一益,愚者贪其味而自服其毒。做"拒百害于外的智者",还是做"缺乏意志力、自主力的愚者",全凭自己的选择。在此,我们谨将世界各国的最新研究成果和临床诊治统计报告及您身边的事实加以罗列,让医学告诉您:吃肉,是用自己的健康和寿命为支付代价的最昂贵消费行为!在您阅览这些珍贵的保健资料之后,您能冷静地对自己的饮食习惯做一通盘的检讨、理性的评判吗?您是否已经找到一套避免吃药、打针、看医生、花钱,奔走于医院之间,让精神、肉体倍受种种煎熬、折磨的饮食策略来了呢?

美国参议院"营养问题特别委员会"向全美提出此轰动性的报告后,在美国本土曾引起近乎举国恐慌状态的巨大震撼!

这项研究报告,是以总统候选人麦克嘉文为主席,并以"美国国家癌症研究所""心脏肺血管研究所""国家营养研究所""保健福利部""农业部"等单位的专家、医生及科研者为中心,在英国皇家医学调查会议、北欧二国联合医学调查会议的协助下,以世界性的规模来调查饮食生活与疾病的关系,报告书长达5000多页。

这项权威性报告最后得出的结论是:

1. 发达、先进国家地区的饮食方式是错误的（食肉太多）。

2. 饮食不当是癌症、心脏病、脑中风、糖尿病等疾病的主要原因。

3. 成人病与慢性病（文明病）根本无法靠医药或手术得到治疗。

4. 部分犯罪、家庭暴力、校园暴力是由于饮食偏差所导致。

5. 所有的成人病都可以仰赖饮食的改善得到治疗与复原。

6. 值得注意的事实：多吃蔬菜、水果、谷物的草食型饮食习惯者，健康情况比肉食型饮食习惯者好得太多。

附录二

全民节能减排手册[①]

前 言

节能减排和应对气候变化已经成为我国当前经济社会发展的一项重要而紧迫的任务,国家对此高度重视。与此同时,节能减排与我们每一个公民的生活息息相关,参与节能减排也是每一位公民应尽的义务。

为推动全民参与节能减排工作,科技部组织专家开展了"全民节能减排潜力量化指标"研究。研究工作由"十一五"国家科技支撑计划"全球环境变化应对技术研究与示范"重大项目"全球环境变化人文因素的检测与分析技术研究"课题组承担,该研究成果已于近日通过了专家论证。

该研究选取了百姓生活中衣、食、住、行、用等六个方面的36项日常行为,研究了每一项日常行为指标的节能减排潜力。日常行为指标的选取遵循以下原则:一是量大面广,二是贴近百姓生活,三是具有可操作性,四是不降低现有生活水平。研究的结果表明,个人生活点滴中的节能减排潜力巨大,如果大家都积极参与,36项日常生活行为的年节能总量约为7700万吨标准煤,相应减排二氧化碳约2亿吨,经济、社会和环境效益十分显著。

根据这项研究成果,科技部编制了《全民节能减排手册——36项日常生活行为节能减排潜力量化指标》。希望通过这本手册的发布,向全社会宣传普及节能减排的科学知识和方法,提高全民的节能减排意识和能力,推动全民参与,提倡崇尚节约、科学文明的生活方式,形成节约资源、减少污染、保护环境的社会风气。

科学节能,大有技巧,全民减排,贡献不小。让我们每一个公民行动起来,从我做起、从点滴着手、从现在做起、从身边做起,积极参与节能减排,为实现国家的节能减排目标做出自己的贡献,共同创造更加节约、更加洁净、更加文明的可持续的美好生活。

---

① 《全民节能减排手册》[EB/OL]. http://www.most.gov.cn/ztzl/jqjnjp/qmjnjpsc/qmjnjpsc-ml.htm.

36项日常生活行为节能减排潜力量化指标

1. 少买不必要的衣服

服装在生产、加工和运输过程中,要消耗大量的能源,同时产生废气、废水等污染物。在保证生活需要的前提下,每人每年少买一件不必要的衣服可节能约2.5千克标准煤,相应减排二氧化碳6.4千克。如果全国每年有2500万人做到这一点,就可以节能约6.25万吨标准煤,减排二氧化碳16万吨。

2. 减少住宿宾馆时的床单换洗次数

床单、被罩等的洗涤要消耗水、电和洗衣粉,而少换洗一次,可省电0.03度、水13升、洗衣粉22.5克,相应减排二氧化碳50克。如果全国8880家星级宾馆(2002年数据)采纳"绿色客房"标准的建议(3天更换一次床单),每年可综合节能约1.6万吨标准煤,减排二氧化碳4万吨。

3. 采用节能方式洗衣

(1)每月手洗一次衣服

随着人们物质生活水平的提高,洗衣机已经走进千家万户。虽然洗衣机给生活带来很大的帮助,但只有两三件衣物就用机洗,会造成水和电的浪费。如果每月用手洗代替一次机洗,每台洗衣机每年可节能约1.4千克标准煤,相应减排二氧化碳3.6千克。如果全国1.9亿台洗衣机都因此每月少用一次,那么每年可节能约26万吨标准煤,减排二氧化碳68.4万吨。

(2)每年少用1千克洗衣粉

洗衣粉是生活必需品,但在使用中经常出现浪费;合理使用,就可以节能减排。比如,少用1千克洗衣粉,可节能约0.28千克标准煤,相应减排二氧化碳0.72千克。如果全国3.9亿个家庭平均每户每年少用1千克洗衣粉,1年可节能约10.9万吨标准煤,减排二氧化碳28.1万吨。

(3)选用节能洗衣机

节能洗衣机比普通洗衣机节电50%、节水60%,每台节能洗衣机每年可节能约3.7千克标准煤,相应减排二氧化碳9.4千克。如果全国每年有10%的普通洗衣机更新为节能洗衣机,那么每年可节能约7万吨标准煤,减排二氧化碳17.8万吨。

4. 减少粮食浪费

"谁知盘中餐,粒粒皆辛苦",可是现在浪费粮食的现象仍比较严重。而少浪费0.5千克粮食(以水稻为例),可节能约0.18千克标准煤,相应减排二氧化碳0.47千克。如果全国平均每人每年减少粮食浪费0.5千克,可节能约24.1万吨标准煤,减排二氧化碳61.2万吨。

5. 减少畜产品浪费

每人每年少浪费0.5千克猪肉,可节能约0.28千克标准煤,相应减排二氧化碳

0.7千克。如果全国平均每人每年减少猪肉浪费0.5千克,每年可节能约35.3万吨标准煤,减排二氧化碳91.1万吨。

6. 饮酒适量

(1)夏季每月少喝一瓶啤酒

酷暑难耐,啤酒成了颇受欢迎的饮料,但"喝高了"的事情时有发生。在夏季的3个月里平均每月少喝1瓶,1人1年可节能约0.23千克标准煤,相应减排二氧化碳0.6千克。从全国范围来看,每年可节能约29.7万吨标准煤,减排二氧化碳78万吨。

(2)每年少喝0.5千克白酒

白酒,丰富了生活,更成就了中华民族灿烂的酒文化。不过,醉酒却容易酿成事故。如果1个人1年少喝0.5千克,可节能约0.4千克标准煤,相应减排二氧化碳1千克。如果全国2亿"酒民"平均每年少喝0.5千克,每年可节能约8万吨标准煤,减排二氧化碳20万吨。

7. 减少吸烟

吸烟有害健康,香烟生产还消耗能源。1天少抽1支烟,每人每年可节能约0.14千克标准煤,相应减排二氧化碳0.37千克。如果全国3.5亿烟民都这么做,那么每年可节能约5万吨标准煤,减排二氧化碳13万吨。

8. 节能装修

(1)减少装修铝材使用量

铝是能耗最大的金属冶炼产品之一。减少1千克装修用铝材,可节能约9.6千克标准煤,相应减排二氧化碳24.7千克。如果全国每年2000万户左右的家庭装修能做到这一点,那么可节能约19.1万吨标准煤,减排二氧化碳49.4万吨。

(2)减少装修钢材使用量

钢材是住宅装修最常用的材料之一,钢材生产也是耗能排碳的大户。减少1千克装修用钢材,可节能约0.74千克标准煤,相应减排二氧化碳1.9千克。如果全国每年2000万户左右的家庭装修能做到这一点,那么可节能约1.4万吨标准煤,减排二氧化碳3.8万吨。

(3)减少装修木材使用量

适当减少装修木材使用量,不但保护森林,增加二氧化碳吸收量,而且减少了木材加工、运输过程中的能源消耗。少使用0.1立方米装修用的木材,可节能约25千克标准煤,相应减排二氧化碳64.3千克。如果全国每年2000万户左右的家庭装修能做到这一点,那么可节能约50万吨标准煤,减排二氧化碳129万吨。

(4)减少建筑陶瓷使用量

家庭装修时使用陶瓷能使住宅更美观。不过,浪费也就此产生,部分家庭甚至存在奢侈装修的现象。节约1平方米的建筑陶瓷,可节能约6千克标准煤,相应减排二氧化碳15.4千克。如果全国每年2000万户左右的家庭装修能做到这一点,那么可节能约12万吨,减排二氧化碳30.8万吨。

9. 农村住宅使用节能砖

与黏土砖相比,节能砖具有节土、节能等优点,是优越的新型建筑材料。在农村推广使用节能砖,具有广阔的节能减排前景。使用节能砖建1座农村住宅,可节能约5.7吨标准煤,相应减排二氧化碳14.8吨。如果我国农村每年有10%的新建房屋改用节能砖,那么全国可节能约860万吨标准煤,减排二氧化碳2212万吨。

10. 合理使用空调

(1) 夏季空调温度在国家提倡的基础上调高1℃

炎热的夏季,空调能带给人清凉的感觉。不过,空调是耗电量较大的电器,设定的温度越低,消耗能源越多。其实,通过改穿长袖为穿短袖、改穿西服为穿便装、改扎领带为扎松领,适当调高空调温度,并不影响舒适度,还可以节能减排。如果每台空调在国家提倡的26℃基础上调高1℃,每年可节电22度,相应减排二氧化碳21千克。如果对全国1.5亿台空调都采取这一措施,那么每年可节电约33亿度,减排二氧化碳317万吨。

(2) 选用节能空调

一台节能空调比普通空调每小时少耗电0.24度,按全年使用100小时的保守估计,可节电24度,相应减排二氧化碳23千克。如果全国每年10%的空调更新为节能空调,那么可节电约3.6亿度,减排二氧化碳35万吨。

(3) 出门提前几分钟关空调

空调房间的温度并不会因为空调关闭而马上升高。出门前3分钟关空调,按每台每年可节电约5度的保守估计,相应减排二氧化碳4.8千克。如果对全国1.5亿台空调都采取这一措施,那么每年可节电约7.5亿度,减排二氧化碳72万吨。

11. 合理使用电风扇

虽然空调在我国家庭中逐渐普及,但电风扇的使用数量仍然巨大。电扇的耗电量与扇叶的转速成正比,同一台电风扇的最快档与最慢档的耗电量相差约40%。在大部分的时间里,中、低挡风速足以满足纳凉的需要。

以一台60瓦的电风扇为例,如果使用中、低挡转速,全年可节电约2.4度,相应减排二氧化碳2.3千克。如果对全国约4.7亿台电风扇都采取这一措施,那么每年可节电约11.3亿度,减排二氧化碳108万吨。

12. 合理采暖

通过调整供暖时间、强度,使用分室供暖阀等措施,每户每年可节能约326千克标准煤,相应减排二氧化碳837千克。如果每年有10%的北方城镇家庭完成供暖改造,那么全国每年可节能约300万吨标准煤,减排二氧化碳770万吨。

13. 农村住宅使用太阳能供暖

太阳能是我国重点发展的清洁能源。一座农村住宅使用被动式太阳能供暖,每年可节能约 0.8 吨标准煤,相应减排二氧化碳 2.1 吨。如果我国农村每年有 10% 的新建房屋使用被动式太阳能供暖,全国可节能约 120 万吨标准煤,减排二氧化碳 308.4 万吨。

14. 采用节能的家庭照明方式

(1) 家庭照明改用节能灯

以高品质节能灯代替白炽灯,不仅减少耗电,还能提高照明效果。以 11 瓦节能灯代替 60 瓦白炽灯、每天照明 4 小时计算,1 支节能灯 1 年可节电约 71.5 度,相应减排二氧化碳 68.6 千克。按照全国每年更换 1 亿支白炽灯的保守估计,可节电 71.5 亿度,减排二氧化碳 686 万吨。

(2) 在家随手关灯

养成在家随手关灯的好习惯,每户每年可节电约 4.9 度,相应减排二氧化碳 4.7 千克。如果全国 3.9 亿户家庭都能做到,那么每年可节电约 19.6 亿度,减排二氧化碳 188 万吨。

15. 采用节能的公共照明方式

(1) 增加公共场所的自然采光

如果全国所有的商场、会议中心等公共场所白天全部采用自然光照明,可以节约用电量约 820 亿度。即使其中只有 10% 做到这一点,每年仍可节电 82 亿度,相应减排二氧化碳 787 万吨。

(2) 公共照明采用半导体灯

同样亮度下,半导体灯耗电量仅为白炽灯的 1/10,寿命却是白炽灯的 100 倍。如果我国每年有 10% 的传统光源被半导体灯代替,可节电约 90 亿度,相应减排二氧化碳 864 万吨。

16. 每月少开一天车

每月少开一天,每车每年可节油约 44 升,相应减排二氧化碳 98 千克。如果全国 1248 万辆私人轿车的车主都做到,每年可节油约 5.54 亿升,减排二氧化碳 122 万吨。

17. 以节能方式出行 200 千米

骑自行车或步行代替驾车出行 100 千米,可以节油约 9 升;坐公交车代替自驾车出行 100 千米,可省油 1/5。按以上方式节能出行 200 公里,每人可以减少汽油消耗 16.7 升,相应减排二氧化碳 36.8 千克。如果全国 1248 万辆私人轿车的车主都这么做,那么每年可以节油 2.1 亿升,减排二氧化碳 46 万吨。

18. 选购小排量汽车

汽车耗油量通常随排气量上升而增加。排气量为 1.3 升的车与 2.0 升的车相比,每年可节油 294 升,相应减排二氧化碳 647 千克。如果全国每年新售出的轿车(约 382.89 万辆)排气量平均降低 0.1 升,那么可节油 1.6 亿升,减排二氧化碳 35.4 万吨。

19. 选购混合动力汽车

混合动力车可省油 30%以上,每辆普通轿车每年可因此节油约 378 升,相应减排二氧化碳 832 千克。如果混合动力车的销售量占到全国轿车年销售量的 10%(约 38.3 万辆),那么每年可节油 1.45 亿升,减排二氧化碳 31.8 万吨。

20. 科学用车,注意保养

汽车车况不良会导致油耗大大增加,而发动机的空转也很耗油。通过及时更换空气滤清器、保持合适胎压、及时熄火等措施,每辆车每年可减少油耗约 180 升,相应减排二氧化碳 400 千克。如果全国 1248 万辆私人轿车每天减少发动机空转 3~5 分钟,并有 10%的车况得以改善,那么每年可节油 6.0 亿升,减排二氧化碳 130 万吨。

21. 用布袋取代塑料袋

尽管少生产 1 个塑料袋只能节能约 0.04 克标准煤,相应减排二氧化碳 0.1 克,但由于塑料袋日常用量极大,如果全国减少 10%的塑料袋使用量,那么每年可以节能约 1.2 万吨标准煤,减排二氧化碳 3.1 万吨。

22. 减少一次性筷子使用

我国是人口大国,广泛使用一次性筷子会大量消耗林业资源。如果全国减少 10%的一次性筷子使用量,那么每年可相当于减少二氧化碳排放约 10.3 万吨。

23. 尽量少用电梯

目前全国电梯年耗电量约 300 亿度。通过较低楼层改走楼梯、多台电梯在休息时间只部分开启等行动,大约可减少 10%的电梯用电。这样一来,每台电梯每年可节电 5000 度,相应减排二氧化碳 4.8 吨。全国 60 万台左右的电梯采取此类措施每年可节电 30 亿度,相当于减排二氧化碳 288 万吨。

24. 使用冰箱注意节能

(1)选用节能冰箱

1 台节能冰箱比普通冰箱每年可以省电约 100 度,相应减少二氧化碳排放 100 千克。如果每年新售出的 1427 万台冰箱都达到节能冰箱标准,那么全国每年可节电 14.7 亿度,减排二氧化碳 141 万吨。

(2)合理使用冰箱

每天减少 3 分钟的冰箱开启时间,1 年可省下 30 度电,相应减少二氧化碳排放 30 千克;及时给冰箱除霜,每年可以节电 184 度,相应减少二氧化碳排放 177 千克。如果对全国 1.5 亿台冰箱普遍采取这些措施,每年可节电 73.8 亿度,减少二氧化碳排放 708 万吨。

25. 合理使用电脑、打印机

(1) 不用电脑时以待机代替屏幕保护

不用电脑时以待机代替屏幕保护,每台台式机每年可省电 6.3 度,相应减排二氧化碳 6 千克;每台笔记本电脑每年可省电 1.5 度,相应减排二氧化碳 1.4 千克。如果对全国保有的 7700 万台电脑都采取这一措施,那么每年可省电 4.5 亿度,减排二氧化碳 43 万吨。

(2) 用液晶电脑屏幕代替 CRT 屏幕

液晶屏幕与传统 CRT 屏幕相比,大约节能 50%,每台每年可节电约 20 度,相应减排二氧化碳 19.2 千克。如果全国保有的约 4000 万台 CRT 屏幕都被液晶屏幕代替,每年可节电约 8 亿度,减排二氧化碳 76.9 万吨。

(3) 调低电脑屏幕亮度

调低电脑屏幕亮度,每台台式机每年可省电约 30 度,相应减排二氧化碳 29 千克;每台笔记本电脑每年可省电约 15 度,相应减排二氧化碳 14.6 千克。如果对全国保有的约 7700 万台电脑屏幕都采取这一措施,那么每年可省电约 23 亿度,减排二氧化碳 220 万吨。

(4) 不使用打印机时将其断电

不使用打印机时将其断电,每台每年可省电 10 度,相应减排二氧化碳 9.6 千克。如果对全国保有的约 3000 万台打印机都采取这一措施,那么全国每年可节电约 3 亿度,减排二氧化碳 28.8 万吨。

26. 合理使用电视机

(1) 每天少开半小时电视

每天少开半小时,每台电视机每年可节电约 20 度,相应减排二氧化碳 19.2 千克。如果全国有 1/10 的电视机每天减少半小时可有可无的开机时间,那么全国每年可节电约 7 亿度,减排二氧化碳 67 万吨。

(2) 调低电视屏幕亮度

将电视屏幕设置为中等亮度,既能达到最舒适的视觉效果,还能省电,每台电视机每年的节电量约为 5.5 度,相应减排二氧化碳 5.3 千克。如果对全国保有的约 3.5 亿台电视机都采取这一措施,那么全国每年可节电约 19 亿度,减排二氧化碳 184 万吨。

27. 适时将电器断电

(1) 饮水机不用时断电

据统计,饮水机每天真正使用的时间约 9 个小时,其他时间基本闲置,近三分之二的用电量因此被白白浪费掉。在饮水机闲置时关掉电源,每台每年节电约 366 度,相应减排二氧化碳 351 千克。如果对全国保有的约 4000 万台饮水机都采取这一措

施,那么全国每年可节电约145亿度,减排二氧化碳1405万吨。

(2)及时拔下家用电器插头

电视机、洗衣机、微波炉、空调等家用电器,在待机状态下仍在耗电。如果全国3.9亿户家庭都在用电后拔下插头,每年可节电约20.3亿度,相应减排二氧化碳197万吨。

28. 合理用水

(1)给电热水器包裹隔热材料

有些电热水器因缺少隔热层而造成电的浪费。如果家用电热水器的外表面温度很高,不妨自己动手"修理"一下——包上一层隔热材料。这样,每台电热水器每年可节电约96度,相应减少二氧化碳排放92.5千克。如果全国有1000万台热水器能进行这种改造,那么每年可节电约9.6亿度,减排二氧化碳92.5万吨。

(2)淋浴代替盆浴并控制洗浴时间

盆浴是极其耗水的洗浴方式,如果用淋浴代替,每人每次可节水170升,同时减少等量的污水排放,可节能3.1千克标准煤,相应减排二氧化碳8.1千克。如果全国1000万盆浴使用者能做到这一点,那么全国每年可节能约574万吨标准煤,减排二氧化碳1475万吨。

(3)适当调低淋浴温度

适当将淋浴温度调低1℃,每人每次淋浴可相应减排二氧化碳35克。如果全国13亿人有20%这么做,每年可节能64.4万吨标准煤,减排二氧化碳165万吨。

(4)洗澡用水及时关闭

洗澡时应该及时关闭来水开关,以减少不必要的浪费。这样,每人每次可相应减排二氧化碳98克。如全国有3亿人这么做,每年可节能210万吨标准煤,减排二氧化碳536万吨。

(5)使用节水龙头

使用感应节水龙头可比手动水龙头节水30%左右,每户每年可因此节能9.6千克标准煤,相应减排二氧化碳24.8千克。如果全国每年200万户家庭更换水龙头时都选用节水龙头,那么可节能2万吨标准煤,减排二氧化碳5万吨。

(6)避免家庭用水跑、冒、滴、漏

一个没关紧的水龙头,在一个月内就能漏掉约2吨水,一年就漏掉24吨水,同时产生等量的污水排放。如果全国3.9亿户家庭用水时能杜绝这一现象,那么每年可节能340万吨标准煤,相应减排二氧化碳868万吨。

(7)用盆接水洗菜

用盆接水洗菜代替直接冲洗,每户每年约可节水1.64吨,同时减少等量污水排放,相应减排二氧化碳0.74千克。如果全国1.8亿户城镇家庭都这么做,那么每年可

节能 5.1 万吨标准煤,减少二氧化碳排放 13.4 万吨

29. 用太阳能烧水

太阳能热水器节能、环保,而且使用寿命长。1 平方米的太阳能热水器 1 年节能 120 千克标准煤,相应减少二氧化碳排放 308 千克。2006 年年底,我国太阳能热水器面积已达到 9000 万平方米左右,如果在此基础上每年新增 20% 的使用面积,那么全国每年可节能 216 万吨标准煤,减少二氧化碳排放 555 万吨。

30. 采用节能方式做饭

(1) 煮饭提前淘米,并浸泡 10 分钟

提前淘米并浸泡 10 分钟,然后再用电饭锅煮,可大大缩短米熟的时间,节电约 10%。每户每年可因此省电 4.5 度,相应减少二氧化碳排放 4.3 千克。如果全国 1.8 亿户城镇家庭都这么做,那么每年可省电 8 亿度,减排二氧化碳 78 万吨。

(2) 尽量避免抽油烟机空转

在厨房做饭时,应合理安排抽油烟机的使用时间,以避免长时间空转而浪费电。如果每台抽油烟机每天减少空转 10 分钟,1 年可省电 12.2 度,相应减少二氧化碳排放 11.7 千克。如果对全国保有的 8000 万台抽油烟机都采取这一措施,那么每年可省电 9.8 亿度,减排二氧化碳 93.6 万吨。

(3) 用微波炉代替煤气灶加热食物

微波炉比煤气灶的能源利用效率高。如果我国 5% 的烹饪工作用微波炉进行,那么与用煤气炉相比,每年可节能约 60 万吨标准煤,相应减排二氧化碳 154 万吨。

(4) 选用节能电饭锅

对同等重量的食品进行加热,节能电饭锅要比普通电饭锅省电约 20%,每台每年省电约 9 度,相应减排二氧化碳 8.65 千克。如果全国每年有 10% 的城镇家庭更换电饭锅时选择节能电饭锅,那么可节电 0.9 亿度,减排二氧化碳 8.65 万吨。

31. 合理利用纸张

(1) 重复使用教科书

重复使用教科书,是大势所趋。减少一本新教科书的使用,可以减少耗纸约 0.2 千克,节能 0.26 千克标准煤,相应减排二氧化碳 0.66 千克。如果全国每年有 1/3 的教科书得到循环使用,那么可减少耗纸约 20 万吨,节能 26 万吨标准煤,减排二氧化碳 66 万吨。

(2) 纸张双面打印、复印

纸张双面打印、复印,既可以减少费用,又可以节能减排。如果全国 10% 的打印、复印做到这一点,那么每年可减少耗纸约 5.1 万吨,节能 6.4 万吨标准煤,相应减排二氧化碳 16.4 万吨。

(3) 用电子书刊代替印刷书刊

如果将全国5%的出版图书、期刊、报纸用电子书刊代替,每年可减少耗纸约26万吨,节能33.1万吨标准煤,相应减排二氧化碳85.2万吨。

(4)用电子邮件代替纸质信函

在互联网日益普及的形势下,用1封电子邮件代替1封纸质信函,可相应减排二氧化碳52.6克。如果全国1/3的纸质信函用电子邮件代替,那么每年可减少耗纸约3.9万吨,节能5万吨标准煤,减排二氧化碳12.9万吨。

(5)使用再生纸

使用感应节水用原木为原料生产1吨纸,比生产1吨再生纸多耗能40%。使用1张再生纸可以节能约1.8克标准煤,相应减排二氧化碳4.7克。如果将全国2%的纸张使用改为再生纸,那么每年可节能约45.2万吨标准煤,减排二氧化碳116.4万吨。

(6)用手帕代替纸巾

用手帕代替纸巾,每人每年可减少耗纸约0.17千克,节能0.2吨标准煤,相应减排二氧化碳0.57千克。如果全国每年有10%的纸巾使用改为用手帕代替,那么可减少耗纸约2.2万吨,节能2.8万吨标准煤,减排二氧化碳7.4万吨。

32. 减少使用过度包装物

商店购物等日常生活行为中,简单包装就可满足需要,使用过度包装既浪费资源又污染环境。减少使用1千克过度包装纸,可节能约1.3千克标准煤,相应减排二氧化碳3.5千克。如果全国每年减少10%的过度包装纸用量,那么可节能约120万吨,减排二氧化碳312万吨。

33. 合理回收城市生活垃圾

如果全国城市垃圾中的废纸和玻璃有20%加以回收利用,那么每年可节能约270万吨标准煤,相应减排二氧化碳690万吨。

34. 夜间及时熄灭户外景观灯

现代都市经常灯火通明,其中有不少能源被浪费掉了。如果全国的户外景观灯(共约600万千瓦)在午夜至凌晨时段及时熄灭,那么每年可节电88亿度,相应减排二氧化碳846万吨。

35. 在农村推广沼气

建一个8~10立方米的农村户用沼气池,一年可相应减排二氧化碳1.5吨。按照2005年达到的推广水平(1700多万口户用沼气池,年产沼气约65亿立方米),全国每年可减排二氧化碳2165万吨。

36. 积极参加全民植树

1棵树1年可吸收二氧化碳18.3千克,相当于减少了等量二氧化碳的排放。如果全国3.9亿户家庭每年都栽种1棵树,那么每年可多吸收二氧化碳734万吨。

参考文献

[1] 赵济,张如一,赵烨.大气的组成与大气圈的结构[EB/OL].http://geo.cersp.com/tspd/200801/4469.html,2008-01-14.

[2] 大气的垂直分层和受热过程[EB/OL].http://diyitui.com/content－1441612848.34598767.html,2015-09-08.

[3] 梁幼林,王鹏飞,徐予红.太阳怎样加热大气[EB/OL].http://www.kepu.net.cn/gb/earth/weather/sun/index.html.

[4] 森林.美国罗格斯大学:海洋环流对气候变化影响巨大[EB/OL].http://env.people.com.cn/n/2014/1102/c1010－25956095.html,2014-11-02.

[5] 引起气候变化的自然原因[EB/OL].http://www.pep.com.cn/gzdl/jszx/tbjxzy/pg/jsys/bxs/201008/t20100827_788166.htm.

[6] 游雪晴.过去30年为1400年来最暖时期[N].科技日报,2014-11-25.

[7] 张燕.温室效应和温室气体[J].儿童发展研究,2010(1):29-32.

[8] 陶满庆,傅琳,王黎.《京都议定书》与温室气体[J].河北农业科学,2008(4):168-169.

[9] 术语.http://www.ipcc.ch/pdf/glossary/tar-ipcc-terms-ch.pdf.

[10] 任仁.《京都议定书》要减排哪些温室气体[J].化学教育,2005(8):1-3.

[11] 京都议定书[EB/OL].http://www.bcs.gov.cn/cms/viewarticle/3939.

[12] 温室气体的种类和特征[J].气候变化研究进展,2006(6):300.

[13] 刘霞.三氟化氮应进温室气体"黑名单"[N].科技日报,2008-10-27(002).

[14] 张林.2014年成1880年以来最暖年 气候变暖未停滞[N].中国气象报,2015-01-27.

[15] 2013年大数据:追踪气候变化[EB/OL].http://www.weather.com.cn/climate/2014/10/zzqhbh/2220024.shtml,2014-10-31.

[16] 国家海洋局.2014年中国海平面公报[R].北京:国家海洋局,2015.

[17] 詹媛.气候变化 中国如何应对[N].光明日报,2014-11-26(006).

[18] IPCC第五次评估报告第一工作组报告摘要[N].中国气象报,2013-09-28.

[19] 张永.IPCC第五次评估报告第二工作组报告称 管理气候变化风险难度大[N].中国气象报,2014-04-01.

[20] 史一卓.IPCC发布第五次评估报告第三工作组报告[N].中国气象报,2014-

04-13.

[21]史一卓.IPCC发布第五次评估报告的综合报告[N].中国气象报,2014-11-03.

[22]张燕.臭氧层破坏的原因、影响及其对策[J].儿童发展研究,2007(2):38-40.

[23]姚兴跃.论臭氧层的破坏及其对策[J].西昌高等专科学校学报,2004(2):125-127.

[24]李莉.臭氧层的破坏及其影响[J].河北理工学院学报,2003[3(增刊)]:103-105.

[25]史一卓.臭氧层有望在本世纪中叶恢复原状[N].中国气象报,2014-09-17(003).

[26]八闽概况[EB/OL].http://www.fujian.gov.cn/szf/gk/bmkg/201508/t20150804_1038591.htm,2015-01-23.

[27]2014福建年鉴:省情概况[EB/OL].http://www.fjnj.cn/2014/web/index.html,2014-11.

[28]1-1全省行政区域划分(2015年底)[EB/OL].http://www.stats-fj.gov.cn/tongjinianjian/dz2016/index－cn.htm,2016-08-30.

[29]福建政区图[EB/OL].http://www.fjnj.cn/2014/web/map.html,2014-11.

[30]国务院关于同意福建省调整南平市部分行政区划的批复(国函〔2014〕57号).2014-05-02.

[31]国务院关于同意福建省调整龙岩市部分行政区划的批复(国函〔2014〕159号).2014-12-13.

[32]福建省人民代表大会常务委员会关于颁布施行《福建省人民代表大会常务委员会关于加快推进平潭综合实验区开放开发的决定》的公告[N].福建日报,2013-08-05.

[33]2015年福建省国民经济和社会发展统计公报[EB/OL].http://www.stats-fj.gov.cn/xxgk/tjgb/201602/t20160225_38524.htm,2016-02-25.

[34]余珊,戴文远.福建省旅游气候评价[J].福建师范大学学报(自然科学版),2005(2):103-106.

[35]福建省气象局.福建省气候公报(2015)[EB/OL].http://fj.weather.com.cn/zxfw/qhgb/03/2483261.shtml,2016-01-01.

[36]福建省气象局.福建省气候公报(2014)[EB/OL].http://www.fjqx.gov.cn/qxfw/qhgb/201505/t20150520_133601.htm,2015-05-20.

[37] 吴滨.福建省50年气候变化特征[D].南京:南京信息工程大学,2005.

[38] 彭云峰,王琼.近50年福建省日照时数的变化特征及其影响因素[J].中国农业气象,2011(3):350-355.

[39] 张燕.气候变暖威胁人类健康[J].甘肃联合大学学报(自然科学版),2009(3):57-62.

[40] 潘俊杰,韩宗坡.2008年世界卫生日——应对气候变化 保护人类健康[N].中国气象报,2008-04-07.

[41] 田新霞.气候与健康[J].开卷有益(求医问药),2006(2):61.

[42] 姬薇.气候变化危害人类健康[N].工人日报,2008-04-13.

[43] Heat—related mortality- China-go. Morbidity and Mortality Weekly port (MMWR). 1995(31):576- 592.

[44] 谈建国,宋桂香,郑有飞.1998和2003年上海市夏季人群死亡分析[J].环境与健康杂志,2006(6):486-488.

[45] Kalkstein LS. Health and climate change: direct impact impacts in cities [J]. Lancet,1993,342:1397-1399.

[46] 张庆阳,琚建华,王卫丹,等.气候变暖对人类健康的影响[J].气象科技,2007(2):245-248.

[47] 郑兴,罗川宗.全球变暖 人类咋办[N].人民日报海外版,2008-02-19.

[48] 高耀寿.气候变暖极端天气频发[N].北京日报,2008-02-20.

[49] 李兆芹,滕卫平,俞善贤,等.适合钉螺、血吸虫生长发育的气候条件变化[J].气候变化研究进展,2007(2):106-110.

[50] 俞善贤,滕卫平,沈锦花,等.冬季气候变暖对血吸虫病影响的气候评估[J].中华流行病学杂志,2004 (7):575-577.

[51] 杨坤,周晓农,梁幼生,等.冬季温度变化对钉螺一氧化氮合酶的影响[J].中国血吸虫病防治杂志,2003(2):93-97。

[52] 杨坤,周晓农,余传信,等.不同温度对钉螺生殖腺一氧化氮合酶基因表达的影响[J].中国寄生虫学与寄生虫病杂志,2003(3):140-143.

[53] 奚国良.气象因素对蚊虫密度的影响研究[J].中国媒介生物学及控制杂志,2000(1):347-348.

[54] 胡玉祥,孙延昌,孙传红.不同温度对中华按蚊增殖能力的实验研究[J].寄生虫学与寄生虫病杂志,1986(1):53-54.

[55] 刘凤,梅甄天,胡玉祥,等.温度对蚊虫发育历期的影响及与疾病的关系[J].中国媒介生物学控制杂志,1998(3):185-187.

[56] 邓绪礼,任正轩,孙传红,等.山东中华按蚊传播间日疟的研究[J].中国寄生

虫病防治杂志,1997(4):250-254.

[57] 杨坤,王显红,吕山,等.气候变暖对中国几种重要媒介传播疾病的影响[J].国际医学寄生虫病杂志,2006(4):182-224.

[58] 郑灵巧.气候变暖会加剧哪些疾病传播[N].健康报,2008-04-03.

[59] Martens WJM, Niessen LW, Rotmans J, et al. Potential impact of global climate change on malaria risk [J]. Environ Health Perspect,1995(103):458-464.

[60] 陈文江,李才旭,林明和,等.海南省全年适于登革热传播的时间以及气候变暖对其流行潜势影响的研究[J].中国热带医学,2002(1):31-34.

[61] 李雯,熊平.专家认为气候变化危害人类健康[EB/OL]. http://www.cma.gov.cn/qhbh/zxdt/200809/t20080919_17434.html,2008-09-19.

[62] 臭氧层破坏产生的危害[EB/OL]. http://www.zhb.gov.cn/ztbd/gjcyr/jbcs/200408/t20040830_60877.htm,2004-08-30.

[63] 霍寿喜.气候变暖威胁人类健康[N].中国改革报,2007-01-10.

[64] 侯新初,彭夷安,李锐增,等.无机化学[M].北京:中国医药科技出版社,2002:34-35.

[65] 陈凯先,汤江,沈东婧,等.气候变化严重威胁人类健康[J].科学对社会的影响,2008(1):19-23.

[66] 袁方超,张文舟,杨金湘,等.福建近海海平面变化研究[J].应用海洋学学报,2016(1):20-32.

[67] 国家海洋局.2015年中国海平面公报[R].北京:国家海洋局,2016.
[68] 国家海洋局.2014年中国海平面公报[R].北京:国家海洋局,2015.
[69] 国家海洋局.2013年中国海平面公报[R].北京:国家海洋局,2014.
[70] 国家海洋局.2012年中国海平面公报[R].北京:国家海洋局,2013.
[71] 国家海洋局.2011年中国海平面公报[R].北京:国家海洋局,2012.
[72] 国家海洋局.2010年中国海平面公报[R].北京:国家海洋局,2011.
[73] 国家海洋局.2009年中国海平面公报[R].北京:国家海洋局,2010.
[74] 国家海洋局.2008年中国海平面公报[R].北京:国家海洋局,2009.
[75] 国家海洋局.2007年中国海平面公报[R].北京:国家海洋局,2008.
[76] 国家海洋局.2006年中国海平面公报[R].北京:国家海洋局,2007.
[77] 国家海洋局.2003年中国海平面公报[R].北京:国家海洋局,2004.
[78] 国家海洋局.2000年中国海平面公报[R].北京:国家海洋局,2001.
[79] 张燕.海洋潮汐的直接动力和基本周期[J].儿童发展研究,2007(1):42-45.
[80] 金祖孟.地球概论[M].上海:高等教育出版社,1986,94-95,159-169.
[81] 丁保泉,肖辉.海洋潮汐及其军事利用[J].地理教学,2002(7):8-9.

[82] 陈奇礼,陈特固.海平面上升对中国沿海工程的潮位和波高设计值的影响[J].海洋工程,1995(1):1-7.

[83] 章卫胜,张金善,林瑞栋,等.中国近海潮汐变化对外海海平面上升的响应[J].水科学进展,2013(2):223-250.

[84] 张燕.气候变暖对福建沿海的影响及对策[J].辽东学院学报(自然科学版),2008(3):146-150.

[85] 黄永福.闽江下游咸潮变化趋势及对策研究[J].水利科技,2010(3):1-3.

[86] 气候变化与湿地生态系统:科学事实与案例[EB/OL].http://www.wwfchina.org/wwfpress/publication/freshwater/impacttowetlandsys.doc,2008-03-05.

[87] 赵君.风情万千的红树林海岸[J].海洋世界,2000(5):43.

[88] 世界气象组织:2013年全球温室气体浓度创新高[EB/OL].http://news.xinhuanet.com/world/2014-09-09/c_1112410426.htm,2014-09-09.

[89] Cure J D, Acock B. Crop response to carbon dioxide doubling: a literature survey[J]. Agriculture and Forest Meteorology,1986,38:127-145.

[90] Ellison JC, Stoddart DR. Mangrove ecosystem collapse during predicted sea-level rise: Holocene analogues and implica-tions[J]. Coast. Res., 1991(7): 151-165.

[91] Ball MC, Munns R. Plant responses to salinity under elevated atmospheric concentration of CO_2[J]. Aust. J. Bot., 1992(40):515-525.

[92] 刘小伟,郑文教,孙娟.全球气候变化与红树林[J].生态学杂志,2006(11):1418-1420.

[93] 陈小勇,林鹏.我国红树林对全球气候变化的响应及其作用[J].海洋胡沼通报,1999(2):11-16.

[94] 中国初步建成台海及邻海海洋环境立体监测示范网[EB/OL].http://www.chinanews.com/gn/2012/02-29/3708137.shtml,2012-02-09.

[95] 张燕.气候变暖对福建省旅游业的影响[J].哈尔滨商业大学学报(社会科学版),2008(4):113-116.

[96] 福建省旅游局.福建旅游的基本情况[EB/OL].http://www.fjta.gov.cn/ca/20141030099000007.htm,2015-12-21.

[97] 夏菁.我省今年计划新增20家A级景区[EB/OL].http://digi.dnkb.com.cn/dnkb/html/2016-01/28/content_410932.htm,2016-01-28.

[98] 历史文化名镇名村名单[EB/OL].http://www.fjww.com/news1.asp?id=1970&pd=51,2014-05-16.

[99] 段金柱,郑璜."像爱惜自己的生命一样保护好文化遗产"[N].福建日报,

2015-01-06.

[100]侯新初,彭夷安,李锐增,等.无机化学[M].北京:中国医药科技出版社,2002:34-35.

[101]威廉·瑟厄波德,张广瑞,等译.全球旅游新论[M].北京:中国旅游出版社,2001:74.

[102]李九全,李开宇,张艳芳.旅游危机事件与旅游业危机管理[J].人文地理,2003(6).

[103]邓瑞姣,方辉.旅游热潮与传染病的传播[J].实用预防医学,2002(4):430-431.

[104]张庆阳,琚建华,王卫丹,等.气候变暖对人类健康的影响[J].气象科技,2007(2):245-248.

[105]李翔,薛萍.上半年我省旅游形势分析及下半年展望[EB/OL].http://www1.fjta.com/htmlnews/2003-8-5/200385175449.htm,2003-08-05.

[106]隋鑫,邵彤.气候变化对目的地旅游需求影响研究综述[J].沈阳师范大学学报(社会科学版),2007(4):26-29.

[107]贺小荣,Min Jiang.国外气候变化与旅游发展研究的新进展[J].地理与地理信息科学 2015(4):100-106.

[108]张星,陈惠,谢怡芳,等.气候变化背景下福建省主要农业气象灾害演变特征和趋势[J].生态环境学报,2009(4):1332-1336.

[109]蔡文华,陈惠.气温变化对福建褐稻虱发生与危害的影响[J].福建农业学报,2000(1):59-63.

[110]陈惠.气候变化对福建甘蔗生产的影响[S].中国气象学会2003年年会,2003(12):71-74.

[111]王义祥,翁伯琦,黄毅斌,等.气候变化对福建省牧草气候生产潜力的影响[J].热带作物学报,2009(10):1522-1525.

[112]霍治国,李茂松,王丽.气候变暖对中国农作物病虫害的影响[J].中国农业科学,2012(10):1926-1934.

[113]黄永才.气候变暖对福建省水稻生产的影响[J].台声·新视角,2005(6):222-223.

[114]吴杏春,林文雄,郭玉春,等.未来气候变化对福建省水稻生产的影响及其对策[J].福建农业大学学报,2001(2):148-152.

[115]江敏,金之庆,石春林,等.气候变化对福建省水稻生产的阶段性影响[J].中国农学通讯,2009(10):220-227.

[116]李怒云.解读"碳汇林业"[J].中国发展,2009(2):15-16.

[117] 贾治邦.积极发挥森林在应对气候变化中的重大作用[J].求是杂志,2008(4):50-51.

[118] 王祝雄.林业应对气候变化作用和意义重大[J].今日国土,2009(7):13-17.

[119] 李怒云,黄东,张晓静,等.林业减缓气候变化的国际进程、政策机制及对策研究[J].林业经济,2010(3):22-25.

[120] 王春峰,张忠田,王国胜.森林及相关内容作为单独条款纳入《巴黎协定》[N].中国绿色时报,2015-12-17.

[121] 福建省林业概况[EB/OL].http://www.fjforestry.gov.cn/Index.aspx?NodeID=96&LanMuType=96.

[122] 国家林业局科学技术司.努力增强森林生态功能[N].中国绿色时报,2014-11-18.

[123] 万泉.生态文明理念下的林业政策调整与思考[J].林业勘察设计(福建),2013(2):21-26.

[124] 钟林生,马向远,曾瑜皙.中国生态旅游研究进展与展望[J].地理科学进展,2016(6):679-690.

[125] 王梅梅.福建新增2家国家生态旅游示范区[EB/OL].http://www.fjta.gov.cn/ar/20160224000069.htm,2016-02-24.

[126] 国家旅游局、环境保护部公布2013国家生态旅游示范区名单[EB/OL].http://www.fj.xinhuanet.com/travel/2014-01-09/c_118899288.htm,2014-01-09.

[127] 夏菁.福建两景区上榜全国生态旅游示范区[EB/OL].http://www.fj.xinhuanet.com/travel/2015-03-26/c_1114770714.htm,2015-03-26.

[128] 李永贵.2015年国家生态旅游示范区名单出炉 福建两景区上榜[EB/OL].http://fj.china.com.cn/2016-01-18/content_16833419.htm,2016-01-18.

[129] 王彩霞.福建省旅游局启动省级生态旅游示范区创建工作[EB/OL].http://www.fjta.gov.cn/ar/20150130012010.htm,2013-07-12.

[130] 王彩霞.福建省首批省级生态旅游示范区名单出炉[EB/OL].http://www.fjta.gov.cn/ar/20150130013749.htm,2014-01-02.

[131] 王彩霞.2014年省级生态旅游示范区名单出炉[EB/OL].http://www.fjta.gov.cn/ar/20150130016039.htm,2014-11-05.

[132] 王梅梅.我省新增11家省级生态旅游示范区[EB/OL].http://www.fjta.gov.cn/ar/20151230000006.htm,2015-12-30.

[133] 张燕."一带一路"背景下福建森林生态旅游的研究[J].农村经济与科技,2015(12):84-85.

[134] 汪平."清新指数"驱动生态发展大战略[N].中国旅游报,2014-03-21.

[135] 屈文旭.气象因素与人体舒适度[EB/OL].http://www.cma.gov.cn/2011qxfw/2011qqxkp/2011qqxsh/201110/t20111026_123463.html,2010-06-21.

[136] 2016年上半年全省国民经济主要统计指标[EB/OL].http://www.stats-fj.gov.cn/xxgk/jdsj/201607/t20160722_38941.htm,2016-07-22.

[137] 推动共建丝绸之路经济带和21世纪海上丝绸之路的愿景与行动[EB/OL].http://www.sdpc.gov.cn/xwzx/xwfb/index_3.html,2015-03-28.

[138] 陈秋华,刘森茂,修新田.福建生态旅游管理机制创新研究[J].福建农林大学学报(哲学社会科学版),2014(3):13-15.

[139] 张慧,李佳.推进福建生态旅游可持续发展[N].福建日报,2016-01-25.

[140] 福建森林旅游简介[EB/OL].http://www.fjftour.com/,2014-09-09.

[141] 张燕."一带一路"背景下福建竹文化生态旅游的优势及建议[J].世界竹藤通讯,2015(12):46-48.

[142] 咏竹[EB/OL].http://www.cctv.com/lm/278/41/26694.html,2002-05-20.

[143] 全国竹林面积逾600万公顷 竹制品产量世界第一[EB/OL].http://news.xinhuanet.com/local/2014-11-19/c_1113320730.htm,2014-11-19.

[144] 2014年度国家科学技术进步奖获奖项目[EB/OL].http://www.most.gov.cn/ztzl/gjkxjsjldh/jldh2014/jldh14jlgg/201501/t20150107_117320.htm,2015-01-09.

[145] 竹藤与文化[EB/OL].http://culture.bamboo.cn/c/detail_4082_9.html,2012-01-04.

[146] 陈扬渲,陈胜伟.全球首个毛竹林碳汇项目在临安实施[N].浙江日报,2008-04-03.

[147] 卞军凯.留青竹刻:一片毛竹的艺术变身[N].福建日报,2014-12-23.

[148] 福建省人民政府办公厅关于印发福建省"十三五"林业发展专项规划的通知,闽政办〔2016〕52号[EB/OL].http://www.fujian.gov.cn/zc/zwgk/ghxx/zxgh/201605/t20160503_1166666.htm,2016-04-29.

[149] 陈薪,孙桢:应对气候变化,教育当先行[J].低碳世界,2013(4):31-35.

[150] 李莎.联合国教科文组织气候变化教育项目述评[J].世界教育信息,2015(16):17-21.

[151] 王俊.联合国教科文组织呼吁各国切实推进气候变化教育[J].世界教育信息,2015(16):72.

[152] 福建省林业厅关于省政协十一届三次会议20152215号提案答复的函[EB/OL].http://www.fjforestry.gov.cn/InfoShow.aspx?InfoID=75192&InfoTypeID=5,

2015-05-15.

[153] 2014年全国自然保护区名录[EB/OL]. http://sts.mep.gov.cn/zrbhq/zrbhq/201605/P020160526589453661692.pdf,2015-05-21.

[154] 国务院办公厅关于公布辽宁楼子山等18处新建国家级自然保护区名单的通知[EB/OL]. http://zfs.mep.gov.cn/fg/gwyw/201605/t20160516_337746.shtml,2016-05-16.

[155] 傅凯峰,王珍.《福建省森林公园管理办法》颁布[N].中国绿色时报,2015-04-30.

[156] 第四届全国生态文化示范村公布(2012年)[EB/OL]. http://www.cecachina.org/zixun.asp? anclassid=44,2012-11-02.

[157] 福建省绿化委员会 福建省林业厅关于公布2013年福建省树王评选结果的通知[EB/OL]. http://www.fjforestry.gov.cn/InfoShow.aspx? InfoID=72196&InfoTypeID=5&LanMuType=244,2013-12-20.

[158] 福建省绿化委员会 福建省林业厅关于公布2014年福建省树王评选结果的通知[EB/OL]. http://www.fjforestry.gov.cn/InfoShow.aspx? InfoID=73928&InfoTypeID=5&LanMuType=244,2014-10-11.

[159] 福建省绿化委员会 福建省林业厅关于公布第三批福建省树王评选结果的通知[EB/OL]. http://www.fjforestry.gov.cn/InfoShow.aspx? InfoID=75753&InfoTypeID=5&LanMuType=244,2015-09-07.

[160] 第三批"福建树王"授牌,第四批"福建树王"评选启动[EB/OL]. http://www.fujian.gov.cn/xw/fjyw/201603/t20160320_1155084.htm,2016-03-20.

[161]《全民节能减排手册(全民节能减排潜力量化指标)》[EB/OL]. http://www.most.gov.cn/ztzl/jqjnjp/qmjnjpsc/qmjnjpsc-ml.htm.

[162]《全民节能减排实用手册》正式出版[EB/OL]. http://www.most.gov.cn/kjbgz/200801/t20080125_58747.htm,2008-01-25.

[163] 中国21世纪议程管理中心,中国科学院地理科学与资源研究所.低碳生活指南[M].社会科学文献出版社,2010.

[164] 美国最新最轰动最全面的营养报告:吃肉无异于吃毒[EB/OL]. http://www.ipcc.cma.gov.cn/Website/index.php? ChannelID=11&NewsID=1741,2013-09-04.

[165] 王金华.用新的理念引领殡葬改革[J].中国民政,2016(7):18-19.